CHRISTIAN W. THOMSEN

DAS GROTESKE UND DIE ENGLISCHE LITERATUR

ERTRÄGE DER FORSCHUNG

Band 64

CHRISTIAN W. THOMSEN

DAS GROTESKE
UND
DIE ENGLISCHE LITERATUR

1977

WISSENSCHAFTLICHE BUCHGESELLSCHAFT

DARMSTADT

CIP-Kurztitelaufnahme der Deutschen Bibliothek

Thomsen, Christian W.
Das Groteske und die englische Literatur. —
Darmstadt: Wissenschaftliche Buchgesellschaft, 1977.
(Erträge der Forschung; Bd. 64)
ISBN 3-534-06445-3

Bestellnummer 6445-3

Satz: Maschinensetzerei Janß, Pfungstadt
Druck und Einband: Wissenschaftliche Buchgesellschaft, Darmstadt
Printed in Germany
Schrift: Linotype Garamond, 9/11

ISBN 3-534-06445-3

INHALT

I. EINLEITUNG: DAS GROTESKE UND DIE ENGLISCHE LITERATUR

Bereits 1926 schrieb Thomas Mann im Vorwort zur deutschen Ausgabe von Joseph Conrads *Secret Agent*:

> Denn ganz allgemein und wesentlich scheint mir die Errungenschaft des modernen Kunstgeistes darin zu bestehen, daß er die Kategorien des Tragischen und des Komischen, also auch etwa die theatralischen Formen und Gattungen des Trauerspiels und des Lustspiels nicht mehr kennt und das Leben als Tragikomödie sieht. Das genügt, um das Groteske zu seinem eigentlichsten Stil zu machen, und zwar in dem Grade, daß selbst das Großartige heute kaum anders als in der Gestalt des Grotesken erscheint. Es wird erlaubt sein, das Groteske den eigentlich antibürgerlichen Stil zu nennen; und wie bürgerlich es nun sonst um das Angelsachsentum bestellt sein möge, so ist zu erinnern, daß das Grotesk-Komische von jeher seine künstlerisch starke Seite war.[1]

Thomas Mann hat in mehrfacher Hinsicht recht behalten, sowohl was die angelsächsische, wie auch die internationale Kunst- und Literaturszene angeht. In der Tat läßt sich ein halbes Jahrhundert nach Manns Essay feststellen, daß über Sprachen, Grenzen, Ideologien und Systeme hinweg das Groteske sich als einer der wesentlichen Grundzüge moderner künstlerischer Aussage bestätigt hat und in seiner vieldeutigen Komplexität offensichtlich eines jener Mittel ist, mit Hilfe dessen sich die ungeachtet aller wissenschaftlichen Rationalität und zunehmender Technisierung zusehends unübersichtlicher und irrationaler werdende Welt der Gegenwart künstlerisch bewältigen läßt.

[1] Thomas Mann, „Vorwort zu Joseph Conrads *Der Geheimagent*", in: Gesammelte Werke in Zwölf Bänden, Bd. X, *Reden und Aufsätze* 2, (S. Fischer, 1969), S. 643—656, Zitat, S. 651.

Da das Groteske jedoch nicht nur literarische Gattungsgrenzen sprengt, sondern in Musik, Malerei und Plastik ebenso anzutreffen ist wie in der Literatur, bedürfte es eines Über-Komparatisten, eines renaissancehaften 'uomo universale', eine Gesamtdarstellung auch nur der modernen Groteskkunst seit dem Ende des 19. Jahrhunderts zu leisten. Dies hatte schon Wolfgang Kayser, der Vater der neueren Groteskforschung, erkannt.[2] So will sich denn der vorliegende Band, indem er die Geschichte der Grotesktheorien und der Groteskforschung nachzeichnet, als ein Beitrag zu der Frage verstanden wissen, was das Groteske nun eigentlich sei, wie es sich im Wandel der Zeiten darstellt, mit welchen theoretischen und interpretatorischen Ansätzen die Literaturwissenschaft und Ästhetik seit dem 18. Jahrhundert bemüht ist, seiner habhaft zu werden und es erkenntnisfördernd einzusetzen.

Naturgemäß steht bei einer solchen Darstellung für den Anglisten der anglistische Aspekt im Vordergrund, d. h., wenn „Erträge der Forschung" präsentiert werden sollen, geht es hier in erster Linie um Grotesktheorien und Groteskforschung in Hinblick auf die englische Literatur. Dennoch wäre eine rein nationalliterarisch ausgerichtete Darbietungsweise bei kaum einem Untersuchungsgegenstand weniger angebracht als beim Grotesken. Und so bietet sich gerade das Forschungsfeld des Grotesken als ein Bereich an, in dem sich deutsch-angelsächsische Wechselbeziehungen in Philosophie, Kunst- und Literaturkritik vorzüglich demonstrieren lassen. Dies gilt für Vergangenheit und Gegenwart. Wer die frühen, meist deutschen Theoretiker des Grotesken, wie z. B. Möser, Wieland, Schlegel, Jean Paul, studiert, wird vermutlich nicht ohne Neid ihre nahezu enzyklopädische Belesenheit bewundern, aber auch feststellen, welch dominierenden Einfluß Werke englischer Literatur, Shakespeare, das "mock heroic epic" und der zeitgenössische Roman vor allem auf ihre Theorien ausgeübt haben. Stammt die Theorie des

[2] Vgl. Wolfgang Kayser, *Das Groteske. Seine Gestaltung in Malerei und Dichtung* (Oldenburg, 1957), „Vorwort", S. 9—12.

Grotesken im 18. und 19. Jahrhundert vorrangig aus Deutschland, so liefert die englische Literatur weitgehend das Anschauungsmaterial. Schon bei Möser (1761) präsentiert sich das Groteske als umfassende Kunstgattung, die Bereiche von Musik, Tanz, Schauspiel, Malerei und Dichtung einschließt. Im England der sechziger Jahre unseres Jahrhunderts z. B. hat vornehmlich die Pop-Kultur solche Gedanken wiederbelebt.

In der Nachkriegsgegenwart finden sich weitere Parallelen. Die Groteskforschung stellt einen jener wenigen Bezirke internationaler literaturwissenschaftlicher Diskussion dar, dessen entscheidende Denkanstöße aus Deutschland gekommen sind. Inzwischen ist die Groteskforschung längst nicht mehr nur eine Domäne der Germanistik. Auch die Anglistik hat sich ihrer hierzulande, in England und den USA angenommen, hat die Theorien Kaysers und seiner deutschen Nachfolger entweder übernommen und sucht sie auf die Interpretationspraxis anzuwenden oder wandelt sie ab, bzw. trachtet Alternativen und weiterführende Ansätze zu entwickeln. Die detaillierte Darlegung der Nachkayserschen Groteskforschung in Theorie, Begriffsgeschichte und interpretatorischen Studien möchte über die Beschreibung dessen hinaus, was ist, Anregungen für weitere Arbeiten vermitteln. Nicht zuletzt wird durch den vorliegenden Band auch die Rezeption der Grotesktheorie transparent gemacht, und er möchte im Interesse der Vielfarbigkeit der internationalen Diskussion dazu beitragen, selbst jene Ansätze einzubringen, die bislang, manchmal schon aus Gründen schlechterer Zugänglichkeit, unterberücksichtigt geblieben sind. Dabei wird die Auseinandersetzung mit einigen wesentlichen Autoren wie Barasch, Clayborough und Kayser auch außerhalb der ihnen speziell gewidmeten Abschnitte geführt.

Als Geschichte der Groteskforschung chronologisch aufgebaut, gestattet der vorliegende Band dennoch kapitelweises Lesen, das beispielsweise in der Moderne einsetzen und erst danach die historische Debatte des 18. und 19. Jahrhunderts rezipieren kann. Die verhältnismäßig ausführliche Würdigung der einzelnen Beiträge, die nicht nur deskriptiv darlegt, sondern auch urteilt, wertet und den geistes- und kunstgeschichtlichen Umkreis sichtbar zu machen trachtet, wird im Vergleich zu ähnlichen *Erträge-der-Forschung*-Bänden durch das Faktum ermöglicht, daß, anders als etwa bei Chaucer, Swift oder Dickens, die Literatur zum Grotesken noch durchaus überschaubar ist. Angesichts der beileibe nicht nur von Thomas Mann, sondern vor und nach ihm breit anerkannten Disposition englischer Literatur zum Grotesken, angesichts einer seit etlichen Jahren vorliegenden Anthologie grotesker Texte von Langland bis Joyce,[3] überrascht im Grunde die Tatsache, daß eine historische Landkarte zur Groteskforschung mehr weiße Flecken als erforschte Regionen aufweist.

Zwar haben sich seit dem 18. Jahrhundert immer wieder Historiker des Grotesken gefunden (Flögel, Wright, Schneegans, Kayser, Clayborough und der Schreibende), aber was die englische Literatur angeht, so ist die heute brauchbare historische Basis der Untersuchungen noch vergleichsweise schmal: Die älteren Arbeiten erwähnen englische Literatur nur sporadisch, Kayser widmet englischen Werken von Shakespeare bis zur Moderne gelegentliche Seitenverweise, Clayboroughs Buch mit dem Titel *The Grotesque in English Literature* behandelt lediglich Swift, Coleridge und Dickens, die Studie des Schreibenden gilt dem Roman im 18. Jahrhundert.[4] Überblickt man die englische Literaturgeschichte, so wird man feststellen, daß nicht alle Epochen sich in gleicher Weise für Untersuchungen zum Grotesken eignen; man wird aber auch zugeben müssen, daß die häufig vertretene These, das Groteske trete vornehmlich in unruhigen Zeiten des Umbruchs, der Krise und des politischen Niedergangs auf, sich so pauschalisierend und monokausal argumentierend nicht halten läßt.

Desiderata wären — historisch gesehen — zunächst für das Drama des späten Mittelalters und der Vor-Shakespearezeit

[3] Arieh Sachs, *The English Grotesque. An Anthology from Langland to Joyce* (Jerusalem, 1969).

[4] Vgl. hierzu im einzelnen die betreffenden Abschnitte in den folgenden Kapiteln.

sowie für Chaucer anzumelden. Vorarbeiten sind in hinreichendem Maße geleistet, um ertragreiche Forschungen erwarten zu lassen.[5] Die Dimension des Grotesken bei Shakespeare ist mit den vorhandenen Arbeiten andiskutiert, aber noch keineswegs ausgelotet. Das Theater der Jacobeans, mit Autoren wie z. B. Middleton, Tourneur, Webster, hat noch kein Interesse der dem Grotesken gewidmeten Detailforschung gefunden, obwohl gerade hier in Zusammenhang mit sozialgeschichtlichen und kulturkritischen Fragestellungen eine gute Ernte einzubringen wäre.

Studien zum Grotesken und der "Restoration Comedy", zum "mock heroic epic" oder der Lyrik des 17. und 18. Jahrhunderts fehlen, während der Roman des 18. Jahrhunderts die bisher wohl breiteste Aufmerksamkeit gefunden hat.

Gotischer Roman, romantische und nachromantische Lyrik und Prosa sind bislang nur ansatzweise unter den Aspekten des Grotesken diskutiert worden. In Zusammenhang mit Fragestellungen zur Ästhetik des Sublimen, Häßlichen, Bösen, Unheimlichen und Makabren sowie im Gesamtzusammenhang der „Nicht-mehr-schönen-Künste" ließe sich hier das Groteske ebenso einbringen wie in eine mit psychologischen, strukturalistischen oder literatur-soziologischen Fragestellungen operierende Analyse der Nonsense-Dichtung.[6]

Erscheinungsformen und Funktionen des Grotesken bei Dickens reichen weit über die Komik skurril-exzentrischer Charaktere hinaus,[7] und auch bei diesem Autor böte es sich an, Querverbindungen zu anderen Romanciers sowie zur Nonsense-Dichtung vor dem Hintergrund viktorianischer Ästhetik auszuleuchten.

[5] Vgl. Kap. IV. C. 1.

[6] Als Ansatzpunkt könnte die Dissertation von Klaus Reichert, *Lewis Carroll. Studien zum literarischen Unsinn,* Reihe Hanser, Bd. 165 (München, 1974) dienen.

[7] Vgl. Arthur Clayborough, *The Grotesque in English Literature* (Oxford, 1965), S. 158—200 und Christian W. Thomsen, „Das Groteske in Charles Dickens' *Great Expectations*", *Anglia,* Bd. 92 (1974), S. 113—142.

Das breiteste Spektrum von Namen und möglichen Themenstellungen eröffnet sich jedoch in der Literatur des 20. Jahrhunderts. Von Jarrys *Ubu Roi* (1896) etwa nimmt die moderne szenische Groteske ihren Ausgang, und unter dem Einfluß Artauds, Genets, Ionescos und Becketts entwickelt das englische Theater eine Fülle von Spielformen des Grotesken, in deren Bereich die Interdependenzen zum Absurden ebenso abzuklären wären, wie gattungsmäßig z. B. die zu Farce und Burlesque. Nichols, Orton, Pinter, Saunders, Simpson, Stoppard sind einige der untersuchenswerten Autoren. Und wer einmal ein größeres ästhetisches Bezugsnetz aufdecken wollte, müßte die Einflüsse und Wechselwirkungen von Farce, Pantomime, Music-Hall-Tradition, von frühen Stumm- und Tonfilm-Komödien, bis zu den "goon shows" im Fernsehen, von der Sippschaft der Buster Keatons, Marx Brothers und Chaplins zu Autoren der Gegenwart und ihren Werken aufzeigen.[8]

Jedermann ist sich zwar vage bewußt, daß die heutigen Massenmedien weitgehend literarisiert sind, daß in Rundfunk und Fernsehen neue Literaturformen herangewachsen sind und auch — um beim Drama zu bleiben — daß Autoren in zahlreichen Fällen in verschiedenen Medien, in Film, Rundfunk, Fernsehen und im Theater arbeiten, aber über die gegenseitige Beeinflussung der Medien, insbesondere in bezug auf die Konsequenzen für eine Ästhetik des modernen Theaters, oder überhaupt dramatischer Spielformen, ist von Ansätzen abgesehen[9] nur sehr wenig bekannt.

Charakter-, Szenen- und Situationsgestaltung sind inzwischen anerkannte Bereiche, in denen das Groteske häufig zu finden ist.

[8] Vgl. Martin Esslin, „Der Common Sense des Nonsense. Das Groteske im modernen angelsächsischen Drama", in: *Sinn oder Unsinn? Das Groteske im modernen Drama.* Fünf Essays von Martin Esslin; Reinhold Grimm, H. B. Harder und Klaus Völker, *Theater unserer Zeit,* Bd. 3 (Basel, Stuttgart, 1962), S. 123—146.

[9] Vgl. dazu z. B. die Aufsätze Esslins in: *Reflections. Essays on Modern Theatre* (New York, 1971) und W. Stephen Gilbert, "theatre and television", *plays and players,* march 1975, S. 11—16.

Im Theater, das in sich eine multimediale Kunstform verkörpert, kann das Groteske eines Stückes durch mimisch-gestische Momente, durch Kostüme, Bühnenbild, Musik, Lichteffekte verstärkt werden. Die Uraufführung von Jarrys *Ubu Roi* mit Bühnenbildern von Bonnard, Vuillard, Lautrec und der Musik von Claude Terrasse ist ein inzwischen klassisches Beispiel für ein groteskes Gesamtwerk im Bereich der "performing arts". In der jüngeren Vergangenheit haben vor allem die sechziger Jahre mit explosivartiger Kreativität und avantgardistischen Experimenten in multimedialen Künsten derartige Impulse dankbar aufgenommen und zum Teil weder Prospekte noch Maschinen gescheut, um Effekte zu erzeugen, die häufig, z. B. in Musicals wie *Hair* oder Rockopern, auch auf Groteskwirkung angelegt waren. Der insulare Phasenverzug, der Dada und dem Surrealismus den Sprung über den Kanal nie so recht hatte gelingen lassen, wurde im Zeitalter der Beatles überwunden. Die politisch-wirtschaftliche Stagflation der siebziger Jahre hat leider in diesen Regionen erhebliche Bremswirkungen entfaltet.

Aber nicht nur das moderne Theater, multimediale Experimentalkunst oder die "performing arts" überhaupt arbeiten im 20. Jahrhundert bevorzugt mit dem Grotesken. Kayser zieht neben der Sprachgroteske Morgensterns Gedichte von Apollinaire, Alberti, Arp als Beispiele grotesker Lyrik heran. Das Englische mit seiner Eignung zu Wortspielen hat sich seit alters im Nonsense einen hintergründigen und doppelbödigen Bereich geschaffen, in welchem Narren, Fabelwesen und auch scheinbar ganz normale Leute die Welt in einer Mischung von Komik, Phantastik und Grauen auf den Kopf zu stellen vermögen. Robert Browning als Meister grotesker Lyrik hat mehrmals Studien zum Grotesken in seinem Werk verbuchen können;[10] darüber hinaus aber harren Lyrik wie Nonsense noch der Arbeiten, die spezifische Problemkomplexe vom Grotesken her angehen.

Die Überzeugung, daß das Groteske vielleicht so etwas wie

[10] S. u. den Abschnitt über Robert Browning, III. 4.

die Matrix modernen Lebens darstellbar mache, hat sich im 20. Jahrhundert neben dem Drama am stärksten im Roman artikuliert. James Joyce und Samuel Beckett, H. G. Wells, Joyce Cary und William Golding, Sherwood Anderson, Henry Miller und J. P. Donleavy, Joseph Heller und John Barth seien als Vertreter grotesker Erzählkunst aus dem angloamerikanischen Sprachraum erwähnt. Die Liste ließe sich fast beliebig verlängern.[11] Aber abgesehen von gelegentlichen Erwähnungen und illustrativen Sammlungen von Zitaten, wie Philip Thomson sie ausgebreitet hat,[12] ist mit Ausnahme einer Arbeit zu Joseph Conrad [13] die Anglistik hier im Vergleich zur Germanistik bisher von auffälliger Abstinenz gekennzeichnet.[14] In der Trivialliteratur, insbesondere aber in der Science Fiction, ist dem Grotesken im 20. Jahrhundert ein neues Reich zugewachsen, welches teilweise Schätze birgt, die zu heben es sich wirklich lohnen würde.

Die Aufzählung einer imposanten Namensliste kann sich jedoch nicht selbst genügen oder von sich aus als Postulat zu intensivierter Groteskforschung ausreichen. Sie wirft vielmehr mit jedem Autor erneut die Frage auf, was das Groteske eigentlich sei, und welcher literaturwissenschaftliche Erkenntniswert Theo-

[11] Vgl. William Van O'Connor, "The Grotesque. An American Genre", in: *The Grotesque. An American Genre and Other Essays* (Carbondale, 1962), S. 1 ff.

[12] Vgl. Philip Thomson, *The Grotesque.* The Critical Idiom 24 (London, 1972), *passim.*

[13] Elsa Nettels, "The Grotesque in Conrad's Fiction", *NCF,* vol. 29 (1974—75), S. 144—163.

[14] Unter germanistischen Arbeiten zum Grotesken bei Autoren des 20. Jahrhunderts wären z. B. zu nennen: Rudolf Pernusch, *Das Groteske. Studien zur grotesken Lyrik des 20. Jahrhunderts* (mschr. Diss. Wien, 1954); Heinz Friedrich Schöpker, *Heinrich Mann als Darsteller des Hysterischen und Grotesken* (Diss. Bonn, 1960); Gerhard Mensching, *Das Groteske im modernen Drama* (Diss. Bonn, 1961); Herbert Hartmann, *Friedrich Dürrenmatt: Dramaturgie der Realität oder der Phantastik, der Provokation oder der Resignation?* (Diss., Marburg, 1974).

rien des Grotesken zukommt, bzw., welche interpretatorischen Einsichten mit der Anwendung solcher Theorien gewonnen werden können.

Diese Fragen haben auch für jemanden, der sich "the grotesque reconsidered" widmet, wie für den Schreibenden, noch immer nichts von ihrer Aktualität und von ihrem bohrenden Zweifel verloren. Ist das Groteske, um einige der jüngeren Definitionen zu nennen, ein Deformationsstil, eine Weltsicht, die Struktur einer Weltbegegnung? Ist es die entfremdete Welt, das gleichzeitig Lächerliche und Dämonische, die Umkehrung des Ideals? Oder ist es der ungelöste Zusammenprall von Unvereinbarkeiten in Werk und Respons? Ist es vielleicht gar die zugelassene oder ins Werk gesetzte Verunstaltung des Menschen? Ist die Intention eines Autors grotesk, ein Werk, oder gar die Realität selber? Bildet das Groteske eine eigene literarische Gattung wie etwa Satire oder Parodie? Oder tritt es in unterschiedlichen Erscheinungsformen und Funktionen in jeder beliebigen Gattung auf? Wenn ja, welches sind diese Erscheinungsformen und Funktionen, was ihre Konstituenten? Bildet das Groteske eine ästhetische Kategorie, und wenn ja, wie verhält es sich zu anderen Kategorien: etwa dem Kuriosen, Makabren, Absurden, Bizarren? Wie zum Häßlichen, zum Obzönen, zur Karikatur? Stellt es eine Untergattung des Manieristischen dar? Ist das Groteske von der Intention eines Autors oder von seiner Wirkung auf den Rezipienten her aufzuschlüsseln? Ist das Groteske an einen bestimmten Künstlertypus gebunden, an einen literarischen Stil? Oder ist es Ausfluß historisch-politisch-kultureller Konstellationen?

Genug der Fragen: Die bisher erteilten Antworten sollen in den folgenden Kapiteln ausgebreitet und diskutiert werden. Es soll an dieser Stelle auch nicht erneut eine eigene Theorie verfochten werden, die vielleicht als Ei des Kolumbus alle die gestellten Fragen zu beantworten vermöchte.[15] Nur so viel, daß es

[15] Vgl. Christian W. Thomsen, *Das Groteske im englischen Roman des 18. Jahrhunderts* (Darmstadt, 1974), Kap. I, *passim.*

nach wie vor die Überzeugung des Schreibenden ist, daß es sich beim Grotesken um eine vielschichtige ästhetische Kategorie handelt, die sich in Randbezirken mit zahlreichen anderen Kategorien teilweise überschneidet, in ihrem Kernbereich aber definiert werden kann. Seine Überzeugung aber auch, daß eine derartige Kategorie nicht mit einer aphoristisch-griffigen Kurzdefinition dingfest gemacht werden kann, sondern daß das ästhetische Umfeld abgesteckt werden muß und daß man dazu die Ebenen 'Autor', 'Werk' und 'Wirkung' sowie ihre wechselseitigen Verbindungen zu betrachten hat. Fragen beinhalten bekanntlich partiell schon Antworten, weisen zumindest die Richtung potentieller Antworten. Und die gestellten Fragen, die sämtlich der Groteskdiskussion der beiden letzten Jahrzehnte entstammen, beweisen zumindest, daß man verschiedene Richtungen einschlagen und mehr als eine Antwort erhalten kann.

Interpretatorisch vermag die Kategorie des Grotesken Aufschlüsse in den Bereichen der erwähnten Personen-, Situations-, Konflikt- und Szenengestaltung zu liefern. Als Terminus, der ursprünglich aus den bildenden Künsten stammt, prägt es sich vorwiegend in spezifischer "imagery" aus. Das Groteske als ästhetische Kategorie kann abstrakt als Stilprinzip formuliert werden, aber es ist mehr als das oder als eine bloße geistesgeschichtliche Typologie. Überzeitliche Stilcharakteristika, der historische Kontext *und* die individuelle psychologische Struktur eines Autors, seiner Intentionen und der Wirkungen seiner Werke müssen analysiert werden, will man zu Ergebnissen gelangen, die wissenschaftlicher Nachprüfung einigermaßen standhalten. Die im Entstehen begriffene Groteskforschung in sozialistischen Ländern neigt traditionellerweise zu einer vorherrschenden Betonung des kollektiven, gesellschaftsbestimmten Moments von Intention und Wirkung des Grotesken, die der Amerikaner konzentriert sich auf das Individualpsychologische. Dabei fällt auch für das Groteske auf, daß bis in die jüngste Vergangenheit die Darstellung systembedingter, von der Gesellschaft ausgelöster Konflikte in den Interpretationen in einen bis ins Pathologische reichenden Individualbezirk abgedrängt und einseitig von dort her analysiert wurde. Erst die neuesten psychologischen Theorien des Grotesken — Jennings, Steig, Tanner — bemühen sich darum, Wechselwirkungen von Individuum und Gesellschaft sichtbar zu machen. Aber genauso, wie es kurzsichtig wäre, etwa die lange Reihe von anglo-irischen Autoren des Grotesken von Swift über Maturin zu Shaw, Joyce, Beckett oder Brendan Behan lediglich individuell bestimmten Ursachen zuzuschreiben, hieße es, sich ideologische Scheuklappen anlegen, wollte man nicht wahrnehmen, daß es zu den verschiedensten Zeiten so etwas wie einen zum Grotesken neigenden Künstlertyp gegeben hat und gibt.[16] Die Ausprägung des Grotesken ist individuell höchst unterschiedlich; ähnliche Stilprinzipien führen häufig zu sehr verschiedenen Ergebnissen. Die beiden Anglo-Iren Joyce und Beckett bedienen sich beide des Grotesken, beide bemühen sich um weitgehende Totalität von Weltdarstellung, aber *Ulysses* oder *Finnegan's Wake* sind doch von *Happy Days* oder *Endgame* sehr weit entfernt. Dennoch vermag, wie Willard Farnham es ausgedrückt hat, gerade das Groteske ein Bewußtsein davon zu wecken, auf welche Weise innerhalb eines Kulturkreises bei wechselnder spezifischer Ausprägung über lange Zeiträume hinweg Gemeinsamkeiten künstlerischer Aussage bestehen bleiben.[17]

Vielleicht ist keine andere ästhetische Kategorie derart paradoxer Natur wie das Groteske. Bei aller Darstellung von Deformationen, Destruktivität, bei anarchischen Tendenzen bis zum Chaos ist es ein spielerisches, Komik und Grauen verbin-

[16] Zum Typ des Künstlers, der mit Vorliebe das Groteske als Gestaltungsmittel verwendet, vgl. Margret Dietrich, „Das Groteske als tragisches Weltgefühl im modernen Drama", *Theater im Gespräch. Ein Forum der Dramaturgie,* Friedrich Schultze, Hrsg. (München, Wien, 1963), S. 277—291. „Die Gestaltung des Grotesken scheint eine Begabung jenes Künstlertyps zu sein, den die moderne Psychologie als schizotym bezeichnet: also als innerlich gespalten und aus dynamischen inneren Spannungen lebend." S. 281.

[17] Vgl. Willard Farnham, *The Shakespearean Grotesque. Its Genesis and Transformations* (Oxford, 1971), "Preface", S. VII.

dendes, höchst vitales künstlerisches Prinzip. Und hier treffen sich plötzlich auch wieder Joyce und Beckett. Während des einen Kolossalepos eines einzigen Tages mit jenem, die Schöpfung gleichsam in sich aufsaugenden Monolog Mollys endet, der in grotesker Weise die heterogensten Bereiche verschmilzt, besteht eine der Schichten von Hamms Schlußmonolog in der parodistischen Aufhebung von Joyces Weltbejahung, aber selbst die ist noch gespielt:

... and first I put my arms around him yes and drew him down to me so he could feel my breast all perfume yes and his heart was going like mad and yes I said yes I will Yes.[18]

... No? Good. (He takes out the handkerchief.) Since that's the way we're playing it ... (he unfolds handkerchief) ... let's play it that way ... (he unfolds) ... and speak no more about it ... (he finishes unfolding) ... speak no more. (He holds the handkerchief spread out before him.) Old stancher! (Pause) You ... remain.[19]

[18] James Joyce, *Ulysses,* The Bodley Head Edition (London, 1960), S. 933.

[19] Samuel Beckett, *Endgame*, (London, 1958), S. 52 f.

II. STUDIEN ZUM GROTESKEN IM 18. UND 19. JAHRHUNDERT

1. Justus Möser, *Harlekin oder Vertheidigung des Groteske-Komischen (1761); Harlequin: or a Defence of Grotesque Comic Performances (1766)*

Möser ist beileibe nicht der erste, der sich über das Groteske geäußert hat, und verbunden mit der altbekannten Fragestellung der Besserungsästhetik, welchen Nutzen denn eine solche sonderbar ausschweifend-monströse künstlerische Darbietungsform, wie sie in der Ausmalung kluniazensischer Kirchen und Kreuzgänge zu finden sei, eigentlich den Mönchen bringe, hatte schon um 1125 St. Bernard, der Gründer des Zisterzienserordens, mahnend gefragt: „quid facit illa ridicula monstruositas, mira quaedam deformis formositas, ac formosa deformitas?“ [1] Bernard hatte damit eine Fragestellung aufgeworfen, die in der Diskussion um das Groteske bis heute eine wesentliche Rolle spielt und der sich auch Möser als der erste, der dem Grotesken in der Literatur eine eigene Schrift widmet, beherzt stellt.[2]

Vor ihm hatte Montaigne vermutlich als erster die Kategorie des Grotesken von der Malerei auf die Literatur übertragen,[3]

[1] *Patrologia Latina*, J.-P. Migne (ed. Paris, 1844—55), S. clxxii, col. 916, zitiert bei Willard Farnham, *The Shakespearean Grotesque* (Oxford, 1971), S. 1.

[2] Justus Möser, *Harlekin oder Vertheidigung des Grotesk-Komischen*, (Hamburg, 1761); neu herausgegeben von Henning Boetius, *Harlekin.* Texte und Materialien mit einem Nachwort, *Ars Poetica*, Texte, Bd. 4 (Bad Homburg, Berlin, Zürich, 1968); *Harlequin: or a Defence of Grotesque Comic Performances*, translated from the German (London, 1766) by J. A. F. Warnecke.

[3] Vgl. Arthur Clayborough, *The Grotesque in English Literature*

und in der englischen klassizistischen Kunst- und Ästhetikdiskussion des späten 17. und des frühen 18. Jahrhunderts, bei John Dryden, John Dennis, Charles Gildon, Joseph Addison und Sir Richard Steele, um nur einige Namen zu nennen, war der Terminus "grotesque", insbesondere in Zusammenhang mit "gothique", bereits zum handfesten Schlagwort überwiegend negativer Färbung im Abtausch der Argumente um den zeitgenössischen Kunst- und Literaturgeschmack avanciert.[4] Vor dem Schlagschatten Gottscheds, der durch seine Verbannung des Hanswurst von der Bühne (1737) und mit seiner dogmatischen Ablehnung von Shakespeare, Milton und Klopstock, von Oper, Harlekinade, Haupt- und Staatsaktionen, von Wunderbarem, Irrationalem, überschäumender Phantasie, des Extemporierens und von volkstümlichen Elementen die deutsche Bühne zwar von manchen zügel- und regellosen Ungereimtheiten befreit, sie dafür aber auch verdüstert hatte, agiert Mösers Harlekin nicht mehr als der alte, grobe Bauerntölpel, sondern hat, gesellschaftsfähig geworden, Pritsche und Holzschwert mit der spitzen Feder vertauscht.

Wolfgang Promies[5] und Henning Boetius[6] haben in jüngster Zeit die germanistischen Implikationen von Mösers Schrift so gut aufgearbeitet, daß man es in dieser Hinsicht bei einigen erklärenden Andeutungen bewenden lassen kann, während hier die Bedeutung Mösers für den anglistischen Aspekt herausgestellt werden soll. In mehrfacher Hinsicht ist Möser für diesen Aspekt wichtig: einmal zur Erhellung der Rolle, den englische Literatur

(Oxford, 1965), S. 3—4; Christian W. Thomsen, „Aspekte des Grotesken im *Lazarillo de Tormes*", NSpr., Bd. 71, H. 10 (Okt., 1972), S. 584—595.

[4] Ausführlich dargestellt bei Francis K. Barasch, *The Grotesque. A Study in Meanings* (The Hague, Paris, 1971), Kap. VI, bes. S. 129—134.

[5] Wolfgang Promies, *Die Bürger und der Narr oder das Risiko der Phantasie.* Sechs Kapitel über das Irrationale in der Literatur des Rationalismus (München, 1966), bes. S. 131—142.

[6] Boetius, a. a. O., Nachwort und Materialien.

in der Groteskdiskussion schon zur Abfassungszeit von Mösers Essay in Deutschland spielt, zum anderen wegen der Ausstrahlungskraft, die Möser auf die später zu besprechenden deutschen Romantiker ausgeübt hat, denen englische Literatur immer wieder als Beweismittel dient, in der Diskussion um eine sich von klassizistischen Normvorstellungen lösende Ästhetik das ihnen ans Herz gewachsene Groteske zu verteidigen und drittens wegen des Lichtes, welches die frühe Übersetzung von Mösers Schrift (1766) ins Englische auf die deutsch-englischen literarischen Wechselbeziehungen im 18. Jh. wirft. Zu letzterem muß man wissen, daß Möser (1720—1794) fast zeitlebens, zumindest aber während der Zeit seines öffentlichen Wirkens, enge Beziehungen zu England pflegte. Als Sohn eines Osnabrücker Konsistorialpräsidenten war er schon im Siebenjährigen Krieg mit diplomatischen Missionen in England und Frankreich betraut, fungierte ab 1761 als Ratgeber des minderjährigen Regenten von Osnabrück, eines Sohnes Georgs III., war bis 1781 Konsulent der englischen Krone und ab 1768 für lange Zeit Mitglied der Regierung in Osnabrück.

Vor diesem biographischen Hintergrund verwundert es nicht, daß Mösers zunächst als revolutionär empfundene, dann noch von den Romantikern mit Emphase in die Debatte geworfene Streitschrift bei näherem Hinsehen eine klassizistisch-konservative Grundhaltung enthüllt. Da Harlekin ein Bühnengeschöpf ist, besteht eine Primärverknüpfung in Mösers Argumentation mit dem Theater, aber es werden auch das komische Epos und der Roman zur Illustration und Stützung seiner Argumente herangezogen.

Harlekins in der Ich-Form vorgetragene Verteidigung erfolgt unter dem Motto « Anch io son Pittore »; auch der komische Dichter begreift sich als Maler der Sitten. Grotesk-komische Malerei ist dabei für ihn eine umfassende Gattung, die in Musik, Tanz, Schauspiel, Malerei und Dichtung gleichermaßen, jedoch sehr vielgestaltig auftreten kann. In seinem witzigen Plädoyer für die Mannigfaltigkeit des „Groteske-Komischen" beruft er sich auf eine lange Ahnenreihe, die bis zu Plautus, Aristophanes und den Satyrn zurückreicht, wobei auffällt, daß alle seine Gewährsleute, wie Harlekin selber, Ausländer sind. Die neueren unter ihnen stammen aus den romanischen Ländern und aus England. An einer Stelle nur spricht er den heimatlichen Horizont direkt an und konstatiert: „So viel ist jedoch gewiß, daß noch kein Niedersachse zum Harlekin geboren ist." (S. 27)

Die Vielfalt des Grotesk-Komischen, das hier expressis verbis zur ästhetischen Kategorie erhoben wird, läßt sich laut Harlekin in kein starres Regelschema pressen, aber es beansprucht eine eigene Gattung für sich, nämlich die Harlekinade. Und die wiederum zeichnet sich einerseits durch das kühne Bekenntnis zum „gout baroc", „dem Geschmack des Schiefen" und andrerseits durch den bescheidenen Verzicht auf einen Platz im „Tempel" aus. Die „groteske Malerey" verlangt lediglich ein „Nebenzimmer auf der Bühne". (S. 24) Sie gibt sich mit dem Bewußtsein zufrieden, das 'Niedrig-Komische' zu repräsentieren. So sind in Mösers Essay absichtlicher Affront gegen den zeitgenössischen klassizistischen Kunstgeschmack und Anerkenntnis eines Großteils der Kriterien eben dieses Kunstgeschmacks nebeneinander angelegt. Dieses Zugleich zeigt sich auch im weiteren Fortgang von Mösers Schrift, etwa wenn wirkungsästhetische und immanent ästhetische Argumente und Urteile immer wieder vermischt werden. Schon dadurch, daß Möser dem Grotesken ganz überwiegend Funktionen des Komischen zuschreibt, gibt er zu erkennen, daß er letztlich den Boden zeitgenössischer Kunstbeurteilung nicht zu verlassen gewillt ist. Man erinnert sich an den von Möser auch mehrmals erwähnten Fielding, der im "Preface" zu *Joseph Andrews* mit demselben Dilemma zu kämpfen hat und dort ein erhebliches Maß an rhetorischer Spitzfindigkeit aufbietet, um sein "comic epic poem in prose" vom Ruch des Burlesken und der Karikatur — also des Grotesken, wie es die Zeit versteht — freizuhalten und ihm einen Platz auf dem Parnaß zu erkämpfen.[7] Einerseits löckt Möser wider den

[7] Ausführliche Darstellung in: Christian W. Thomsen, *Das Groteske im englischen Roman des 18. Jahrhunderts* (Darmstadt, 1974), Kap. III, S. 100—115.

Stachel der Besserungs- und Belehrungsästhetik, wenn er es wagt, dem Grotesk-Komischen vor allen Dingen Unterhaltungsfunktion und die Kunst des Lachen-Machens zuzuweisen, andrerseits gelingt es ihm dann doch nicht, solche Argumentation durchzuhalten, und er flicht wiederholt Standpunkte moralischer Nutzanwendung des Grotesk-Komischen ein, z. B.

... der Nutzen ist, daß Menschen, welche sich in einer ziemlichen Entfernung von der Wahrheit befinden, durch Vergrößerung der Gestalten zu einem deutlicheren Gesichtspunkt gelangen müssen. (S. 21)

Hier und von Anfang an argumentiert Möser in Analogie zur Ästhetik der Karikatur und beruft sich dabei auf Hogarth. Nur daß Hogarth sich in bezug auf sein eigenes Werk scheute, Karikatur auch Karikatur zu nennen und ähnlich wie Fielding, dessen *Joseph Andrews* er entscheidende Hilfen bei der Verbalisierung seines theoretischen Standpunkts verdankt, einen Mittelkurs zwischen den Extremen des begriffsgeschichtlichen Groteskverständnisses seiner Zeit vom Niedrig-Komischen und der Pseudosublimität des französischen Romanzengeschmacks steuert. Hogarths *Analysis of Beauty* (1752) kann sich in England als Ästhetik nicht durchsetzen. Ihr Kernpostulat, die geschwungene "line of beauty", liefert seinen Gegnern unter Malern und Karikaturisten jahrelang Stoff für Spötteleien. Möser beruft sich ein Jahrzehnt später in seiner deskriptiven Darstellung des Grotesk-Komischen und dessen Stilmittel der Übertreibung auf Hogarth, um die Funktion des moralischen Hohlspiegels zu verdeutlichen, den sein Harlekin der Menschheit vorhält.

Gleichwie aber die Übertreibung der Gestalten an und vor sich allein nicht hinlänglich ist, zu vergnügen und zu bessern, wofern nicht zugleich, nach Anleitung des Hogarth dabey gezeigt wird, wie selbige von der wahren Wellenlinie der Schönheit abweichen: also habe ich mich von Jugend auf darauf beflissen, diese Abweichung besonders auszubilden. Und daraus ist die wahre Art meiner grotesken Karikaturmalerey entstanden. (S. 24)

Wie Hogarth möchte letztlich auch Möser ein Höchstmaß an

Unterhaltung mit einer guten Portion moralischer Belehrung verbunden sehen.

Dient Hogarth zum Kronzeugen für das ästhetische Selbstverständnis des Möserschen Harlekins, so wird eine ganze Galerie weiterer Engländer zur Demonstration der Variabilität des Grotesk-Komischen herangezogen; Swift, Butler, Pope, Garth und Fielding als Vertreter der Satire, des komischen Epos und des komischen Romans; hier unpräzise unter dem Terminus „komisches Heldengedicht" zusammengefaßt.

Cervantes und Fielding werden angeführt, um unterschiedliche Ausfaltungen des Grotesk-Komischen innerhalb der gleichen Untergattung zu verdeutlichen. Ersterer wird der komischen Karikatur zugerechnet, während „letzterer aber in den Stellungen nach dem Leben und besonders in moralischen Küchenstükken sich gezeigt hat". (S. 14) Modern gefaßt ist es also der "piece of life"- und "kitchen sink"-Realismus Fieldings, der es Möser angetan hat und mit Hilfe dessen er der von den Zwängen obrigkeitshöriger Kleinstaaterei geprägten deutschen Schulästhetik ironisch eins auszuwischen vermag: „Hier kann ein Bauer auftreten, ohne des Oberhofmarschalls Erlaubnis zu haben." (S. 35)

Wenn Möser das Groteske an das Komische bindet, aber immerhin doch das Chimärische dabei schon im Blickfeld hat, entspricht dies in wesentlichen Punkten auch dem Erkenntnisstand der zeitgenössischen englischen Ästhetik. Wenn er das Groteske gegen etablierte Kunstkritik, „die Meinung der Herren Kunstrichter", verteidigt, die es als elendes Stilgemisch abtun,

> ... Ohne Wahl, ohne Ordnung, ohne Einheit, ohne Ton, ohne Absicht ... Niedrig, kriechend, unanständig, possenhaft ... voller Zoten, liederlicher Anspielungen, ausgestopfter leerer Einfälle, ewiger Sprichwörter (S. 28),

so gelten diese Argumente auch für das Verdikt der etablierten englischen Kunstkritik über das Groteske. Dabei zielt die Stoßrichtung der englischen Kritik gleichzeitig noch gegen das Gotische und Barocke.[8] Die Generalisierung dieser Begriffe, ihre Übertragung von der Architektur auf den allgemeinen Zeitgeschmack und auch auf Literatur war in England bereits im zweiten Jahrzehnt des 18. Jahrhunderts erfolgt. Auf das Barock bezogen holt Möser dies nun für Deutschland nach, wobei er dem Begriff den Geschmack des Schiefen nimmt und ihm eine Wendung ins Positive gibt.

Möser ist jedoch keineswegs ein Verfechter des Manierismus. Sein Harlekin distanziert sich ausdrücklich von allen Extremen des Grotesken, „alle Mißgeburten dieser Art, welche zween Köpfe und mehrere nicht zusammenpassende Glieder haben." (S. 28) Wie Henning Boetius schon ausgeführt hat,[9] liegt Mösers Bedeutung darin, den klassizistischen Maßstäben des Schönen ihre dogmatische Starrheit genommen, sie nicht liquidiert, sondern verwandelt und erweitert zu haben. Seine Lehre des Lächerlichen könne heute eine „Ästhetik des Unschönen" genannt werden. Damit aber liefert er einen wichtigen Ansatzpunkt für die erst in der Mitte des 19. Jahrhunderts bei Rosenkranz voll entwickelte Ästhetik des Häßlichen, ohne die die moderne Kunstszene dann nicht mehr auskommt.[10]

In historischer Perspektive gesehen ist Mösers Bestimmung des Grotesken teilweise von erstaunlicher Hellsicht. Er sieht sehr wohl, daß der wirkungsästhetische Ansatz ein hohes Maß an Subjektivität bedingt, „daß mancher über dasjenige weint, worüber der Andere aus vollem Halse lacht" (S. 25) und daß das Groteske begrifflich so schwierig zu fassen ist, weil sich in ihm grundverschiedene Schichten ästhetischer Wahrnehmung überlagern.

Möser hat bereits einen Blick für die Dimension des Grotesken im Werk von Shakespeare und Ben Jonson, von Dryden und Wycherley, von Butler und Gay, von Swift, Pope und Fielding.

[8] Vgl. Barasch, a. a. O., Kap. V, S. 110, Kap. VII, S. 146. Thomsen, a. a. O., Kap. II, S. 20—25, 287—294.

[9] Boetius, a. a. O., S. 87.

[10] Karl Rosenkranz, *Ästhetik des Häßlichen* (Königsberg, 1853, reprograph. Nachdruck, Darmstadt, 1968).

Für sie alle — wobei Vorbehalte bei Shakespeare und starke Vorbehalte bei Swift zu machen sind — gilt, was Promies festgestellt hat, nämlich, daß Möser gar nicht gewillt war, dem Grotesken ein autonomes Spielreich zuzugestehen:

Hinter dem Auswuchs ging das Augenmaß des Schönen an sich nie verloren, er diente dem Schönen im Moralischen wie Ästhetischen erst zur Bestätigung: wohl groteske Schöpfung, aber von Harmonie durchwaltet; wohl phantastische Unnatur, jedoch mit Anstand ausgelebt.[11]

Noch auf einen anderen Gestalter grotesker Schöpfung unter den englischen Romanciers des 18. Jahrhunderts trifft diese Groteskauffassung voll zu: auf Smollett, der aber von Möser nicht erwähnt wird und dessen *Humphry Clinker* (1771) er noch gar nicht kennen konnte, während Smollett die englische Übersetzung von Mösers *Harlekin* durchaus zugänglich gewesen sein könnte. Wenn Möser sich aufmacht, zumindest in der Literaturtheorie die Grenzpfähle des Schönen und ästhetisch Schicklichen neu abzustecken, dann verwirklicht in England genau zur gleichen Zeit ein Romanautor die von dem Deutschen auf italienische und französische Stücke gemünzte erweiterte Harmoniebestimmung in der literarischen Praxis:

Denn wenn die Absicht eines Verfassers ist, alle Regeln zu verletzen, und er thut es auf eine glückliche Art: so ist sein Werk einig und vollkommen. (S. 29)

Laurence Sternes Tristram Shandy sammelt selbstbewußt, tiefernst und mit augenzwinkernder Ironie die Leser zu seinem Aufbruch auf die Expedition ins Ungewisse der eigenen Biographie mit den Worten:

. . ., I should beg Mr. *Horace's* pardon; — for in writing what I have set about, I shall confine myself neither to his rules, nor to any man's rules that ever lived.[12]

[11] Promies, a. a. O., S. 136.

[12] Laurence Sterne, *The Life and Opinions of Tristram Shandy, Gent,* EL No. 617 (London, 1912, repr. 1961), BK I, Ch. IV, S. 6.

Und rückblickend könnte Harlekins ironische Euphorie, „Ich gerate in eine Art von Verzückung, wenn ich die Harmonie meiner grotesken Schöpfung betrachte" (S. 30), genauso von Tristram beim Überblick des Irrgartens von Roman, der sein Leben ist, geäußert sein.

Ungeachtet der Übersetzung des Harlekin ist über Mösers Einfluß auf die Ästhetik- und Groteskdiskussion in England kaum etwas bekannt,[13] was damit zusammenhängen mag, daß zum Zeitpunkt ihres Erscheinens in England (1766) in Nachfolge Edmund Burkes bereits die neue Ästhetik des gotischen Romans an Boden gewann. Mösers Wirkung in Deutschland ist erheblich. „Die Spätaufklärung zog aus Harlekin die Konsequenzen, aber die Romantik die bekömmlichen Schlagwörter." [14] Das Anschauungsmaterial zur Entwicklung seines theoretischen Instrumentariums aber wurde Möser weitgehend von der englischen Literatur geliefert.

2. Christoph Martin Wieland, *Unterredungen zwischen W** und dem Pfarrer zu *** (1775)* [1]

Es ist Justus Möser nicht gelungen, seine Thesen über das Grotesk-Komische selbst in literarische Praxis umzusetzen. Sein

[13] Vgl. Horst Oppel, *Englisch-deutsche Literaturbeziehungen*, Bd. I, *Von den Anfängen bis zum Ausgang des 18. Jahrhunderts* (Berlin, 1971), S. 71: „Der Umfang, in dem deutsches Gedankengut in das englische 18. Jahrhundert einströmt, wird in der Forschung sicherlich auch heute noch unterschätzt. Gegenwärtig sind wir nur unzureichend darüber informiert, welches Echo die deutsche Kunstkritik (Georg Friedrich Meier, Justus Möser, Winckelmann u. a.) in englischen Übersetzungen ausgelöst hat."

Vgl. auch W. F. Sheldon, *The Intellectual Development of Justus Möser* (London, 1969).

[14] Promies, a. a. O., S. 139.

[1] Text: in: Christoph Martin Wieland, *Werke*, Bd. 3, Fritz Martini und Hans Werner Seiffert, Hrsg. (München, 1967), S. 295—350.

1763 auf einer Englandreise geschriebenes Stück *Die Tugend auf der Schaubühne; oder Harlekins Heirath* erfüllt nur kärglich die Erwartungen, die man nach der Lektüre seines Essay an einen emanzipierten Harlekin stellen müßte, der seiner „grotesken Karikatur-Malerey" eine eigene Gattung gewidmet sehen möchte. Der Verfasser der *Komischen Erzählungen* oder der *Abderiten* hingegen war da von ganz anderer literarischer Statur und eher begabt, die theoretischen Forderungen des Möserschen Harlekin mit literarischem Leben zu erfüllen. Wieland hat auf die literarische Geschmacksbildung des späteren 18. Jahrhunderts in Deutschland entscheidend eingewirkt, und bei einem Mann, der wie er mit Literatur und Kunst Englands eng vertraut war, dessen Prosa-Übersetzungen von 22 Shakespeare-Dramen vor allem den 'Sturm und Drang' tief beeinflußt haben, nimmt es nicht wunder, daß er auch in seiner eigenen theoretischen Stellungnahme zum Grotesken dessen definitorische Abgrenzung an einer Erörterung englischer Literatur und Malerei erarbeitet. Die ursprünglich in Wielands Zeitschrift *Teutscher Merkur* im April 1775 erschienenen „Unterredungen" stellen eine Abhandlung zu dem Problemkreis um Ästhetik und Moral dar, wobei vor allem die Themen 'Schriftsteller, Literatur und Moral' sowie die gesellschaftliche Verantwortung des Schriftstellers in Form eines Sokratischen Dialogs diskutiert werden.

Die Trennung von moralischer Praxis und ästhetischer Produktion ist wegweisendes Kernstück dieser Schrift.

Dem Postulat der Moral setzt er die Legitimation des Autors zur Subjektivität seiner produktiven Imagination entgegen, die des Spielraums der Freiheit gegenüber lähmenden Vorsichten und Rücksichten bedarf.[2]

Dies sind Töne, die in bezug auf das Groteske aufhorchen lassen, da sich in ihnen die selbstbewußte Rechtfertigung einer Dimension des Ästhetischen ankündigt, die nicht ständig rückkoppelnder Korrektur durch jeweils akzeptierte moralische Normen bedarf. Der gesamte Ansatz des Dialogs ist wirkungs-

[2] Fritz Martini, Nachwort zu Wieland, *Werke*, Bd. 3, S. 980.

ästhetisch, und bevor im Rahmen einer Begriffsbestimmung der Karikatur auch das Groteske mit definiert wird, werden die Positionen an einer Art 'Realismusdebatte' abgesteckt, wobei der Pfarrer Richardson und Wieland Fielding ins Treffen führt. Während das Gemüt des Landgeistlichen durch die Erbauungsmoral Richardsons so recht durchsonnt und gestärkt wird — er argumentiert mit *Clarissa* und *Charles Grandison* —, streitet Wieland die Nützlichkeit von Büchern, „worin die Menschen geschildert werden, wie sie sein sollten" ab. (S. 328) Er huldigt Fieldings Realismus-Konzeption und zitiert wiederholt Tom Jones als Beispiel eines fiktiven Menschen, „der wahres Leben atmet, nur durchaus würklicher Mensch ist". (S. 340) Dabei zieht er gegen Vorurteile zu Felde, „die gegen diese Art von Schriften noch so tief in vielen Köpfen sitzen". (S. 340) Soweit geht Wieland mit Möser vollkommen konform. Dann aber läßt er seinen Pfarrer aus moralischen Gründen die Preisgabe der Karikatur fordern, weil diese — prodesse et delectare — weder besserten noch belustigten, sondern die menschliche Natur verzerrten und verunstalteten. Von hier ab beginnen sich die Positionen Wielands und Mösers beträchtlich voneinander zu unterscheiden. Der Begriff Karikatur wird — analog noch der italienischen Karikaturtheorie des 17. Jahrhunderts[3] — auf spezielle graphische Menschendarstellung eingeschränkt, wobei eine mögliche Übertragbarkeit auf die literarische Ebene jedoch durchschimmert. Die gesamte Diskussion wird fortan wiederum am Beispiel Hogarths geführt.

Das Verdammungsurteil des Pfarrers läßt Wieland nur für eine Gruppe von Karikaturen gelten, unter denen er moralische Mißgestalten versteht, die so selten und so scheußlich seien, daß sie besser nicht malerisch dargestellt werden sollten.

[3] Vgl. hierzu Donald Klingender, *Hogarth and English Caricature* (London, 1944); Frederick Antal, *Hogarth and His Place in European Art* (London, 1962); Ronald Paulson, *Hogarth; His Life, Art and Times* (New Haven and London, 1971); Christian W. Thomsen, *Das Groteske im englischen Roman des 18. Jahrhunderts* (Darmstadt, 1974), S. 107—112.

Aber diese Art der Mißgestalten wollen wir, um alle Verwirrung besser zu vermeiden, lieber Grotesken, und wenn sie bis zur Abscheulichkeit häßlich sind, Ungeheuer nennen. (S. 337—38.)

Nun ist zwar weder die Steigerung Karikatur — Groteske — Ungeheuer, noch sind die verwendeten Begriffe überhaupt systematisch und präzise definiert; es wird aber deutlich, daß Wieland Groteske zunächst als negative Karikatur versteht. Seinem Pfarrer legt er kurz darauf die bekanntgewordene umfassendere Abgrenzung der verschiedenen Spielarten der Karikatur in den Mund:

Wenn ich Sie recht verstanden habe, so unterscheiden Sie die Caricaturen in wahre, wo der Maler die verunstaltete Natur bloß abbildet wie er sie findet; übertriebene, wo er aus irgend einer besonderen Absicht, die Ungestalt seines Gegenstandes zwar vermehrt, aber doch auf eine der Natur so analogische Art dabei zu Werke geht, daß das Original noch immer kenntlich bleibt; und in phantastische, oder eigentlich sogenannte Grotesken, wo der Maler unbekümmert um Wahrheit und Ähnlichkeit, sich gleich dem sogenannten Höllen-Breugel einer wilden Einbildungskraft überläßt und durch das Unnatürliche und Widersinnische seiner Hirngeburten bloß Gelächter, Ekel und Erstaunen über die Kühnheit seiner ungeheuren Schöpfungen erwecken will. Sie billigen die erste Art von Caricaturen, weil sie zwar verunstaltete Natur aber doch immer Natur abbilden; und verdammen die zwote und dritte, die im Grunde nur durch weniger und mehr verschieden sind, als Werke, die weder zum Nutzen noch Vergnügen dienen. (S. 343)

Wieland selbst stimmt dieser Einteilung voll zu. Noch Möser hatte in weitgehender Kongruenz mit dem zeitgenössischen Wortgebrauch, der zumindest während der ersten drei Viertel des 18. Jahrhunderts eine Synonymität und Austauschbarkeit der Begriffe des Burlesken, der Karikatur und des Grotesken kannte, keinen Unterschied zwischen Karikatur und Groteske gemacht. Hier nun erscheint das Groteske als eine von drei Klassen der Karikatur, wobei, wie beide Gesprächspartner übereinstimmen, die Grenzen zwischen der zweiten und dritten Klasse fließend sind. In der moralischen Abwertung der zweiten und dritten Klasse steht Wieland noch auf dem Standpunkt der konservativen Moralisten und Kunstkritiker; er fällt hier deutlich hinter Möser zurück. Zumindest für das Groteske werden die positiven Erwartungen nicht erfüllt, die der Leser nach der Lektüre des Anfangs mit der Forderung nach einem ästhetischen Freiraum der Imagination für den Autor entwickelt haben mag. Nicht so jedoch in der wirkungsästhetischen Analyse der Gefühle, welche die Betrachtung grotesker Werke bei Wieland auslösen. Dies hat insbesondere Wolfgang Kayser hervorgehoben, dem Wieland zum ersten Kronzeugen seiner eigenen Groteskauffassung wird:

> ... mehrere und offensichtlich widersprüchliche Empfindungen werden erweckt, ein Lächeln über die Deformation, ein Ekel über das Grausige, Monströse an sich, als Grundgefühl aber, wenn wir Wieland so deuten dürften, ein Erstaunen, ein Grauen, eine ratlose Beklommenheit, wenn die Welt aus den Fugen geht und wir keinen Halt mehr finden.[4]

Während bei den beiden ersten Klassen der Karikatur der Bezug zur Wirklichkeit noch unschwer auszumachen ist, scheint er bei den eigentlichen „Grotesken“ verlorengegangen unter dem Ansturm amoklaufender, chaotischer Phantasie. Kayser sieht gerade hierin einen untergründigen Bezug zur modernen Wirklichkeit, in der das Groteske inmitten aller bizarren Übersteigerung sich als Gestaltungsprinzip einer Wirklichkeit enthüllt, deren tradierte Normen und Wertvorstellungen zerbrochen sind. Dies mag, auf den Spätaufklärer Wieland bezogen, interpretatio moderna sein; ein Teil der Romantiker jedenfalls, vor allem die sogenannte ‘schwarze Romantik’, in den *Nachtwachen des Bonaventura,* bei Jean Paul, E. T. A. Hoffmann, Clemens Brentano z. B., griff diese ‘Nachtseite des Lebens’ begierig auf und machte sie zu einem der zentralen Motivkomplexe bei der künstlerischen Gestaltung der Realität.

[4] Wolfgang Kayser, *Das Groteske. Seine Gestaltung in Malerei und Dichtung* (Oldenburg, 1957; ^{2}1961), S. 32.

Für den Anglisten ist der Fortgang der Karikaturdiskussion bei Wieland von Belang, weil hier deutlicher als bei Möser der Rang Hogarths auf der deutschen Kunst- und Literaturszene zutage tritt. In England war Hogarth bereits in den fünfziger Jahren mit seinen sozialkritischen und sozialsatirischen Radierungen, Stichen und Gemälden in die Rolle eines Gewissens der Nation hineingewachsen, wie sie nach ihm vielleicht nur noch Dickens innegehabt hat. Wielands deutscher Landpfarrer zeigt sich zunächst Hogarth gegenüber mit der Fülle von moralischen Vorurteilen belastet, die den Phasenverzug in der Wertschätzung jener von Hogarth "modern moral subjects"[5] genannten Bilder offenbart, mit dem ein Großteil des bürgerlichen Publikums in Deutschland in der Haltung des „daß nicht sein kann, was nicht sein darf" auf die brutale Realistik und schonungslose Offenheit der Hogarthschen Sozialsatire reagiert. Nicht zuletzt dürfte dies mit Unterschieden der gesellschaftlichen Entwicklung zu erklären sein. Bilder wie *Gin Lane* oder die Serie *The Harlot's Progress* setzen ein depraviertes Großstadtproletariat voraus, das es zu dieser Zeit im dezentralisierten Deutschland noch nirgendwo gibt.

Beide Gesprächspartner ordnen das Groteske einer Ästhetik des Häßlichen und des Bösen zu. Der Pfarrer, der zunächst nicht unter die deskriptive Oberflächenbeschreibung der Karikatur vorzustoßen vermag, verweist in seiner idealistischen moralischen Schönfärberei das Werk Hogarths in jenes Reich abstruser Hirngespinste und ekelerregender Scheußlichkeiten, das er dem Grotesken zugedacht hat.

... daß so abscheuliche zerrüttete, so ganz und gar durchteufelte Menschen, wie einige Hogarthische augenscheinlich aussehen, wenigstens äußerst selten sind ... Ich kann also nicht finden, wozu dergleichen Caricaturen anders dienen könnten, als empfindliche Seelen mit seinem vergeblichen Ekel und Grauen zu quälen, und der menschlichen Natur, folglich am Ende ihrem Urheber selbst Schande zu machen. (S. 344)

[5] Vgl. Paulson, *Hogarth,* S. 480.

Wieland selbst teilt die Meinung, Hogarth habe sich an der menschlichen Natur versündigt, nicht. Er bezieht die Bilder Hogarths auf ein realistisches Prinzip der Darstellung gesellschaftlicher Mißstände und rettet sie für sich in die erste Klasse von Karikaturen, wo er sie „höchstwahre Caricaturen“ nennen und von daher mit moralischen Kriterien überaus positiv beurteilen kann, eine Apologie, der schließlich auch der Pfarrer seine Zustimmung erteilt:

... davon bin ich überzeugt, daß die scheußlichste Hogarthische Caricatur immer noch verschönert ist. Wider Willen des Künstlers nämlich: der auch wenn er Abbildungen machen will, in der Tat doch immer eine Art von Idealen macht. (S. 346)

So vermag Wieland Hogarth ebenso wie Fielding als realistischen Künstler zu sehen, der aus moralischen Gründen zu einem hyperbolischen Darstellungsstil neigt. Beider Art von Karikaturmalerei streift für ihn höchstens den Grenzbereich zum Grotesken, bleibt stets moralischen Prinzipien, wie er sie versteht, verhaftet. Das echte Groteske aber hat für Wieland alle Seiten des unbeschwert Komischen und jener buntscheckigen Narretei abgelegt, die ihm bei Möser noch zukommen. Seine psychologisch-wirkungsästhetische Analyse verweist es in den Bereich des janusgesichtig Ambigen, gleichzeitig Anziehenden und Abstoßenden, Erstaunen-, Ekel- und Grauenerregenden, den in Deutschland dann später die ‘schwarze Romantik’, in England der aufkommende Schauerroman, die “gothic novel”, auslotet und ästimiert. Wieland markiert für Deutschland jene in der englischen Begriffsgeschichte schon früher einsetzende Begriffserweiterung des Grotesken, in der zu den Konnotationen des Niedrig-Komischen neue ästhetische Dimensionen hinzutreten, die im Bereich des gotischen Romans vielleicht am reinsten in Matthew Gregory Lewis' *The Monk* faßbar werden. Daß die komische Komponente des Grotesken in England auch fürderhin stärker ausgeprägt bleibt als in Deutschland, ist ein nationales Charakteristikum, welches die Gesamtentwicklung der englischen Literatur auszeichnet.

3. Carl Friedrich Flögel, *Geschichte der komischen Litteratur* (1784—87); *Geschichte des Groteskekomischen* (1788); *Geschichte der Hofnarren* (1789); *Geschichte des Burlesken* (1794)[1]

Nur gut zwanzig Jahre nach Mösers erster theoretischer Schrift zum Grotesken und zweifellos in Begriffsbildung und manchen Details von Möser angeregt, tritt in dem Baumgarten-Schüler Carl Friedrich Flögel, „Professor der Philosophie bey der königlichen Ritter-Akademie zu Liegnitz, und Beysitzer der königl. Gesellschaft der Wissenschaften zu Frankfurt an der Oder“, der erste Historiker des Grotesken auf den Plan. Flögel verficht den Anspruch, der Literaturwissenschaft in seiner umfassend angelegten Geschichte der komischen Literatur eine neue Dimension zu eröffnen: „ein neuer Theil der Litteraturgeschichte ... welcher noch niemals ist bearbeitet worden.“[2] Leider war es ihm nicht vergönnt, sein Werk in der beabsichtigten Form zu Ende zu führen. Nachdem er in den Jahren 1784—87 die vierbändige *Geschichte der komischen Litteratur* mit Abhandlungen zum Lächerlichen und Komischen überhaupt, zur Satire und Komödie veröffentlicht hatte, starb er im März 1788 eines unerwarteten Todes. Freunde gaben im selben Jahr aus dem Nachlaß die bereits druckfertig vorliegende *Geschichte des Groteskekomischen* und im folgenden Jahr deren zweiten Teil, die

[1] Texte: Carl Friedrich Flögel, *Geschichte der komischen Litteratur*, 4 Bde. (Liegnitz und Leipzig, 1784—87); *Geschichte des Groteskekomischen*, Ein Beitrag zur Geschichte der Menschheit (Liegnitz und Leipzig, 1788); *Geschichte der Hofnarren* (Liegnitz und Leipzig, 1789); *Geschichte des Burlesken*, Friederich Schmit, Hrsg. (Leipzig, 1794).

Karl Friedrich Flögel, *Geschichte des Groteskekomischen*, nach der Ausgabe von 1788 neu bearbeitet und herausgegeben von Max Bauer, 2 Bde. (München, 1914). Bauers Fassung stellt eine starke Überarbeitung Flögels dar, dem Text wurden außerdem insgesamt 133 Abbildungen beigegeben.

[2] Flögel, *Geschichte der komischen Litteratur*, Bd. I, „Vorrede“, S. III.

Geschichte der Hofnarren, heraus; nach Sichtung und Zusammenstellung der Manuskripte, die in Flögels Nachlaß gefunden wurden, konnte 1794 dann noch die *Geschichte des Burlesken* der Öffentlichkeit übergeben werden. Flögels Werk ist nicht der Romantik, sondern eindeutig noch der Spätaufklärung zugehörig. Ungleich den praktizierenden Literaten Wieland, Schlegel, Jean Paul, welche die Materie zugleich theoretisch und dichterisch ausloten, entwirft Flögel keine ausgesprochene Theorie des Grotesken, sondern ist ein emsiger Kompilator, sein Werk eine unerschöpfliche Fundgrube von Anekdoten, Histörchen, närrischen Exzentrizitäten, deren vage Systematik und unscharfe Begriffsbildung seinen gestrengen Philosophenkollegen, Kant vor allem, wohl kaum hätte Beifall abringen können, während die Romantik gerne aus ihm schöpfte, und es als Stoffsammlung infolge seines Reichtums an Beispielen noch heute nicht ohne Reiz ist.

Flögels Verdienst liegt insbesondere wohl darin, Wegbereiter einer vorurteilsfreieren Anschauung vom Wesen des Komischen zu sein, und den Blick dafür geöffnet zu haben, daß Harlekin und die ganze Narrensippschaft ein Spektrum umfaßten, welches über den bloßen „Lustigmacher" doch beträchtlich hinausging.

Man muß sich in diesem Zusammenhang in Erinnerung rufen, daß die Komödianten in der gesellschaftlichen Wertskala des 18. Jahrhunderts den untersten Rang einnahmen und daß das Lachen allgemein verpönt war. Mit den Worten Promies':

> Es muß innerhalb der gebildeten Kreise des Bürgertums im achtzehnten Jahrhundert geradezu, was das Lachen und die Hingabe an das Lächerliche betraf, ein striktes Tabu gegeben haben, das zu verletzen den erpichten Ruf des philosophischen Kopfes kosten konnte.[3]

Gegen Ende des Jahrhunderts nimmt die lach- und lustfeindliche, auf Seriosität bedachte Prüderie des deutschen Bürgertums

[3] Wolfgang Promies, *Die Bürger und der Narr oder das Risiko der Phantasie* (München, 1966), S. 67.

eher noch zu, wobei die 'gelehrte Welt' den Vorreiter macht.[4] So verwundert es nicht, daß Flögel im ersten Band seiner *Geschichte der komischen Litteratur* umfangreiche, auf den modernen Leser mitunter weitschweifig und gezwungen anmutende Rechtfertigungsversuche unternimmt, um den Wert eingehender Beschäftigung mit dem Komischen zu beweisen.

Flögel hat zwar keine eigene Theorie des Grotesken entwikkelt, dennoch läßt sich aus seiner Systematik so etwas wie ein theoretisches Konzept des Groteskkomischen abstrahieren, und bei aller mangelnden Stringenz seiner Argumentationsführung vermag man seinen Standort ziemlich genau festzulegen. Danach beherrscht das Groteske eine der ältesten Provinzen des Komischen und wird als niedere Form der Komik sowohl gegen das Satirische wie gegen das Burleske abgegrenzt.

Die Neigung des Menschen zum Groteskekomischen oder zur komischen Caricatur ist so alt wie irgend ein anderer Zweig des Komischen, ja es ist wahrscheinlich, daß er an Alterthum alle anderen übertreffe. Denn ehe der Mensch so gesittet wird, daß er das ferne und hohe Komische erfinden, oder an demselben einen Geschmack haben kann, ist lange vorher der Geschmack an dem übertriebenen und groben Komischen vorhergegangen.[5]

Literarisch wird das Groteskekomische von Flögel in der Komödie angesiedelt, wobei die Grenzen gegen die Satire einigermaßen fließend sind. Nacheinander handelt er dabei im Anschluß an Griechen und Römer jeweils zuerst die romanischen Länder Italien, Spanien, Portugal und Frankreich ab, hernach England und zahlreiche deutsche Staaten. Nationalliteraturen werden von ihm stets im Einklang mit bestimmten Zügen im Nationalcharakter gesehen. Seine Argumentationsketten verlaufen deshalb selten rein literaturimmanent, sondern umgreifen auch soziologische und politische Befunde. Diesem Vorgehen analog wird das Groteskekomische auch nicht allein deskriptiv

[4] Vgl. Promies, a. a. O., S. 67—70.

[5] Flögel, *Geschichte des Groteskekomischen*, S. 1.

als literarische Werk- und Wirkungskategorie aufgefaßt, sondern zusätzlich als ästhetische Dimension in kirchlichen und weltlichen Festen dingfest gemacht, schließlich auf Gruppen wie die schon im Mittelalter aufkommenden „komischen Gesellschaften und Narrengesellschaften" übertragen und endlich in der *Geschichte der Hofnarren* zum Hauptkennzeichen für reale und fiktive Individuen erweitert. Spätestens hier hat sich jedoch jede begriffliche Unterscheidung im Sammelsurium eines gigantischen Zettelkastens verloren. Minstrels und Barden, Hof- und Volksnarren, sowie Zwerge, Eulenspiegel, der "Fool" in Shakespeares *Lear*, Ossian und Beau Nash, um einige englische Beispiele anzuführen, werden zwar nach äußerlichen Kriterien unterschieden, letztlich aber ohne allzuviel Federlesens in einen großen gemeinsamen Topf geworfen und dort zu einem närrischen Ragout verrührt, dessen triviale Fakten- und Anekdotenhuberei dem heutigen Leser die Lektüre zum schwer verdaulichen Gericht machen. Angesichts der besseren Ausführung der ersten vier Bände kann man Flögel vielleicht doch zugute halten, daß er vermutlich vor der endgültigen Drucklegung seine *Geschichte des Groteskekomischen*, vor allem aber die der *Hofnarren* und des *Burlesken* noch überarbeitet hätte, wenn er dazu Gelegenheit gehabt hätte.

Wolfgang Kayser, dem Vater der modernen Groteskforschung, ist zu Recht vorgeworfen worden, er habe es versäumt, das Groteske über die Renaissance hinaus zu seinen Wurzeln im Mittelalter und der Antike zurückzuverfolgen.[6] Carl Friedrich Flögel muß man dagegen positiv anrechnen, daß er mit profunder Kenntnis antiker Literatur und mit einem für seine Zeit erstaunlichen Wissen über mittelalterliche Literaturen das Groteske von den Satyrspielen und Aristophanes über eine Fülle antiker Zwischenglieder zu Plautus, dann über mittelalterliche Mysterienspiele und Interludien auf dem Kontinent und in

[6] Dieser Vorwurf wurde Kayser zuerst von Leo Spitzer in einer Rezension von Kaysers *Das Groteske* gemacht, *GGA* (1958), S. 95—110.

England zur Commedia dell'arte und der europäischen Renaissanceliteratur herleitet, an die sich eine Betrachtung des 17. Jahrhunderts und der Gegenwartsliteratur anschließt. Dabei verfügt er qualitativ und quantitativ über höchst unterschiedliche Kenntnisse der einzelnen Nationalliteraturen. Im Gegensatz zu Zeitgenossen wie Lichtenberg, Möser oder Wieland stammt sein Wissen über englische Literatur oft nur aus zweiter oder dritter Hand, wohingegen er neben der Detailkenntnis auch entlegener deutscher Autoren eine außerordentliche Belesenheit in italienischer Literatur und Kenntnis des italienischen Theaters aus eigener Anschauung vorweisen kann. In Venedig war es dann auch, wo er mit Garrick über die Vorzüge des italienischen Stegreifspiels im Vergleich zur französischen Komödie diskutiert hat.[7]

Verlagert man den Blickwinkel von den großen Entwicklungslinien zu den Einzelheiten von Flögels Konzept des Grotesken, so wird man eines solchen andeutungsweise zunächst im ersten Band der *Geschichte der komischen Litteratur* gewahr, wo das Groteskekomische in einer Serie von Begriffsbestimmungen nach Travestie, Parodie und dem Possierlichen und vor Humor, Naivität und Ironie abgehandelt wird.[8] Unter Berufung auf Leonardo, Annibale Carrachi, Ghezzi und Hogarth werden hier ebenso wie in der englischen Ästhetik der ersten beiden Drittel des Jahrhunderts Groteskekomisches und Karikatur völlig synonym gesehen und als

> eine Uebertreibung des Poßierlichen; wo natürlich ins seltsame fallende Fehler etwas weiter getrieben werden, um sie in ein helleres Licht zu versetzen; so wie man durch ein Vergrösserungsglas Kleinigkeiten viel deutlicher sieht[9]

bestimmt.

In einem weiteren Kapitel innerhalb der gleichen Abhandlung „Vom Komischen überhaupt" wird das Groteskekomische

[7] Vgl. Flögel, *Geschichte des Groteskekomischen*, S. 65.

[8] Flögel, *Geschichte der komischen Litteratur*, Bd. I, S. 89—91.

[9] Flögel, a. a. O., S. 89.

neben Karikatur und Liebe zum Übertriebenen mit Chimären, dem Geschmack an außerordentlichen und besonderen Begebenheiten, sowie dem Wunderbaren in Verbindung gebracht.[10] Von den Masken des griechischen Theaters schlägt Flögel den Bogen zu den italienischen Farcen, dem Marionettentheater und der Commedia dell'arte, jedoch ohne sich auf eine präzise Begriffsbestimmung einzulassen. Bemerkenswert ist dabei seine Ausweitung des Begriffs auf eine synthetische Zusammenschau von groteskem Genre, grotesker Figur und grotesker Situation innerhalb eines Berichts, den Dr. Moore von einer gemeinsam mit dem Duke of Hamilton besuchten Commedia-dell'arte-Aufführung in Venedig gibt.[11] Darin soll ein Stotterer dem Harlekin eine äußerst wichtige Botschaft überbringen, verhaspelt sich jedoch derart in den Schlingen seines Gebrechens, daß ihm die Nachricht im Halse steckenbleibt:

Endlich griff er sich entsetzlich an, und alle Zuschauer gafften in Erwartung seiner glücklichen Entbindung, als das verdammte Wort verkehrt heraufkam, und dem unglücklichen Mann in der Kehle stecken blieb. Er sperrte das Maul auf, zitterte, würgte sich, das Gesicht schwoll auf, und es war als wenn die Augen zum Kopfe herausspringen wollten. Harlekin knüpfte dem Stotternden die Weste und den Halskragen des Hemdes auf; er fächelte sein Gesicht mit der Mütze, und hielt ihm etwas zu riechen vor die Nase. Endlich, in der Angst, sein Patient möchte den Geist aufgeben, ehe er ihm die verlangte Nachricht ertheilen könnte, rannte er in einem Anfall der Verzweiflung mit seinem Kopf dem Sterbenden wider den Bauch; und das Wort flog so laut aus seinem Munde, daß es der entfernteste Theil des Hauses hören konnte.[12]

Hier drängt vorübergehend mit einem Schlag die moderne Verständnisebene vom Grotesken als einer Verbindung von anziehenden und abstoßenden, komischen und grauenerregenden, lächerlichen, absurden und tragischen Momenten in den Vordergrund.

[10] Flögel, *Geschichte der komischen Litteratur,* Bd. I, S. 237—244.

[11] Flögel, a. a. O., S. 239—242.

[12] Flögel, a. a. O., S. 241.

In der *Geschichte des Groteskekomischen* werden ähnliche Gedanken dann erneut aufgenommen und ausgebaut. Flögels These lautet hier, die griechische Komödie habe von einer Gestaltung des Groteskekomischen ihren Ausgang genommen, und die Satyrn als Begleiter des Bacchus seien nichts anderes als durch und durch groteske Geschöpfe gewesen.[13] Groteske Gestalt, Possen, Fratzen, drollige Einfälle, aber auch vermischt mit tiefsinnigen Weisheiten, zeichne bereits viele Figuren der griechischen Komödie aus, und Flögel versäumt nicht, den Brückenschlag zu Shakespeares Narren und "country swains" zu wagen. Mit der Betonung des gleichzeitigen Gräßlichen und Lächerlichen in den Larven und Masken der alten Komödie kommt bereits hier der Gegenpol des Komischen im Grotesken ins Spiel, die Masken als groteske Schreckensbilder. Auch das Obszöne wird als möglicher Teilbereich des Grotesken in Zusammenhang mit den legendären Histrionen erkannt. Die sich anschließende Diskussion der Commedia dell'arte dürfte der heute noch wertvollste Beitrag innerhalb Flögels *Geschichte des Groteskekomischen* sein und ist in Zusammenhang mit den Rehabilitierungsbemühungen zu sehen, die Harlekin in der deutschen Literaturkritik erfährt, zugleich reiht sich Flögel damit auch unter die Wegbereiter der neuen Ästhetik.

Flögels Bemerkungen zur Satire, Komödie und den darin enthaltenen Elementen des Groteskekomischen in der englischen Literatur kann heute nur noch rezeptionsgeschichtliches Interesse entgegengebracht werden. Die englische Vorliebe für Satire und Komödie und die hervorragenden Leistungen der Engländer auf beiden Gebieten begründet Flögel jeweils aus der politischen Situation heraus:

Die englische Komödie zeichnet sich durch sonderbare und launische Charaktere vor den Komödien aller anderen Nationen aus; dieses ist auch der Beschaffenheit der Regierung dieses Landes und des daraus entstehenden Humors seiner Einwohner vollkommen angemessen. Denn ein Staat, wo jeder Bürger darnach ringt, unabhängig zu denken,

[13] Vgl. Flögel, *Geschichte des Groteskekomischen,* S. 3 ff.

muß viel mehr Originale hervortreiben, als wo Zwang und Despotismus den Unterthan nach einem angenommenen Leisten formt, und das Selbsthandeln und Selbstdenken erschwert.[14]

Leider fällt, was Flögel sonst zur englischen Literatur zu sagen hat, gegenüber den Analysen vieler deutscher Zeitgenossen und seinen eigenen Beiträgen zur klassischen und italienischen Literatur stark ab. Banale, skizzenhafte Inhaltsangaben, übernommene Vorurteile und Fehlinformationen enthüllen, daß es ihm einfach an Kenntnis der Primärliteratur fehlt.[15] Dies zeigt sich auch daran, daß er im Einklang mit einer sich gegen das Jahrhundertende festigenden Meinung, aber im Widerspruch zu seiner sonstigen Haltung Swifts *Gulliver's Travels* in Grund und Boden verdammt. Vor allem in der Reise zu den „Houyhnhums" (der Schreibfehler ist verräterisch) lege Swift unerträglichen Menschenhaß an den Tag und leite seine Anmerkungen „aus den unrichtigen Grundsätzen" her. Und dann mit dem Bannstrahl der Entrüstung: „Diese Reise ist eine wirkliche Beleidigung des menschlichen Geschlechts." [16]

Das Groteskekomische in der englischen Komödie wird von den mittelalterlichen Mysterien und Interludien, bei starkem Einfluß aus Frankreich, über schemenhafte Entwicklungslinien

[14] Flögel, *Geschichte der komischen Litteratur*, Bd. IV, S. 191; vgl. des weiteren S. 191—222.

[15] Am auffälligsten tritt dieser Mangel in der von Friedrich Schmit 1794 aus dem Nachlaß herausgegebenen *Geschichte des Burlesken* zutage. Hier werden der burlesken Literatur Englands nur fünf Seiten (184—89) gewidmet mit der von Unkenntnis zeugenden Begründung: „Das Burleske ist in England niemals so weit als in Italien und Frankreich getrieben worden, welches wahrscheinlich in dem ernsthaften Charakter dieser clasischen Nation seinen Grund hat; ...". Den Herausgeber, der seinen Autor sonst über den grünen Klee lobt, veranlaßt dies zu der einschränkenden Bemerkung: „Von den Engländern könnte überhaupt noch sehr vieles in diesem Buche hinzugefügt werden; denn sie sind keineswegs so arm an burlesken Dichtern, als der seelige Verfasser geglaubt zu haben scheint."

[16] Flögel, *Geschichte der komischen Litteratur*, Bd. II, S. 397.

bei Elisabethanern und "Jacobeans" zur "Restoration Comedy" verfolgt, irgendwelche originellen Gedanken sind jedoch dabei nicht auszumachen; und Flögels Beschreibung englischer Figuren in seiner *Geschichte der Hofnarren* zeitigt ebenfalls fast ausschließlich Banalitäten. Rezeptionsgeschichtlich amüsant ist allenfalls die vollkommene Gutgläubigkeit, mit der er Macpherson auf den Leim geht und Ossians Gedichte „ohne Zweifel" für viel älter erklärt „als irgend ein in der celtischen Sprache noch vorhandenes." [17] Mit diesem Irrtum steht, wie das berühmte Beispiel Goethes zeigt, Flögel nicht allein; ihm aber bleibt es vorbehalten, den großen Barden flugs in seine Sammlung der Hofnarren einzugemeinden.

Flögel hat unzweifelhaft das Groteske mit den Hauptkomponenten des Lächerlichen und Närrischen wissenschaftlich legitimiert und es zudem in übergreifenden literaturgeschichtlichen Zusammenhängen verstanden, die darauf basieren, daß seine Elemente und eine damit verbundene Weltsicht und Gestaltungsweise „tief in der menschlichen Natur gegründet" seien.[18] Über einem unterscheidungslosen Wust an Beispielen hat er jedoch häufig den Blick für die Grenzen der ästhetischen Kategorie verloren. Seine Systematik versinkt immer wieder in den Untiefen des Anekdotischen, und das Groteskekomische verschwimmt zu einer amorphen Dimension, in die sich nahezu alles aufnehmen läßt, was irgendwie komisch und zugleich absonderlich, übertrieben und exzentrisch ist. Die Zwerge unter den oft unfreiwilligen Spaßmachern an Europas Höfen gehören sicher berechtigterweise unter die lebenden Erscheinungsformen des Grotesken, und die Karikatur, am unvergeßlichsten vielleicht Callot, hat sich durch sie zu vielfältiger Gestaltung menschlicher Deformationen anregen lassen. Flögel jedoch kratzt, wie durchgängig in seiner *Geschichte der Hofnarren*, nur an der Oberfläche einer psychologischen Begründung für das Interesse an diesen Menschen, was schon daran ersichtlich wird, daß Pygmäen und

[17] Flögel, *Geschichte der Hofnarren*, S. 382.

[18] Flögel, *Geschichte des Groteskekomischen*, S. 111.

Zwergenvölker der Sage in die gleiche Schublade gepackt werden. Die Komplexität der psychologischen Analyse und eine Differenzierung des Phänomens bekommen erst die Theoretiker und literarischen Gestalter des Grotesken unter den Romantikern in den Griff. Man muß sich in bezug auf die Epoche des Rationalismus wohl dem Urteil Promies' anschließen, welches auf die englische Ästhetik noch stärker zutrifft als auf die deutsche:

> Mißt man diese Epoche an früheren wie etwa dem europäischen Barock oder einer späteren wie der deutschen Romantik, so muß es allerdings scheinen, als habe der Rationalismus weder im Ästhetischen noch im rein Wissenschaftlichen die groteske Dimension bis auf ihren Grund gefaßt und bleibend gegenständlich gemacht.[19]

4. Friedrich Schlegel, *Athenäums Fragmente* (1798 veröffentlicht) und *Gespräch über die Poesie* (1800)

Die Bedeutung Friedrich Schlegels als programmatischer Begründer romantischer Dichtungstheorie und als einer der Initiatoren wissenschaftlicher Literaturgeschichte in Deutschland verleiht seinen Bemerkungen über das Groteske einen wichtigen Rang innerhalb der sich allmählich herausschälenden Theorie des Grotesken. Sie weiten den Begriff zu einer theoretisch fundierten ästhetischen Kategorie aus, die aber von schillernder Mehrschichtigkeit geprägt bleibt. Darüber hinaus sind sie ein Indikator für den Stellenwert, der dem Grotesken im Rahmen der nachklassizistischen Ästhetik zukommt. Insbesondere in den Aphorismen der *Athenäums Fragmente* und in seinem *Gespräch über die Poesie*[1] hat Schlegel das Groteske in ästhetische und

[19] Promies, *Die Bürger und der Narr,* S. 273.

[1] Friedrich Schlegel, „Athenäums Fragmente" in: *Kritische Friedrich Schlegel Ausgabe,* Ernst Behler, Hrsg., Zweiter Band, *Charakteriken und Kritiken I* (1796—1801), herausgegeben und eingeleitet von Hans Eichner (München, Paderborn, Wien, 1967), S. 165—256. „Gespräch über die Poesie", KA, Zweiter Band, S. 284—363.

literaturtheoretische Argumentationen einbezogen. Daß auch für ihn englische Literatur, vor allem in seiner Romantheorie, zu einem wesentlichen Anreger wird, kann beim biographischen und geistigen Hintergrund der Gebrüder Schlegel niemanden überraschen. Die 451, im Juni 1798 veröffentlichten, teilweise jedoch wesentlich früher entstandenen *Athenäums Fragmente* fanden wegen ihrer Aggressivität und schwierigen Terminologie beim Publikum eine recht geteilte Aufnahme:

> Was damals von den jüngeren Generationen aufgegriffen wurde und die *Fragmente* zu einem Markstein der Literaturgeschichte macht, liegt auf einer anderen Ebene: es ist die Verkündigung der Doktrin der romantischen Poesie.[2]

Im *Gespräch über die Poesie* werden dann zwei Jahre später viele der unsystematischen Gedankensplitter der *Fragmente* systematischer ausgebaut. Die *Fragmente* kennzeichnen auch einen Umbruch in Schlegels eigenem Denken. Während ihm noch bis Mitte der neunziger Jahre neuere Literatur „als Chaos oder auch als ein System der Verirrungen" erschienen war,[3] wächst nun seine Wertschätzung zeitgenössischer Werke und die in seinen klassizistischen Frühschriften negativ beurteilten Konnotationen etwa des Phantastischen werden von 1797 an zu den Vorzügen der modernen Literatur gerechnet, ja, Schlegel koppelt nun geradezu Phantasie, poetische Imagination und Romantik als normative Forderungen an wahre Dichtkunst, wobei „romantisch" hier in seiner Bedeutungsspielart „Unglaubliches, Unwahrscheinliches, Unwirkliches, Phantastisches und Exotisches" zu verstehen ist.

Der ideale Roman, von Schlegel als niemals vollkommen zu erreichende Aufgabe dargestellt, der sich der Autor jedoch so weit als möglich zu nähern bemühen sollte, muß nach Schlegels Theorie Poesie und Prosa, Phantastisches, Sentimentales und Mimisches umfassen.

[2] Friedrich Schlegel, KA, Zweiter Band, „Einleitung", S. XLVI.

[3] Friedrich Schlegel, KA, Zweiter Band, „Einleitung", S. LII.

Er ist das vollkommene Mischgedicht, in dem die klassischen Dichtarten, Epos, Drama, Lyrik, aber auch Poesie, Kritik, Philosophie miteinander gemischt und verschmolzen werden.[4]

Bei einer dermaßen die etablierten Regeln sprengenden Romantheorie, wie sie im Kern bereits in den *Fragmenten* formuliert ist, liegt es nahe, daß auch die Stilprinzipien des Grotesken, die von Möser und Wieland noch mit dem Odium des Niedrig-Komischen und der monströsen Karikatur behaftet gelassen wurden, bei Schlegel Umwertung und Aufwertung erfahren.

Das Groteske wird in sehr verschiedenem Kontext in den *Athenäums-Fragmenten* 75, 125, 305, 389, 396, 424, und den *Ideen* 59 und 145 erwähnt; die wichtigsten Beispiele sollen im folgenden kurz herausgegriffen werden. Dabei sollen auch hier wieder vordringlich Beziehungen zum anglistischen Aspekt betont werden. Wolfgang Kayser hat von germanistischer Seite her Schlegels Konzeption des Grotesken bereits scharfsinnig analysiert, und in den wesentlichen Punkten kann seiner Interpretation zugestimmt werden.[5] Vorbehalte sind vom gegenwärtigen Stand der Forschung her dort zu machen, wo Kayser im jeweils historisch fixierbaren theoretischen Ansatz nach Bestätigung seiner eigenen, überzeitlich verstandenen Grotesktheorie sucht und dabei etwa in die heterogenen, unsystematischen Ansätze Schlegels harmonisierend und systematisierend eingreift. Zudem trifft die von Kayser postulierte nahezu völlige Synonymität von Arabeske und Groteske bei Schlegel wohl doch so nicht zu. Die beiden Begriffe dürften von Schlegel teilsynonym verwendet werden; das Groteske scheint uns von Schlegel eher als dissonante Steigerung des Arabesken verstanden zu sein. Da das Arabeske jedoch unbestrittenermaßen im Zentrum von Schlegels Romantheorie steht, hätte unsere These zur Folge, daß das Groteske entgegen Kaysers Ansicht[6] in Schlegels Roman- und

[4] Friedrich Schlegel, KA, Zweiter Band, „Einleitung", S. LVIII.

[5] Wolfgang Kayser, *Das Groteske* (Oldenburg, ²1961), S. 50—56.

[6] Vgl. Kayser, *Das Groteske*, S. 50.

Dichtungstheorie vom Zentrum weg weiter in Richtung Peripherie rückt.

In den Fragmenten 75, 305, 389 wird der Kontrast von Stoff und Form als konstitutiv für das Groteske herausgestellt. Dies beinhaltet für Schlegel wohl Paradoxien und die Mischung heterogenen Materials, wohl Lächerliches, aber nicht das von Kayser behauptete gleichzeitig Grauenerregende. Letzteres bringt Schlegel im Fragment 424 unter ganz anderem Kontext, nämlich in der Reflexion zeitgeschichtlich-politischer Ereignisse, im Zusammenhang mit dem Grotesken ins Spiel. Dort heißt es, bezogen auf die Französische Revolution:

> ... man kann sie [die Revolution] aber auch betrachten als den Mittelpunkt und den Gipfel des französischen Nationalcharakters, wo alle Paradoxien desselben zusammengedrängt sind, als die furchtbarste Groteske des Zeitalters, wo die tiefsinnigsten Vorurteile und die gewaltsamsten Ahnungen desselben in ein grausames Chaos gemischt, zu einer ungeheuren Tragikomödie der Menschheit so bizarr als möglich verwebt sind.

Hier ist in nuce tatsächlich bereits ein Großteil der Kayserschen Groteskauffassung angelegt. Im literarischen Kontext jedoch gibt Schlegels Groteskverständnis sich meist harmloser und heiterer, eben als Steigerung des Arabesken, allerdings wie im Fragment 396 ebenfalls mit einem Blick für die tragikomische Dimension, die dem Grotesken innewohnt. Die verschiedenen, in den *Fragmenten* angesprochenen Schichten des Grotesken lassen sich noch nicht in einer Theorie kompatibel machen. In Fragment 305 heißt es:

> Wie das Naive mit den Widersprüchen der Theorie und der Praxis, so spielt das Groteske mit wunderlichen Versetzungen von Form und Materie, liebt den Schein des Zufälligen und Seltsamen, und kokettiert gleichsam mit unbedingter Willkür.

Das Umfeld des Grotesken wird hier von den Begriffen Ironie, Humor, Witz gebildet, mit denen es sich in Teilbereichen überschneidet.

„Jean Pauls groteskes Talent und Peter Leberechts (Ludwig Tieck) fantastische Bildung vereinigt“ (Nr. 105) ergäben nach Schlegel einen idealen romantischen Dichter. Grotesk wäre also hier die Kombination von Phantastisch-Visionärem, Abgründigem und Heiter-Humoristischem.

Einen weiteren Bereich des Grotesken, der in der zeitgenössischen Ästhetik in England seine Parallelen hat, deutet Schlegel — allerdings ohne ironische Vorzeichen — mit den Begriffen "the pleasing grotesque" und "the picturesque" an,[7] wenn er in Zusammenhang mit „philosophischen Grotesken“ auf die englische Philosophie und Literaturkritik zu sprechen kommt (Nr. 389) und sie unter Konnotationen wie „konstruierte Desorganisation“ und „Kunstchaos“ mit chinesischen Gartenhäusern vergleicht. Von der Warte des theoriebewußten und -geschulten Deutschen herab, macht Schlegel sich in Anspielung auf den geplanten Wildwuchs englischer Landschafts- und Gartengestaltung und pseudoasiatische Modetrends über die „engländische Kritik“ lustig,

> die doch nichts enthält, als eine Anwendung der Philosophie des gesunden Menschenverstandes, die selbst nur eine Versetzung der Naturphilosophie und Kunstphilosophie ist, auf die Poesie, ohne Sinn für die Poesie.

Harris, Hume, Johnson spricht Schlegel schlechterdings auch „die schamhafteste Andeutung“ von Sinn und Gespür für Literatur ab.

In einem Aphorismus der *Ideen* (Nr. 145) wird dann wieder das Groteske dem Lächerlichen entgegengesetzt, woraus abermals zu ersehen ist, daß auf dieser Stufe seiner Entwicklung bei Schlegel noch von keiner abgerundeten Theorie des Grotesken gesprochen werden kann.

[7] Vgl. Francis K. Barasch, *The Grotesque. A Study in Meanings* (The Hague, Paris, 1971), S. 115—117, und Christian W. Thomsen, *Das Groteske im englischen Roman des 18. Jahrhunderts* (Darmstadt, 1974), S. 289—291.

Das im Januar 1800 abgeschlossene *Gespräch über die Poesie* war ursprünglich aus einem Versuch über Goethes *Wilhelm Meister* erwachsen. Schlegel bedient sich hierin der Form des Symposiums, zu den ihn die Platonstudien vieler Jahre angeregt hatten. Das Symposium eröffnet nicht nur die Gelegenheit, Problemkreise von verschiedenen Seiten her zu beleuchten, es entwirft auch ein Bild von der romantischen Geselligkeit um die Gebrüder Schlegel in ihrer Jenaer Zeit.

Winckelmann und Goethe erscheinen Friedrich Schlegel als Fortsetzer und Neubegründer einer lange Zeit unterbrochenen, wahrhaft romantischen Poesie, deren Hauptvertreter, Cervantes und Shakespeare, bis in die Gegenwart unübertroffen blieben. Schlegels Groteskverständnis wird hier zum ersten Mal in der Vorlesung über „die Epochen der Poesie" in Zusammenhang mit Romanzen und Novellen der Italiener im 15. und 16. Jh. sichtbar, wenn er beispielsweise Ariost „eine glückliche Mischung von Scherz und Ernst" zuschreibt. Es ist die alte, ornamentale Form von Arabeske und Groteske, die an dieser Stelle zugrunde liegt, und die als eine der Schichten des Grotesken auch in den *Fragmenten* schon angeklungen war.

Ein derartiges, als Form und Struktur aufgefaßtes Verständnis von Groteske und Arabeske wird in Ludovikos „Rede über die Mythologie" am Beispiel von Shakespeare und Cervantes weiter ausgefaltet:

> Ja diese künstlich geordnete Verwirrung, diese reizende Symmetrie von Widersprüchen, dieser wunderbare ewige Wechsel von Enthusiasmus und Ironie, der selbst in den kleinsten Gliedern des Ganzen lebt, scheint mir selbst eine indirekte Mythologie zu sein. . . . und gewiß ist die Arabeske die älteste und ursprünglichste Form der menschlichen Fantasie. (S. 318—19)

Aus dieser Bestimmung wird deutlich, daß Schlegel unter dem Einfluß arabesken Formenspiels die abgründige, tragikomische Variante des Grotesken im Werk seiner beiden Gewährsleute

[8] Vgl. Kayser, *Das Groteske,* S. 52.

nicht zu sehen vermag. In der Gegenwartsliteratur sind ihm Sterne, Diderot und Jean Paul Vertreter der arabesken Form.

Daß Schlegel im folgenden „Brief über den Roman" Abstufungen von der Arabeske zur Groteske vornimmt, beweist die Einschätzung der drei genannten Autoren. Diderots *Jacques le Fataliste* beurteilt er als Kunstwerk, „jedoch keine hohe Dichtung — nur eine Arabeske" (S. 331). Sternes Phantasie, Humor, geistreicher Witz, seine Mischung von Scherz und Ernst werden hoch gepriesen, und obwohl Schlegel Sternes raffinierter Formkunst wohl nie ganz gerecht geworden ist,[9] schätzt er ihn deutlich komplexer ein als Diderot. Das Ergötzen an Sternes Humor — auch hier wird die wirkungsästhetische Seite in den Vordergrund gestellt — wird als dem Genuß verwandt bezeichnet, „den wir oft bei Betrachtung der witzigen Spielgemälde empfanden, die man Arabesken nennt" (S. 330—31). Damit rückt Sterne in eine Zwischenstellung zwischen Diderot und Jean Paul, welch letzterer nun als Repräsentant grotesker Dichtung auftritt, wobei das Unterscheidungsmerkmal zu Sterne vor allem in der gesteigerten Sensibilität kränklichen Witzes und wunderlicher Phantastik besteht, die Jean Paul auszeichne, der überhaupt über mehr Witz verfüge als Sterne.

Das bunte Allerlei von kränklichem Witz gebe ich zu, aber ich nehme es in Schutz und behaupte dreist, daß solche Grotesken und Bekenntnisse noch die einzigen romantischen Erzeugnisse unseres unromantischen Zeitalters sind. (S. 330)

Dennoch sind die drei Autoren untereinander eng verwandt, und gerade die Rezeption zeitgenössischer englischer Literatur bei Schlegel erhellt, daß man sich durch historische Differenzierung davor hüten muß, Schlegel eine zu moderne Groteskauffassung zu unterstellen. Analog der englischen Rezeption im 18. Jh. werden sowohl Sterne als auch Swift als Dichter einer gemäßigten Groteske begriffen, in der das Humoristische, Wit-

[9] Vgl. Hans Eichner, „Einleitung" zu Friedrich Schlegel, KA, Zweiter Band, S. XCIV.

zige, Spielerische betont wird. „Der Humor eines Swift, eines Sternes, meine ich, sei die Naturpoesie der höheren Stände unseres Zeitalters“ (S. 331).

Das also ist es, was Gelehrte, Künstler und intellektuelles Bürgertum der Zeit an den Engländern Gefallen finden läßt. Das grundsätzlich Ambige, Anarchische, Normenzerstörende, Tragikomische, die dem Chaotischen abgerungene Form bei den englischen Autoren, welche sie einer durch die historischen Erfahrungen des 20. Jh. gegangenen modernen Literaturwissenschaft als Dichter des Grotesken interpretierbar macht, wurde aus innerer Wesensverwandtschaft heraus zum ersten Mal Jean Paul gewahr.[10]

Dann allerdings, wenn Schlegel nicht den ästhetischen Genuß eines literarischen Werkes immanent goutiert, sondern es zu den zeitgeschichtlichen Verhältnissen in Beziehung setzt, scheint jene schon im Fragment 424 aufgetretene Dimension des Grotesken durch, in der es bei aller bizarren Übersteigerung letztlich ein realistisches Gestaltungsprinzip verkörpert. Jean Paul wird Sterne vorgezogen, weil er kränklicher, wunderlicher und phantastischer schreibt, das aber, „weil die Zeit und die Verhältnisse kränklich sind.“ (S. 331) Aus ebendiesem Grunde ist es notwendig, „diesen Sinn für das Groteske in uns zu bilden und uns in dieser Stimmung zu erhalten.“ (S. 332) Denn, „Laputa ist nirgends oder überall, liebe Freundin, . . .“ (S. 332), und der Sinn für das Groteske schärft einerseits ein sozialsatirisches Gespür für die Dummheit und Narrheit der Zeit und ermöglicht es andererseits — hier wird denn doch unausgesprochen die Situation des deutschen Bürgertums der Epoche geschildert — die Mißstände und die Dummheit der Zeit nicht nur zu ertragen, sondern ihnen ein ironisch-ästhetisches Amusement abzugewinnen.

Dies bedeutet nun aber keineswegs, daß der romantische Theoretiker des Romans auch eine Ader für den stärker realistisch orientierten englischen Roman hätte. Smollett wird nicht erwähnt, aber bereits die Romane Fieldings sind in Schlegels

[10] S. u. den Abschnitt über Jean Pauls *Vorschule der Ästhetik.*

Augen einfach „schlechte Bücher", „unedle(s) Zeug" (S. 330) und für weibliche Gemüter schon gar nicht bestimmt. An den Nachfolgern Richardsons wird zwar „die Masse von eigener Anschauung und dargestelltem Leben" (S. 337) geschätzt; um romantischer Form zu genügen, müßten sie abgebildete Realität dennoch veredeln. Die derb-drastische Realistik eines Fielding — „. . . . das Fluchen, die Squires und dergleichen sind im Fielding wie aus dem Leben gestohlen, . . ." (S. 337) — stoßen Schlegel ab. Daß bei aller realistischen Intention Fielding seine Romane — man vergleiche das "Preface" zum *Joseph Andrews* — auch als bewußte Kunstprodukte komponiert, übersieht er. Da Arabeskes und Groteskes nun nicht mehr länger mit dem Niedrig-Komischen assoziiert werden, kommt es Schlegel nicht in den Sinn, sie bei Fielding zu vermuten, geschweige denn, ihnen in seinen Romanen wesentliche Funktionen zuzubilligen. Dagegen erblickt er in Edward Gibbons postum von seinem Freund Lord Sheffield zusammengestellten *Memoirs* „ein unendlich gebildetes und ein unendlich drolliges Buch" (S. 338), fast ein Idealbild des komischen Romans.

Schlegels Theorie des modernen Romans wird neben Diderot und Jean Paul überwiegend vom englischen Roman her belegt, wobei er stark auf die im 18. Jh. beliebte Methode der vergleichenden Erhellung von Literatur durch Malerei abstellt. Schon an der Tatsache, daß, im Gegensatz zu den zahlreichen Belegen in der Aufklärung, Hogarth von Schlegel nicht erwähnt und Fielding nach Kräften geschmäht wird, läßt sich die Richtungsänderung der Theorie des Grotesken bei Schlegel, trotz aller Vagheit und Widersprüchlichkeit, deutlich erkennen. Im Fragment 396 wird Karikatur zwar noch als „passive Verbindung des Naiven und Grotesken" apostrophiert, die der Dichter sowohl tragisch als komisch gebrauchen könne. Es ist jedoch zu fragen, ob die von Kayser vorgenommene Umkehrung, das Groteske werde demnach von Schlegel als Karikatur ohne Naivität verstanden,[11] legitim ist. Im *Gespräch über die Poesie* ist,

[11] Vgl. Kayser, *Das Groteske*, S. 55.

zumindest expressis verbis, kein Bezug des Grotesken zur Karikatur mehr vorhanden. Durch die dominante Bindung an die letztlich gebändigte Formkunst des Arabesken wird die Vitalität jener noch von Möser und Wieland betonten Ästhetik des Häßlichen im Grotesken domestiziert und einem Schönheitsideal unterworfen, in dem die 'Nachteile' des Grotesken, demonstriert an Jean Pauls „kränklichem Witz", dessen heiteres Formenspiel nicht verdüstern kann. Bei Jean Paul selbst, in der *Vorschule der Ästhetik,* wie in seinen Romanen und Erzählungen, nimmt sich dem modernen Betrachter das Groteske allerdings ganz anders aus. Da Schlegel weder bei Shakespeare, noch bei Swift oder Sterne im literarisch Grotesken neben der Komik die Valenz bodenloser Abgründigkeit recht zu erkennen und einzuschätzen vermochte, mag seine verhältnismäßig optimistische Beurteilung Jean Pauls nicht überraschen.

5. Jean Paul, *Vorschule der Ästhetik* (1804)

Friedrich Schlegel stellte einige der Weichen für das Verständnis des Grotesken in der deutschen Romantik; der erste wirkliche moderne Theoretiker des Grotesken aber ist Jean Paul, und dies, ohne den Begriff 'grotesk' überhaupt zu erwähnen. In der *Vorschule der Ästhetik* [1] wird im Gegensatz zu den Methoden der idealistischen Philosophie eine mikrologische Ästhetik durch Begründung von Einzelerfahrungen, die oft intuitiv sind, aufgebaut, und diese Begründung wird dann mit den damals viel gebrauchten Leitideen zusammengebracht: das Göttliche, das Unendliche, die Idee.[2] Unter den ästhetischen Zentralbegriffen Jean Pauls, „Phantasie", „Genie", „das Lächerliche", „Humor", „Witz" und „das Komische", sind die Überlegungen zum Humor wohl am sorgfältigsten und am tiefgründigsten ausgeführt, und

[1] Text: *Vorschule der Ästhetik* in: Jean Paul, *Werke,* Bd. V, Norbert Miller, Hrsg. (München, 1963), S. 7—457.

[2] Jean Paul, *Werke,* Bd. VI, „Nachwort" von Walter Höllerer, S. 1333.

es wird sehr schnell ersichtlich, daß der Humorbegriff Jean Pauls dem Schlegelschen Begriff des Arabesken verwandt ist, daß aber unter seinem zweiten zentralen Bestandteil, „der vernichtenden oder unendlichen Idee des Humors", nichts anderes verstanden werden kann, als eine mit solcher Plastizität und gedanklicher Durchdringung noch nie zuvor ausformulierte Theorie des Grotesken in der Literatur.

Jean Pauls *Vorschule* bezieht nahezu alle ihre literarisch-ästhetischen Maßstäbe, an denen zeitgenössische deutsche Literatur gemessen, gewogen und meist für zu leicht befunden wird, aus der französischen und englischen Literatur, bei deutlicher Dominanz des englischen Einflusses. Seine französischen Hauptgewährsleute, Rabelais, La Fontaine, Voltaire oder Rabelais' kongenialer deutscher Nachdichter Fischart, weisen mit ihrer Vorliebe für Witz und Satire, vor allem aber für eine pralle, farbenfrohe, bildkräftige Sinnlichkeit in die Richtung der komischen Seiten des Groteskverständnisses. Im spezifischen Sinne Jean Pauls wird dieses aber unter Betonung auch komplementärer oder in der traditionellen Ästhetik dem Lächerlichen, Komischen, Ironischen entgegengesetzter Komponenten wie des Erhabenen, Pathetischen, Ernsten und Tragischen abgeleitet und insbesondere an interpretatorischen Beurteilungen und Kurzanalysen in aphoristisch metaphernreicher Formulierungskunst an Beispielen aus Shakespeare, Swift und Sterne demonstriert.

Der Einfluß englischer Literatur im Deutschland des 18. und frühen 19. Jh.s ist immens. Wie kaum einer seiner Zeitgenossen vermag Jean Paul Schichten in den Werken von ihm besonders geschätzter Engländer freizulegen, die der englischen Literaturkritik teilweise bis ins 20. Jh. verschlossen blieben. Bereits in seiner Definition des Lächerlichen deutet sich ein dimensional vertieftes Verständnis des Grotesken an, auf welches später alle modernen Groteskthcorien Wert gelegt haben:

Shakespeare treibt mitten im Feuer des Pathos seine humoristischen nordischen Gewächse so unverletzt als in der Kälte des Lustspiels in die Höhe. Ja seine bloße *Sukzession* des Pathetischen und Komischen verwandelt ein Sterne gar in ein *Simultaneum* beider. (§ 26, S. 105)

Im Zusammenfügen heterogener Elemente zu neuer Einheit und deren ästhetischer Wertschätzung kündigt sich jene für weite Bereiche der modernen Kunst richtungweisende Ästhetik und mit ihr ein neues Weltverständnis an, das gleichzeitig bemüht ist, nachzuweisen, daß auch literarischen Werken vergangener Epochen diese Dimension durchaus schon innewohnt. So erhält Aristophanes für Jean Paul wiederholt den besonderen Rang, nicht „irgendein Alter" zu sein, weil er die sonst vorherrschende heitere antike Lebenskunst zu einer modernen „humoristischen Lebens-Verachtung" (§ 33, S. 129) zu transzendieren vermöge, die mit dem Bewußtsein einer sich als grotesk darbietenden Welt eng verknüpft ist, und hinter der sich „die entfremdete Welt" [3] begrifflich vorbereitet.

Das Erhabene „als das angewandte Unendliche" (§ 27, 106), das Lächerliche „als ein sinnlich angeschauter unendlicher Unverstand" (§ 28, S. 110) werden wie das Komische allein im erkennenden Subjekt angesiedelt und verstärken somit, auf das Ganze bezogen, die bislang schon bestehende Einschätzung des Phänomens als einer wirkungsästhetischen Kategorie.

Jean Pauls Ästhetik muß im Zusammenhang mit seinem eigenen literarischen Werk und dessen visionären Vorstellungen vom All gesehen werden, das „als das große, ansaugende, fremdartige Entgrenzungs- und Übersteigerungs-Nichtgebiet den mikrologisch zu fassenden Landschaften, Milieus und Charakteren Widerpart und Aufhebung ist." [4] Von daher ist zu verstehen, daß das Groteske unter den Oberbegriffen der „humoristischen Totalität" und der „vernichtenden oder unendlichen Idee des Humors" bestimmt wird.

So erkennt Jean Paul in Swift nicht nur den Menschenverächter oder den witzigen Satiriker, sondern er vermag als erster zu erfassen, wie in Swifts Werk eine auf Totalität gerichtete Weltdarstellung mit den Mitteln einer vollkommenen Inver-

[3] „Das Groteske ist die entfremdete Welt", die erste von Wolfgang Kaysers vier Definitionen des Grotesken, in: W. Kayser, *Das Groteske. Seine Gestaltung in Malerei und Dichtung* (Oldenburg, 1957), S. 198.

[4] Walter Höllerer, a. a. O., S. 1333.

sionstechnik ausgestaltet wird, wobei die 'verkehrte Welt' vor dem Hintergrund einer Idee der richtigen Welt aufgebaut wird.

Der Humor, als das umgekehrte Erhabene, vernichtet nicht das Einzelne, sondern das Endliche, durch den Kontrast mit der Idee. Es gibt für ihn keine einzelne Torheit, keine Toren, sondern nur Torheit und eine tolle Welt. (§ 32, S. 125)

Pars pro toto kann die Totalität grotesker Welt symbolisch auch in Teilen eines Werkes zutage treten. An Shakespeare und Swift wird aufgewiesen, daß groteske Weltsicht durchaus auch eine nihilistische Dimension impliziert.

Shakespeare, der Einzige, tritt hier mit seinen Riesengliedern hervor, ja in Hamlet, so wie in einigen seiner melancholischen Narren, treibt er hinter einer wahnsinnigen Maske die Welt-Verlachung am höchsten, ... (§ 32, S. 126)

Swifts Gulliver — im Stil weniger, im Geist mehr humoristisch als sein Märchen — steht hoch auf dem tarpejischen Felsen, von welchem dieser Geist das Menschengeschlecht hinunterwirft. (§ 32, S. 126)

Über den wirkungsästhetischen Ansatz hinaus wird an Sternes *Tristram Shandy* das Groteske dann zusätzlich als immanent ästhetische Werkkategorie nachgewiesen, welche die „humoristische Totalität" bereits in der stilistischen Gestaltung verwirklicht. Gemeint sind nicht nur die berühmten „Sterneschen Sternchen" und seine, entfernteste Bereiche zusammenkoppelnde Digressionstechnik, sondern vor allem auch sein Periodenbau, „der durch Gedankenstriche nicht Teile, sondern Ganze verbindet; auch durch das Allgemeinmachen dessen, was nur in einem besonderen Falle gilt; ...". (§ 32, S. 127—28)

Steigerung erfährt das Groteske, wenn die „vernichtende oder unendliche Idee des Humors" (§ 33) in seine Gestaltung eingeht. In der Umkehrung des Erhabenen tritt hier neben die Dimension des Nihilistischen, die des Grausig-Komischen, des satanischen Humors, der so schmerzlich und paradox ist, weil in seinem Bestreben, die endliche Wirklichkeit zu vernichten,[5] im-

[5] Vgl. Jean Paul, *Vorschule,* § 33, S. 129 f.

mer die Sehnsucht nach Erlösung durch eine 'Idee des Unendlichen' mitschwingt. Und so kann die Höllenfahrt des Humors doch zugleich den Weg zu seiner Himmelfahrt bahnen, ein Himmel, der, wie Kayser richtig bemerkt, nicht "sky", sondern "heaven" ist.[6]

Er gleicht dem Vogel Merops, welcher zwar dem Himmel den Schwanz zukehrt, aber doch in dieser Richtung in den Himmel auffliegt. Dieser Gaukler trinkt, auf dem Kopfe tanzend, den Nektar hinaufwärts. (§ 33, S. 129)

Der Teufel, der alte Umwerter aller Werte, wird als die mögliche Groteskfigur per se vorgestellt, als Repräsentant einer Ästhetik, welche die Fesseln des Althergebrachten in anarchischem Freiheitsstreben sprengen möchte. Da der Teufel aber dennoch Bestandteil eines religiös-moralischen Systems bleibt, die wirklich schrankenlose Entgrenzung, auf Gestaltungs- und Formprinzipien der Kunst bezogen, von Jean Paul keineswegs erstrebt wird, zeigt sich das Groteske hiermit wesentlich als von Elementen des Tragikomischen geprägt. Noch spielt Jean Paul nur mit der Idee des Teufels als Vertreter einer neuen Ästhetik:

Eine bedeutende Idee! den Teufel als die wahre verkehrte Welt, als den großen Welt-Schatten, der eben dadurch die Figur des Licht-Körpers abzeichnet, kann ich mir leicht als den größten Humoristen und whimsical man gedenken, der aber als die *Moreske* einer Moreske, viel zu unästhetisch wäre; denn sein Lachen hätte zu viel Pein; es gliche dem bunten, blühenden Gewand der — Guillotinierten. (§ 33, S. 130)

Die Zurücknahme dieser Vorstellung mit der Einstellung „viel zu unästhetisch" kann nicht überzeugen; sie wird vom bildhaften Vergleich des Nachsatzes unterlaufen. Überdies beweist nicht nur Jean Pauls literarisches Werk, wie sehr sich diese Idee bei ihm festgesetzt hat. Auch die Ausweitung seiner theoretischen Gedanken in den folgenden Abschnitten auf politischen Skeptizismus angesichts „der fürchterlichen Menge kriegerischer Mei-

[6] Kayser, *Das Groteske*, S. 58.

nungen um sich her“ (§ 33, S. 132) und die Erwähnung der Narrenfeste des Mittelalters mit ihrer Feier des „mundus pravus“, der „verkehrten Welt“, in denen für kurze Zeit feudalhierarchische Gesellschaftsordnungen umgekehrt werden konnten zu einem Fest der Gleichheit, Freiheit und Freude, führt in dieser Richtung weiter. Aus dem mittelalterlichen England, von den Festen des “boy bishop” und dem “feast of misrule”, wissen wir, daß dort dem Freiheitsdrang nach Durchbrechung strikter moralischer, religiöser und politischer Grenzen ein Ventil gewährt wurde, welches bis zur Eselspredigt von der Kanzel reichte. Der Teufel und seine Konsorten, die Vices, spielten in den spätmittelalterlichen Moralities und Interludien, wo sie die Taverne, “þe deueles scole hous”, zum Zentrum ihrer Unterweisungen zum Lasterleben machten,[7] als letztlich doch attraktive Kontrastbilder religionsgewollter Weltordnung wichtige Rollen. Noch Falstaff, zweifellos einer ihrer Nachfolger, wird von Jean Paul als Groteskfigur eingestuft. (§ 34, S. 135)[8]

Die umfassendste Ausprägung des grotesken Humors wird für Jean Paul immer dann erreicht, wenn Komik und Tragik, Spiel und Ernst gleichzeitig angelegt sind, und im „melancholischen Volk“ (§ 33, S. 129) der Engländer sieht er die literarisch besten Vertreter seines Verständnisses vom Humoristen. Sterne übertrifft dabei für ihn an Komplexität grotesker Gestaltung Swift und sogar Shakespeare.[9] Jean Paul ist mit dieser Einschätzung seiner Zeit, was England wie Deutschland betrifft,[10] weit voraus. Nur der von ihm ebenfalls hochgeschätzte und wegen

[7] Vgl. C. W. Thomsen, „Von den Interludien bis zu Marlowes Tod“, in: *Das englische Drama,* Josefa Nünning, Hrsg. (Darmstadt, 1973), S. 68—73.

[8] Über Falstaff als Groteskfigur vgl. Willard Farnham, *The Shakespearean Grotesque* (Oxford, 1971), Ch. II, “Falstaff and the Monstrous”, S. 47—69.

[9] Vgl. Jean Paul, *Vorschule,* § 26, S. 104; § 34, S. 137, 139; § 36, S. 144.

[10] Vgl. die erwähnten Stellungnahmen Wielands und Schlegels zu Sterne; bei Flögel wird Sterne überhaupt nicht erwähnt.

seiner „herrlichen komischen Kräfte" zu einem „*kubierten* Pope" verklärte Lichtenberg kommt ihm im Erkennen von Sternes literarischem Rang nahe.[11] In den auf jenen, für die Groteskheorie zentralen, Paragraphen 33 folgenden Abschnitten, die Jean Pauls Theorie des Humors weiter differenzieren, sind für unseren Betrachtungsgegenstand noch einige Aspekte aus dem Paragraphen 34, „Humoristische Subjektivität" und 35, „Humoristische Sinnlichkeit", von Belang.

Wichtig für das Begreifen des Grotesken als spezifischer Weltsicht ist dessen bereits erwähnte Bindung an die Subjektivität. Im Widerspruch zu Schlegel bedeutet dies jedoch für Jean Paul keineswegs, daß der Humor unbewußt, willkürlich oder chaotisch verfahre, sondern er sieht ihn sehr wohl künstlerischen Gestaltungs- und Formprozessen unterworfen. Rabelais und La Fontaine, Addison, Arbuthnot, Shakespeare und Swift werden zu Zeugen aufgerufen. Argumentiert wird abermals am Beispiel Sternes:

> Sieht man nicht an Sternes frühern jugendlichen Aufsätzen und aus seinen spätesten, ..., daß seine wunderbaren Gestalten nicht durch den zufälligen Blei-Guß in die Dinte entstanden und darin zerfuhren, sondern daß er in Gieß-Gruben und Formen sie mit Absicht gespitzt und geründet habe? (§ 34, S. 137)

Das Groteske hat seine Abkunft aus den Bereichen der bildenden Künste, der Malerei und der Architektur nie geleugnet. Als solches gerät es auch Jean Paul niemals zur Abstraktion, sondern er beansprucht für seinen Humor ein Höchstmaß an farbiger und plastischer Sinnlichkeit. Er wünscht nicht nur einem

[11] Jean Paul, *Vorschule*, § 36, S. 144: „... der edle Lichtenberg ..., dessen vier glänzende Paradieses-Flüsse von Witz, Ironie, Laune und Scharfsinn immer ein schweres Registerschiff prosaischer Ladung tragen, so daß seine herrlichen komischen Kräfte, welche schon allein ihn zu einem kubierten Pope verklären, (so wie seine übrigen) nur von der Wissenschaft und dem Menschen ihren Brennpunkt erhalten, nicht vom poetischen Geist."

moralisch geadelten Harlekin, der Lachen und Ernst in einer Figur vereint,[12] eine erneute Bühnenkarriere, sondern geht so weit, den Humor als „komischen Weltgeist" zu postulieren,[13] womit abermals angeknüpft wird an die Totalität grotesker Welterfahrung.

6. Edmund Burke, Immanuel Kant, Uvedale Price, Georg Wilhelm Friedrich Hegel

Die englischen Philosophen des 17. und 18. Jahrhunderts bemühen sich mehr um eine Psychologie des Ästhetischen denn um eine begrifflich exakte Darstellung der Ästhetik als wissenschaftlicher Disziplin. Mit diesem Anspruch tritt Alexander Gottlieb Baumgarten in seiner *Ästhetica* (2 Bde., 1750—1758) [1] als erster vor das Publikum. Am diametralen Unterschied zwischen seinem strengen Rationalismus und dem sensualistischen Empirismus Burkes, der in der *Philosophical Enquiry into the Origin of Our Ideas of the Sublime and the Beautiful* (1757) [2] die Tradition Shaftesburys, Lockes, Berkeleys, Humes und auch Addisons fortsetzt, indem er sinnliche Erfahrung, die Abhängigkeit des Verstandes bei der Ideenbildung von den Sinneseindrücken, als Ausgangspunkt nimmt, werden Grundpositionen unterschied-

[12] Jean Paul, *Vorschule*, § 40, S. 160.

[13] Jean Paul, *Vorschule*, § 41, S. 161.

[1] Alexander Gottlieb Baumgarten, *Ästhetica*, 2 Bde., (Halle, 1750—1758).

[2] Edmund Burke, *A Philosophical Enquiry into the Origin of Our Ideas of the Sublime and the Beautiful*, ed. with an Introduction and Notes by J. T. Boulton (London, 1958).

In zahlreichen Handbüchern und Literaturgeschichten wird das Jahr 1756 als Ersterscheinungsjahr angegeben. Das tatsächliche Publikationsdatum ist jedoch der 21. April 1757. Burke selbst gab an, die Schrift bereits 1753 abgeschlossen zu haben, was nicht den Tatsachen entspricht. Die *Enquiry* wurde 1756 beendet. Vgl. Boultons "Introduction", S. XV.

licher Geistesgeschichte in Deutschland und England sichtbar. Weder die englische noch die deutsche Philosophie freilich haben eigene Theorien des Grotesken entwickelt. Sowohl bei Burke wie auch später bei Kant, Price und Hegel taucht es jedoch als Element der Ästhetikdiskussion auf, spiegelt einerseits den Stellenwert, den das Groteske in der Diskussion einnimmt, wenn sie unter Philosophen und nicht unter Literaten geführt wird und wirkt andererseits, insbesondere im Falle Burkes, auf literarische Ausdrucksformen weiter.

Die generelle Bedeutung Burkes liegt zunächst darin, daß er mit seismographischem Gespür und rhetorischer Begabung gleichsam in der Luft liegende, zuvor aber nicht ausformulierte ästhetische Gedankengänge seiner Zeit zu bündeln und zu vertreten versteht. Er unterscheidet sich von seinen Vorgängern in der kompromißlosen Einnahme eines sensationistischen Standpunktes, im Bemühen, in seiner Argumentationsführung ästhetische von nicht-ästhetischen Argumenten zu trennen, in der Ausweitung des Sublimen von einem literarischen Stil auf eine weit über die Literatur hinaus feststellbare ästhetische Erfahrung, in der Betonung synästhetischer Elemente und, ganz allgemein, am philosophischen Zeitstil gemessen, in extremen Ansichten, provokativem und daher oft stimulierend wirkendem Denken.[3]

Hiermit sind bereits eine Reihe von Punkten angedeutet, die Burkes Schrift von Interesse für die sich allmählich entfaltende Theorie des Grotesken sein lassen, auch wenn sein Einfluß auf die übrige, weitverzweigte Debatte um "taste", "beauty", "the sublime" und andere ästhetische Probleme anfangs sehr gering

[3] Vgl. Boultons "Introduction" zu Burkes *Enquiry*, S. XXIV—XXVIII, LXIII—LXVII, LXXIII.

Ferner: Christian W. Thomsen, *Das Groteske im englischen Roman des 18. Jahrhunderts* (Darmstadt, 1974), S. 153—159.

Die folgenden Erörterungen sind teilweise eine Überarbeitung meiner dortigen Ausführungen.

Vgl. auch Jürgen Klein, *Der Gotische Roman und die Ästhetik des Bösen* (Darmstadt, 1975), S. 21—84.

ist[4] und erst um die Jahrhundertwende deutlicher faßbar wird.[5] In der Literatur dagegen findet sich, sei es durch direkten Einfluß, sei es durch parallele Strömungen der Zeit, oft aber durch beides, die Burkesche Ästhetik im gotischen Roman voll verwirklicht. Und schon vorher, insbesondere im Werk Tobias Smolletts, dessen Matthew Bramble der erste, die Welt in vielfältigen Synästhesien grotesk erfahrende und erleidende Charakter des englischen Romans ist, lassen sich Vorstellungen zum Sublimen und Schönen orten, die denen Burkes analog sind.[6]

In der Romantik kommen dann in den Werken von Coleridge, Wordsworth und Keats die synästhetischen Vorstellungen Burkes zu Wörtern und Sprachbildern aus dem Schlußabschnitt seiner Abhandlung des Sublimen erneut zum Tragen.[7]

Eben die Erörterungen des Sublimen, weit mehr denn die zum Schönen oder zum Problem des Geschmacks, sind für die Bedeutungsdifferenzierung des Grotesken von Belang, da Burke mit einer wirkungsästhetischen Analyse der psychologischen Faktoren ansetzt, die Menschen veranlassen, auf das Erhabene und Schöne zu reagieren. Frances K. Barasch und der Schreibende waren bemüht, darzustellen, wie in variierter Wiederaufnahme einer bereits zum Jahrhundertbeginn geführten Diskussion, die sich an Architektur, aber auch an "Shakespeare's and Spenser's grotesqueries" entzündet hatte, mit dem breiten Einsetzen neogotischen Geschmacks in der zweiten Hälfte des 18. Jh.s das Groteske in Verbindung mit dem Gotischen und im Sog des Sublimen zu dessen fratzenhafter Kehrseite avanciert.[8]

[4] Vgl. Boulton, "Introduction" zu Burkes *Enquiry*, S. LXXXIII.

[5] Vgl. Frances K. Barasch, *The Grotesque*, (The Hague, Paris, 1971), S. 111—117, in ihren Ausführungen zum Zeitgeschmack am Ende des 18. Jh.s.

[6] Vgl. Thomsen, a. a. O., Kap. IV, bes. S. 191—202, 213—216. Im Unterschied zu Burke ist das Groteske bei Smollet allerdings noch mit vielfältiger Komik untrennbar verbunden.

[7] Vgl. Boulton, "Introduction" zu Burkes *Enquiry*, S. LXXVIII.

[8] Vgl. Barasch, a. a. O., S. 108—117, 129—134 und Thomsen, a. a. O., S. 287—291.

Der Gruselfundus des gotischen Romans, die Paradoxien des Schreckens, der lustvoll erlebte synästhetische Nervenkitzel in den Aktionen und Reaktionen von Verfolger und Opfer erfahren hier ihre ästhetische Rechtfertigung. Für abgemilderte Parallelerscheinungen in Deutschland hatte Karl Philipp Moritz die Formulierung eines „Fürchterlich-Grotesken" bereitgestellt.[9]

Schon 1718 prägte Charles Gildon die Wortmünze vom Geschmack des Zeitalters, der da "Grotesque and Gothique" zugleich sei, und sie wurde bis zu Hazlitt gerne weitergereicht.[10] Ein so verstandenes Groteskes entbehrt allerdings dann im späten 18. und frühen 19. Jh. weitgehend der Komponenten des Komischen, die im 18. Jh. doch sonst notwendiger Bestandteil deutschen wie englischen Groteskverständnisses sind. Damit schwingt das Pendel der Bedeutungen weit zu jenem Pol des Grotesken aus, der sich um Begriffe wie das Schreckliche und Grauenhafte gruppiert. In pervertierter Form ist das Komische allerdings auch im gotischen Roman erhalten, in der sadistischen Schadenfreude der Schedonis und Ambrosios, im gellenden, satanischen Lachen Melmoths, im Vergnügen am Ausmalen des Entsetzens, wodurch vollends die im gotischen Roman gegenüber früher veränderte Qualität des Grotesken sichtbar wird. Von einer deskriptiven, äußeren Werk- und Wirkungskategorie wird es hier zu einer Kategorie vorwiegend seelischen Erlebens umstrukturiert. Die körperliche, zu Lachen, Spott, aber auch zu Erschrecken reizende Deformation gerät zur seelischen Deformation, die aber gleichzeitig einen Vorstoß in bisher tabuisierte Regionen bedeutet. Damit kein Mißverständnis aufkommt, sei wiederholt, daß Burkes Ästhetik nicht expressis verbis eine Ästhetik des Grotesken ist, sondern, daß im Gefolge der von Burke explizierten Ästhetik von "sublime" und "beauty", die Groteskes einschließt, sich im gotischen Roman das Groteske als janusköpfige Kehrseite des Burkeschen Sublimen fassen läßt.

[9] Vgl. Wolfgang Promies, *Die Bürger und der Narr* (München, 1966), S. 273.

[10] Vgl. Barasch, a. a. O., S. 98, 134.

Das Gesagte kann bei Burke vor allem an seiner Definition des Sublimen belegt werden, die er aus dem von Shaftesbury, Locke und Hume schon eingehend erörterten "pleasure — pain principle" ableitet. "Pain" und "danger", "whatever is in any sort terrible ... or operates in a manner analogous to terror" (*Enquiry*, S. 40) werden als Ursprung des Erhabenen postuliert. Das Sublime wird psychologisiert und mit der berühmten Feststellung, "the sublime is productive of the strongest emotion which the mind is capable of feeling" (*Enquiry*, S. 40) dem Schönen seiner größeren Intensität wegen vorgezogen. Wenn der Schmerz nicht zu groß wird, vor allem aber, wenn Schmerz und Gefahr aus intellektueller Distanz betrachtet werden, vermag man sie ästhetisch zu genießen, können sie zur Quelle des Vergnügens geraten:

> ... a sort of delightful horror, a sort of tranquility tinged with terror ... one of the strongest of all the passions. Its object is the sublime. (*Enquiry*, S. 73)

Das Erhabene zeichnet sich durch Größe des Ausdrucks, zerrissene Gestalt, unkünstliche gerade Linien, zuweilen durch abrupte Abrisse aus; es ist dunkel, schwermütig, massiv und mitunter drohend. Dem Schönen dagegen werden konträre Eigenschaften zugemessen: es ist klein, eben, glatt, hell und fein. Infolge der möglichen Ambivalenz der Eigenschaften genießt somit nicht nur das Große, Ehrfurchteinflößende am Erhabenen, sondern auch das Häßliche, Deformierte und Schreckliche ästhetischen Reiz.

Burkes scharfe und bereits von Zeitgenossen als angreifbar erkannte Unterscheidung zwischen "sublime" und "beauty" [11] wirkt sich negativ für das Schöne aus, dem nur noch schwache und gefühlsbeladene Eigenschaften verbleiben. Wenn Schönheit überhaupt eine dem Erhabenen vergleichbare Wirkung zeitigen kann, dann nach dem uralten Romanzenmotiv von der "perse-

[11] So widerlegte z. B. Hume bereits im gleichen Jahr (1757) in *Of the Standard of Taste* Burkes "Beauty"-Konzeption.

cuted maiden in distress": "Beauty in distress is the most affecting beauty." (*Enquiry,* S. 110) Und damit sind wir abermals bei einem Zentralthema des gotischen Romans. Dort wird es in der bekannten Formel „Schönheit im Schoße des Schreckens" von der verfolgten Unschuld, in Anlehnung an kontinentale und englische Landschaftsmalerei, auch häufig auf die kontrastierende Gestaltung verschiedenartiger Landschaften — Waldesidylle neben Wasserfällen und drohenden Felsen, möglichst bei heraufziehendem Gewitter — übertragen.

Aus solcher Szenerie läßt sich von Philosophie über Literatur und Malerei sogleich der Bogen zu Architektur, Garten- und Landschaftsgestaltung schlagen, und in der Tat liegt auf diesem Gebiet, Burke selbst unbewußt, wohl der größte praktische Einfluß seiner Ästhetik. Das Verbindungsglied liefert die gegen Ende des Jahrhunders stetig wachsende Bedeutung des Pittoresken ("the picturesque"), welches als "the pleasing grotesque" [12] die domestizierte Variante des Grotesken bezeichnet, die sich aus der Burkeschen Ästhetik ableiten läßt. Angeleitet durch die im Bildungsbürgertum und beim Adel überaus populäre Landschaftsmalerei der Rembrandt, Ruisdael, Rosa, Lorrain, Poussin und ihrer englischen Nachfolger, erlebt man auch schottische und nordenglische Landschaften nach den Burkeschen Kategorien des Sublimen; man genießt den Stimmungsreiz 'wilder' Landschaft. "About 1764, Robert Dodsley indicated that a 'grotesque and hilly' countryside could also be a pleasing one". [13] Man verstand Burke als denjenigen, dem es gelungen sei, den allgemeinen Zeitgeschmack für das Gotische, für "graveyard poetry", wilde, unkultivierte Landschaften, und die Land-

[12] Vgl. Ann Radcliffe in *The Romance of the Forest*: "This landscape with the surrounding Alps, did indeed present a perfect picture of the lovely and sublime — of beauty sleeping in the lap of horror." Zitiert bei Klaus Poenicke, „Schönheit im Schoße des Schreckens. Raumgefüge und Menschenbild im englischen Schauerroman", *Archiv*, Bd. 207, 122. Jg., H. 1 (Juni, 1970), S. 8.

[13] Barasch, a. a. O., S. 117.

schaftsmaler zu systematisieren und zu erklären.[14] Reynolds plädierte dafür, Regelmäßigkeit zugunsten des Spiels der Phantasie zu opfern, "he insisted that architecture was capable of 'filling the mind with great and sublime ideas'." [15] In der Architektur sah Price Vanbrughs in "Blenheim Palace" angestrebtes und erreichtes Ziel in der Verschmelzung von "beauty and magnificence of Grecian architecture, the picturesqueness of the Gothic, and the massive grandeur of a castle" [16], wobei Burkes Prinzip des „Massiven" die ästhetische Grundlage liefert.

In unserer Zeit hat Mario Praz, im Anschluß an die Ästhetik-Diskussion des 18. Jahrhunderts, ebenso wie Price das Pittoreske als eigenständige ästhetische Kategorie neben dem Schönen und Erhabenen definiert. Er versteht das Pittoreske als Intensivierung und Zuspitzung des Erhabenen; es betont grelle Effekte, kennt den raschen Wechsel von Farbe, Licht und Schatten. Seine Hauptwesensmerkmale prägen sich in Unebenheiten (vgl. den Ruinenkult des späten 18. Jahrhunderts!), in unvermutetem Wechsel und mannigfaltigen Unregelmäßigkeiten aus. Dabei ist die Übersteigerung dieser Mannigfaltigkeit bis zur Gestaltung und Konstruktion des Häßlichen stets impliziert, und man sieht, daß genau hier die Übergänge zum Grotesken verlaufen. Die Umrißlinien jener von Rosenkranz (1863) dann am systematischsten ausgefalteten Ästhetik des Häßlichen unter Einbezug des Grotesken sind gegen Ende des Jahrhunderts bereits klar vorgezogen.

Innerhalb seiner wirkungsästhetischen Bestimmung des Sublimen, an einer Stelle, mit der sich eindeutig der ästhetische Gehalt gotischer Romane umreißen läßt, kommt Burke, in Zusammenhang mit den Begriffen "terror", "horror", "power" und infinity" als Quellen des Sublimen, auf das Groteske selbst zu sprechen. Er fällt zunächst ein Urteil über die Maler des Gro-

[14] Vgl. Boulton, "Introduction" zu Burkes *Enquiry*, S. XCIV.

[15] Zitiert bei Boulton, "Introduction" zu Burkes *Enquiry*, S. CV.

[16] Uvedale Price, *Essays on the Picturesque, as Compared with the Sublime and the Beautiful*, Bd. II (London, ^{2}1810), S. 212.

tesken und orientiert sich dabei an den zahlreichen Darstellungen der *Versuchungen des hl. Antonius.* Er tadelt diejenigen Maler, die danach strebten, "to assemble as many horrid phantoms as their imagination could suggest" (*Enquiry*, S. 63) und nennt ihre Bilder "a sort of wild grotesques". (ebda.) Der Kontext offenbart, daß Burke durchaus diesbezügliche Bilder, z. B. Boschs und Callots, als grotesk interpretiert, und damit enthüllt sich sein psychologischer Ansatz als richtungweisend. Die emotional ablehnende Haltung gegenüber diesen Bildern zeigt jedoch auch seinen weltanschaulichen Konservatismus. Die negativen Ephitheta verdeutlichen dies. Die Gemälde werden als Ausgeburten einer zügellosen, fast krankhaften Phantasie abgewertet; sie erfüllen nicht seine normative Forderung an Kunstwerke, die "a serious passion" evozieren müßten.

Positiver schätzt Burke dagegen das Groteske in der Dichtung ein:

> In all these subjects poetry is very happy. Its apparitions, its chimeras, its harpies, its allegorical figures are grand and affecting; ... (*Enquiry*, S. 63)

Der die positive Würdigung rechtfertigende Unterschied zur Malerei soll offensichtlich darin liegen, daß die genannten Figuren in der Dichtung "serious passions" hervorrufen. Wie häufig halten Burkes Urteile auch in diesem Zusammenhang logischer Überprüfung nicht stand oder entziehen sich ihr in jenen emotionalen und irrationalen Bereich ästhetischer Urteilsfindung, den er an und für sich aus seiner Ästhetik verbannt wissen will. Für unseren Untersuchungsgegenstand wichtig ist der Aufweis,

[16a] Vgl. Mario Praz, *The Romantic Angony*, Second Edition with Foreword by Frank Kermode (O.U.P., London. 1970), S. 1—22. Zum Pittoresken in der Gothic Novel: Kurt Otten, *Der englische Roman vom 16. bis zum 19. Jahrhundert* (Berlin, 1971), S. 99 ff.; Martin Christadler, „Giovanni Battista Piranesi und die Architekturmetapher der Romantik", in: *Miscellanea Anglo-Americana. Festschrift für Helmut Viebrock* (München, 1974), S. 78—108; Jürgen Klein, *Der Gotische Roman und die Ästhetik des Bösen* (Darmstadt, 1975).

daß Burkes Groteskverständnis offensichtlich ohne das Moment der Komik auskommt, daß es unsere Ausführungen zum Grotesken innerhalb der Ästhetik des gotischen Romans unterstreicht, und daß es in einer Rückwärtswendung die Wiederanknüpfung an das ornamentale Groteskverständnis des 17. Jh.s beinhaltet, so daß auch von hier aus im gotischen Roman die Neuaufnahme einer älteren Romantik konstatiert werden kann.[17]

Burkes *Enquiry* wurde 1773 von dem Leipziger Philosophieprofessor Christian Garve ins Deutsche übersetzt.[18] Selbst wenn sich bei Schlegel teilweise sehr ähnliche Aussagen zum Grotesken feststellen lassen, war doch wohl ihr Einfluß nicht allzu groß.

Als philosophischer Kopf zeichnete sich der junge Burke der fünfziger Jahre zwar durch kühne Formulierungen, kaum aber durch Originalität und das in Deutschland so geschätzte systematische Denken aus. Georg Christoph Lichtenberg, zweifellos einer der geistreichsten frühen 'Anglisten', urteilte 1775 nach Rückkehr von einer seiner zahlreichen Englandreisen mit dem ihm eigenen sarkastischen Spott über Burkes Eklektizismus:

Burke hat die Formen der Argumente in seinen Reden allein weit vollkommener als Goethe die Formen des Shakespear, und jener ist zu dem Namen des großen Redners und dieser des Shakespear gekommen wie der Keller-Esel zum Namen Tausendfuß, weil sich niemand die Mühe nehmen wollte sie zu zählen.[19]

Wenn Kant 1790 in seiner Ästhetik, der *Kritik der Urteilskraft,* im Rahmen der „Allgemeinen Anmerkung zur Analytik"

[17] Vgl. Thomsen, a. a. O., S. 289 und Karl Heinz Göller, *Romance und Novel* (Regensburg, 1972), S. 206 ff.

[18] Vgl. Horst Oppel, *Englisch-deutsche Literaturbeziehungen,* Bd. I (Berlin, 1971), S. 80.

[19] Georg Christoph Lichtenberg, *Schriften und Briefe,* W. Promies, Hrsg., Bd. I, *Sudelbücher* (Darmstadt, 1968), Heft E, 70.

auch das Groteske erwähnt,[20] dann erscheint dieses lediglich als kleines Rädchen innerhalb eines überaus komplexen und differenzierten Systems. Einem Denker wie Kant muß wohl alles, was bis dato zum Grotesken vorgebracht wurde, seiner begrifflichen Unschärfen und kategorialen Überschneidungen wegen als dubios erschienen sein. Er bedient sich deshalb auch eines sehr engen Segments aus der Bedeutungsvielfalt, die das Groteske inzwischen erlangt hatte. Dabei handelt es sich um jene gezähmte, nun vollends auf bürgerlichen Geschmack zurechtgeschnittene Variante, die in England im Gefolge Burkes als "the picturesque" zum Inbegriff der Garten- und Parkgestaltung geworden war. Das Groteske bildet bei Kant den Gegenpol der Regelmäßigkeit, ein gestalterisches Prinzip, in dem Phantasie ("imagination"), „freies Spiel der Vorstellungskräfte" (S. 85) dominiert. Ausdrücklich wird auf den „englischen Geschmack in Gärten", den „Barockgeschmack an Möbeln" (S. 85) Bezug genommen. Interessant ist, wie sehr Kant das Groteske positiv als ästhetischen Grenzbereich einschätzt, aber auch die Gefahren des Chaotischen und Anarchischen sieht, mit denen es sich auseinanderzusetzen hat. Solange groteske Gestaltung der Verstandeskontrolle unterworfen bleibt,[21] vermag das Groteske als „Absonderung von allem Zwang der Regel" (S. 85) als künstlerisches Gestaltungsprinzip den Bereich darzustellen, „wo der Geschmack in Entwürfen der Einbildungskraft seine größte Vollkommenheit zeigen kann". (S. 85) Somit hat Kant die potentiellen Beunruhigungen, Abgründe und Gefahren, welche dem Grotesken innewohnen, gebändigt und verbannt. Indem er aber eine so generelle Formulierung des Grotesken vornimmt,

[20] Immanuel Kant, *Kritik der Urteilskraft*, K. Vorländer, Hrsg. (Leipzig, ^{5}1922), S. 82—86.

[21] Kant, a. a. O., S. 85: „Aber wo nur ein freies Spiel der Verstellungskräfte (doch unter der Bedingung, daß der Verstand dabei keinen Abstoß leide) unterhalten werden soll, ..." Die Dissertation von Beate Krudewig, *Das Groteske in der Ästhetik seit Kant* (Bonn, 1934), widmet Kant ganze 1½ Seiten und entspricht insgesamt nicht mehr dem Stand der Diskussion.

anerkennt er ungeachtet der verhältnismäßig eng gefaßten Bedeutungsvariante, von der er ausgeht, die Möglichkeit, groteske Gestaltung in allen Bereichen der Ästhetik anzuwenden.

Uvedale Price, wohl der enthusiastischste Schüler Burkes, trägt 1794 mit seinen voluminösen dreibändigen *Essays on the Picturesque as Compared with the Sublime and the Beautiful*[22] dem ästhetischen Zeitgeschmack Rechnung, indem er den Terminus "picturesque" als dritte vollgültige ästhetische Kategorie zwischen "the sublime" und "the beautiful" einordnet, wobei "picturesque" "the popular Dutch type of landscape and the pleasing grotesque"[23] einschließt. Price weitet den Begriff des Pittoresken von seiner bisherigen Beschränkung auf Malerei, bzw. "object of sight" (Bd. I, S. 43) "to all our sensations by whatever organs they are received" (Bd. I, S. 44) aus, so daß er nun auch Musik und Literatur umschließt. Im wesentlichen beschäftigt sich Price jedoch anhand intimer Kenntnis und einer Vielzahl von Beispielen mit der Landschaftsmalerei der Rembrandt, Poussin, Lorrain, Rosa, Reynolds u. v. a. und einer Anleitung zur Übertragung ihrer Kompositionsprinzipien für den "improver", den Garten- und Parkgestalter. Dabei schließt er Wasserspiele ebenso ein wie Wege und Straßen und widmet auch der Architektur immer wieder Seitenblicke. Seine Beispiele aus der Literatur dienen eigentlich stets zur Untermalung seiner Thesen zum Pittoresken in der Malerei, der Gartenkunst und

[22] Uvedale Price, *Essays on the Picturesque, as Compared with the Sublime and the Beautiful*, 3 Bde. (London, ^{2}1810). Die Auflage von 1810 ist gegenüber der 1. Aufl. von 1794 um zahlreiche Beispiele erweitert, hat aber auch vor allem eine neue Gliederung erfahren. Seine Dankesschuld gegenüber Burke trägt Price an zahlreichen Stellen ab. Stellvertretend für alle sei hier ein Beleg zitiert: "The causes and effects of the sublime and of the beautiful have been investigated by a great master, whose footsteps I have followed in a road, which his penetrating and comprehensive genius had so nobly opened." Bd. II, S. 197.

[23] Barasch, a. a. O., S. 117.

Architektur. Daß in der Teilsynonymität von "grotesque" und "picturesque" ein äußerst zivilisiertes Formenspiel potentiell ungebändigter Groteske vorliegt, beweisen die Abhandlungen zu "ugliness" und "deformity",[24] die Price in seine Untersuchungen integriert. Für eine Einschätzung des Zeitgeschmacks, in dem Aristokratie, "country gentlemen" und Bürgerliche darin wetteifern, Gärten, Parks und ganze Landschaften nach Prinzipien zu gestalten, wie Price sie darlegt und wie sie teilweise das Landschaftsbild Englands bis in die Gegenwart prägen, sind seine Essays noch immer eine Fundgrube und aufschlußreiche Lektüre. Für eine Evaluierung des Grotesken in der Literatur geben sie wenig her, es sei denn, man zieht Analogieschlüsse zum Zeitgeschmack und stellt fest, daß im Bereich der Ästhetik in Deutschland wie in England an der Wende zum 19. Jahrhundert eine Verharmlosung des Grotesken zu bemerken ist. In der Literatur bestätigt die Blüte der sentimentalen "domestic novel" diese These, während viele Exemplare des "gothic novel" ihr widersprechen, so daß eine Mehrsträngigkeit nicht zu übersehen ist.[25]

Burke, Price und Kant liegen in ihren Aussagen zum Grotesken in jedem Fall auf einer Linie, die sich beträchtlich von den romantischen Theorien Schlegels und Jean Pauls unterscheidet und mit den die Komponenten des Karikaturistischen und Grotesk-Komischen in den Vordergrund stellenden Arbeiten Mösers, Wielands und Flögels kaum mehr etwas gemein haben.

Auch Georg Wilhelm Friedrich Hegel kann, mit Modifikationen, jener mit Burke ihren Anfang nehmenden Gruppe von Philosophen zugerechnet werden, die sich innerhalb ihrer Ästhetik Gedanken zum Grotesken machen und dabei das Groteske in Verbindung mit dem Sublimen behandeln. Hegel bildet gleichsam das Schlußglied einer Kette von Theoretikern, die im frühen 19. Jahrhundert die Theorie des Grotesken ästhetisch diffe-

[24] Price, a. a. O., Bd. I, Ch. IX, S. 187—229.

[25] Vgl. Thomsen, a. a. O., S. 287—294.

renzieren, metaphysisch vertiefen und das Groteske als wissenschaftlich brauchbare Kategorie etablieren.[26] Den in diesem Abschnitt besprochenen Denkern ist weiterhin gemeinsam, daß sie das Groteske zwar mit einer kontrollierten Phantastik verknüpfen — Hegel geht allerdings so weit, das Groteske bis „in die wildesten Versuche der Phantasie und Kunst" (*Ästhetik*, Bd. I, S. 327), bis „in eine ungeheure Faselei des Phantastischen" (S. 328) reichen zu lassen — ihm aber die Konnotationen des Komischen nehmen. Sir Walter Scott in England und Victor Hugo[27] in Frankreich runden international das Erscheinungsbild der im ersten Drittel des 19. Jahrhunderts auf einen Höhepunkt gelangten Groteskheorie ab, von dem diese in der Folgezeit in Deutschland wieder herabsinkt, und den sie mit analytischen Methoden und neuen Fragestellungen vergleichsweise erst wieder in der zweiten Hälfte des 20. Jahrhunderts erreicht. Kayser und Clayborough haben in ihren Übersichten bereits Hegels Ansichten zum Grotesken skizziert, so daß hier auf eine ausführliche Darstellung verzichtet werden kann, zumal Hegel zum anglistischen Aspekt nichts beiträgt. Einige Ergänzungen sollen jedoch vorgenommen werden, weil Hegels Denken die moderne Groteskheorie, zumindest Kaysers und seiner Nachfolger, beeinflußt hat.

Kayser erläutert, wie Hegel *grotesk* und *Arabeske* als voneinander getrennte Begriffe verwendet.[28] Dabei erfährt die verschlungene Ornamentik der Arabeske eine im ganzen positive Beurteilung, weil die Stilisierung der einzelnen Formelemente des Übergangs von pflanzlichen zu tierischen und menschlichen Formen letztlich eine Umbildung zum Architektonischen be-

[26] Georg Wilhelm Friedrich Hegel, *Ästhetik*, mit einer Einführung von Georg Lukács, Bd. I (Weimar, Berlin, 1955).

Hegels Analyse des Grotesken insbesondere in *Vorlesungen über die Ästhetik*, Zweiter Teil, „Entwicklung des Ideals zu den besonderen Formen des Kunstschönen", Erster Abschnitt, „Die symbolische Kunstform", S. 289—410.

[27] Zu Scott und Hugo s. u. die entsprechenden Abschnitte.

[28] Wolfgang Kayser, *Das Groteske* (Oldenburg, 1957), S. 108—110.

zweckten und nicht individualisiert würden. Der Begriff *grotesk* dagegen werde von Hegel stets abwertend gebraucht, insbesondere in seinem Abschnitt über „phantastische Symbolik", wo Hegel dem Grotesken ungerechtfertigte Vermischung verschiedener Bereiche, Verzerrung und Maßlosigkeit zum Vorwurf mache. Hegel verstehe das Phänomen des Grotesken als an bestimmte historische Situationen gebunden und zwar, illustriert an der indischen Kunst, als Ausdruck einer vorklassischen und vorphilosophischen Geisteshaltung.

Clayborough breitet Hegels Gedanken zum Grotesken differenzierter aus als Kayser.[29] Er weist darauf hin, daß Hegel zwischen symbolischer, klassischer und romantischer Kunst unterscheide und daß das Groteske von ihm mit symbolischer und romantischer Kunst assoziiert werde. Während grotesker Kunst nach Hegel in der Romantik negative Signifikanz zukomme, spiele sie in der symbolischen Kunst eine positivere Rolle. Die Negativität des Grotesken resultiere für Hegel aus dessen Verzerrung natürlicher Formen. Gegen Kayser argumentierend, stellt Clayborough fest, daß Hegel grotesker (indischer) Kunst nicht nur ihren numinosen Chrakter vorwerfe, sondern sie aus moralischer und systematischer Beurteilung heraus für falsch und sinnlos halte. Dieser Einwand ist insofern wichtig, als sich hinter ihm ein Haupteinwand der angelsächsischen Kritik an Kayser verbirgt, dem vorgeworfen wird, das Groteske zu metaphysisch-irrational anzugehen.[30] Bei Hegel sei das Groteske als Echo des Sublimen zu vernehmen, und er kritisiere nicht so sehr die Sinnlosigkeit und Vergeblichkeit der Gleichsetzung phantastisch-symbolisch-grotesker Kunst als vielmehr ihre Unfähigkeit, ihre eigene Sinnlosigkeit wahrzunehmen.

Über Kayser und Clayborough hinaus ist zu sagen, daß Hegel das Groteske von einer moralischen und systematisch-kunst-

[29] Arthur Clayborough, *The Grotesque in English Literature* (Oxford, 1965), S. 27—31.

[30] Vgl. Clayborough, a. a. O., S. 63—69; Philip Thomson, *The Grotesque* (London, 1972), S. 18—19.

theoretischen Position aus zwar grundsätzlich ex negativo beschreibt, es dabei aber in einigen seiner Komponenten vom modernen Standpunkt her gesehen schärfer analysiert als irgend jemand zuvor. Hegel versteht das Groteske schon als Distortionsprinzip der Darstellung, in dem disparate Präsentationsebenen über- und nebeneinander gelagert sind:

... so weiß sich hier die Phantasie nur durch Verzerrungen zu retten, indem sie die besonderen Gestalten über ihre festgegrenzte Besonderheit hinaustreibt, sie ausweitet, ins Unbestimmte verändert, ins Maßlose steigert und auseinanderreißt und dadurch in dem Streben nach Aussöhnung das Entgegengesetzte erst recht in seiner Versöhnungslosigkeit ans Licht bringt. (*Ästhetik,* Bd. I, S. 327)

Hegel auch in diesem Punkt auf die Füße stellend, sehen neuere Untersuchungen gerade hierin z. B. den sozialkritischen Impetus grotesker Darstellungsweise.[31]

Das Groteske manifestiert sich für Hegel durchaus als „Struktur einer Weltbegegnung";[32] er erkennt sehr scharf die Mischung von metaphysischen, rationalen, irrationalen, von sublimen und höchst sinnlichen irdischen Elementen im Grotesken. Ihn beunruhigt und verärgert jedoch an grotesker Kunst ihre grundsätzliche Ambiguität, jenes subversive Element, das alle festen Positionen in Frage stellt, sich anarchisch gebärdet, Normen und Ordnungen sprengt, Orientierungslosigkeit herbeiführt, nicht ahnend, daß die historische Realität des 20. Jh.s gerade dieser Momente wegen groteske Gestaltungsweise zu einer Haupttendenz moderner Kunst werden läßt:

Umgekehrt springt die indische Anschauung aber ebenso unmittelbar aus dieser Übersinnlichkeit in die wildeste Sinnlichkeit über. Da jedoch die unmittelbare und dadurch ruhige Identität beider Seiten

[31] Vgl. z. B. Arnold Heidsieck, *Das Groteske und das Absurde im modernen Drama* (Stuttgart, 1969).

[32] Carl Pietzcker, „Das Groteske", *DVjS,* Bd. XLV (1971), H. 2, S. 197—211, formuliert eine der anregendsten neueren Theorien zum Grotesken, in welcher er zwar von Kaysers Untersuchung ausgeht,

aufgehoben und statt derselben die *Differenz* innerhalb der Identität zum Grundtypus geworden ist, so stößt dieser Widerspruch vermittlungslos aus dem Endlichsten ins Göttliche, aus diesem wieder ins Endlichste hinein; und wir leben unter den Gestaltungen, welche aus diesem wechselseitigen Verkehren der einen Seite in die andere entstehen, wie in einer Hexenwelt, wo keine Bestimmtheit der Gestalt, wenn man sie festzuhalten hofft, standhält, sondern plötzlich sich ins Entgegengesetzte verwandelt, oder sich zum Übertriebenen aufbläht und auseinanderspreizt. (*Ästhetik*, Bd. I, S. 329)

Die potentielle Subversivität des janusgesichtigen und proteischen Charakters des Grotesken, den man nicht fassen und festnageln kann, ist es ja auch, die Hegels marxistischen Nachfolgern groteske Kunst so unbequem und verdächtig macht. Optimismus zeigt das Groteske in der Moderne höchstens in seiner Vitalität. Der Totalität eines umfassenden Systems, in welchem mittels Kausalität, Korrelationen und dialektischen Konstruktionen alle Erscheinungen der Welt untereinander in Beziehung gesetzt werden können, versagt es sich. Zumindest problematisiert es alle vordergründigen Erklärungszusammenhänge und setzt den Stachel des Zweifels an den Glauben, daß die Welt sich menschlicher Deutung restlos aufschließen lasse.

7. Samuel Taylor Coleridge, *On the Distinction of the Witty, the Droll, the Odd, and the Humourous. The Nature and Constituents of Humour* (1818)

Coleridges Begriffsbestimmung des Humors, zu denen er auch das Groteske zählt, in den Miszellen und einer Vorlesung des Jahres 1818 [1] fällt, soweit sein eigener Beitrag betroffen ist, in

aber argumentiert, daß Kaysers Definitionen nicht widerspruchsfrei seien und das Groteske nicht die Struktur einer Welt, sondern höchstens einer „Weltbegegnung“ sein könne (S. 198 f.).

[1] Texte: Samuel Taylor Coleridge, “On the Distinction of the Witty, the Droll, the Odd, and the Humourous. The Nature and

Anspruch und gedanklicher Durchformung beträchtlich hinter die deutschen Theoretiker des 18. und frühen 19. Jh.s zurück. Ja, der einschlägig erfahrene Leser realisiert auch ohne Kommentar sehr schnell, daß es sich bei Coleridges Essay zum überwiegenden Teil im Grunde um eine teleskopartig zusammengeschobene und vereinfachte Darstellung der Ausführungen Jean Pauls zum Humor und insbesondere zur „unendlichen oder vernichtenden Idee des Humors", also dem Grotesken, in seiner *Vorschule der Ästhetik* handelt. Insofern geben die Darlegungen Coleridges einen aufschlußreichen Beitrag zu den deutsch-englischen literarisch-philosophischen Einflüssen und Wechselbeziehungen in der Romantik. Coleridge selbst hatte in seinem ursprünglichen Manuskript zwar in einer kurzen Erwähnung auf Jean Paul Bezug genommen, dieser Bezug wurde jedoch von H. N. Coleridge in den späteren Ausgaben getilgt,[2] so daß erst Alois Brandl auffiel, daß Coleridge hier wohl Jean Paul in erheblichem Maße verpflichtet sei.[3] In der Ausgabe von Thomas Middleton Raysor (1936) wurden dann erstmals die einzelnen Belegstellen notiert.[4]

Die Anlehnung an Jean Pauls *Vorschule* beginnt bereits in dem Titel des Essays. Im Gegensatz zu Jean Paul läßt Coleridge sich nach einer kurzen Definition von "wit" und "drollery" auch explizit auf eine umschreibende Definition des Grotesken ein.

Constituents of Humour". (1818) in: *Miscellanies, Aesthetic and Literary*, T. Ashe, ed. (London, 1911), S. 121—136.

Coleridge's Miscellaneus Criticism, Thomas Middleton Raysor, ed. (London, 1936), "Lectures of 1818, Lecture IX, Wit and Humour", S. 111—130.

[2] Vgl. Raysor, ed., *Coleridge's Miscellaneous Criticism*, Fn. 1, S. 117.

[3] Alois Brandl, *Samuel Taylor Coleridge und die englische Romantik* (Straßburg, 1886), S. 394.

[4] Vgl. Raysor, ed., *Coleridge's Miscellaneous Criticism*, Fn. auf den Seiten 111—120.

Coleridge nimmt Bezug auf die Paragraphen 26, 28, 29, 32, 33, 47 und 48 in Jean Pauls *Vorschule der Ästhetik*, ohne dies im einzelnen zu erwähnen.

Danach erst rekurriert er abermals auf das Jean Paulsche Konzept. Das von "the wit", "the droll", "the odd" gebildete Umfeld des Humors weist bei Coleridge eine Reihe von Überschneidungen und partiellen Überlagerungen auf. "Wit" wird vor allem als intellektuelles Differenzierungsvermögen verstanden, "detecting the difference in simular, and the identity in dissimular, things". (S. 121) Italiener pflegen den "wit of thoughts", Franzosen "that of words" Engländer "that of images". (S. 122) "Drollery" dagegen versteht Coleridge als "the pure unmixed, ludicrous or laughable" in Verbindung mit "fancy". (S. 122) Das freie, ungezwungene Lachen dieser "drollery" verändert seine Qualität, sobald die Satire beginnt, wird sardonisch, hintergründig und doppelbödig. Butler und Young werden als Beispiele angeführt. Hierauf folgt Coleridges Bestimmung des Grotesken:

When words or images are placed in unusual juxta-position rather than connection, and are placed merely because the juxta-position is unusual, we have the odd or the grotesque; the occasional use of which in the minor ornaments of architecture is an interesting object for a student in the psychology of the Fine Arts. (S. 123)

Es fällt auf, daß diese Definition ebenso vage wie oberflächlich ist und sich fast beliebig mit Inhalt füllen läßt. Das Groteske wird hier als unbedeutendes ästhetisches Randphänomen ausgewiesen, das keinesfalls im Brennpunkt der Auseinandersetzungen um eine neue Ästhetik steht. Das Zusammenfügen heterogenen Materials wird bestätigt, aber abgemildert zur "unusual juxta-position". Weder von der langen Vorgeschichte des Grotesken als einer Domäne des Niedrig-Komischen noch vom beliebten polemischen Streit des 18. Jahrhunderts um "gothique and grotesque", um das Groteske als Nachtseite des Sublimen oder um das Dämonische, Chimärische, Phantastische ist mehr etwas zu spüren, allenfalls Rudimente eines Bewußtseins vom Grotesken als wirkungspsychologische Dimension innerhalb der Kunst sind in Coleridges Definitionen eingegangen.

Dann aber, in der Deutung des Humors, wird von Coleridge

nahezu ausschließlich jenes Feld des Humors herangezogen, auf dem Jean Paul die theoretische Aussaat seiner visionären Grotesken bestellt hatte.[5] Die literarischen Beispiele, die angeführt werden, Falstaff, Matthew Bramble, Uncle Toby, Mr. Shandy, die "congeniality of humour with pathos in Sterne and Smollet" (S. 124) beweisen, daß neben der flachen, aussagearmen Umschreibung des Grotesken hier innerhalb des Humors das moderne Groteskverständnis ausgefaltet wird. Allerdings wird aus den angeführten literarischen Figuren auch ersichtlich, daß Coleridge, wenn er Jean Pauls Gedankengänge von der das Endliche vernichtenden Gewalt grotesken Humors einfach verkürzend übernimmt, die transzendentalen Bezüge und Konsequenzen in der Konzeption des Deutschen wohl kaum völlig durchdacht hatte. Auch für ihn besteht das Hauptkennzeichen des Humors

in a certain reference to the general and the universal, by which the finite is brought into identity with the little, or the little with the finite great, so as to make both nothing in comparison with the finite. (S. 125)

Wie Jean Paul argumentiert Coleridge vornehmlich mit den Gestalten Sternes, wenn er feststellt, daß,

In the highest humor, at least, there is always a reference to, and a connection with, some general power not finite, in the form of some finite ridiculously disproportionate in our feelings to that of which it is, nevertheless, the representative, or by which it is to be displayed. (S. 125)

Zwischen den exzentrischen Spiel- und Fluchtwelten Walter Shandys oder Uncle Tobys, die Jean Paul zwar in das Blickfeld seiner Erörterungen hineinnimmt und seiner eigenen dichterischen Ausformung des Grotesken, etwa in der „Rede des toten Christus vom Weltgebäude", klaffen jedoch derartige Unterschiede, daß Coleridges Übernahme des Jean Paulschen Konzepts als Mangel an theoretischer Originalität erscheinen

[5] Vgl. den vorausgehenden Abschnitt über das Groteske in Jean Pauls *Vorschule der Ästhetik*.

muß, obwohl die dichterische Kongenialität z. B. in *Kubla Khan* oder im *Ancient Mariner* durchaus vorhanden ist.

Auch in der Herleitung historischer Figuren aus dem Mittelalter, aus Teufels- und Lasterpersonifikationen in den "Mysteries", folgt Coleridge Flögel [6] und Jean Paul:

> It is a Spirit measured by disproportionate finites. The devil is not, indeed, perfectly humourous, but that is only because he is the extreme of all humours. (S. 126)

In Zusammenhang mit dem Grotesken ist Coleridges Beurteilung Sternes für die Sterne-Rezeption generell von Belang, da bei Coleridge der Umbruch zu jener Rezeption greifbar wird, die dann im späten 19. Jh. unter dem Einbruch viktorianischer Prüderie Sterne wegen seiner Obszönität verurteilt.

Coleridge preist zwar die Exzellenz Sternes in der minuziösen Darstellung von Gedanken und Gefühlen, von abgerundeten, psychologisch und ethisch wahren Charakteren und in der überzeugend komischen Darstellung nachbarlichen Klatsches, wirft ihm aber anderseits eine Mesalliance zwischen "wit", "drollery", "fancy" und "even humour" vor, die in ihrer auf Obszönitäten ausgerichteten Ambiguität ein gesellschaftliches Ärgernis darstelle, welches durch die Moralität von Mr. Shandy, Uncle Toby und Trim gerade noch soeben aufgefangen werden könne. In einem nicht ganz legitimen Gedankenspiel schlägt er vor, man möge sich anstelle Mr. Shandys, Uncle Tobys und Trims "the presence of two or three callous debauchees" in *Tristram Shandy* vorstellen:

> The result will be pure disgust. Sterne cannot be too severely censured for thus using the best dispositions of our nature as the panders and condiments for the basest. (S. 129)

Abgesehen davon, daß Coleridge gründlich übersehen hat, wie sehr neben Tristram auch Vater Shandy es liebt, seine Gedan-

[6] Vgl. den vorausgehenden Abschnitt über C. F. Flögels *Geschichte des Groteskekomischen.*

kenwelten mit obszönen Doppeldeutigkeiten, Fallstricken und -gruben auszustatten,[7] werden hier doch schon überaus deutlich nicht nur Lorgnons und religiös-moralische Traktate viktorianischer 'spinsters' evoziert, sondern es wird jene Grundeinstellung des 19. Jh.s sichtbar, zu deren Fürsprecher sich Thackeray machte:

There is not a page in Sterne's writing but has something that were better away, a latent corruption—a hint, as of an impure presence. Some of that dreary *double entendre* may be attributed to freer times and manners than ours, but not all. The foul Satyr's eyes leer out of the leaves constantly: the last words the famous author wrote were bad and wicked—the last lines the poor stricken wretch penned were for pity and pardon.[8]

Am Anfang eingehenderer literaturtheoretischer Beschäftigung mit dem Grotesken in England — für Burke hatte noch die Malerei Vorrang — steht also bei Coleridge die direkte Anlehnung an eine Theorie der deutschen Romantik, deren Umfang vom englischen Autor allerdings schamhaft verschwiegen wird. Sir Walter Scott, der sich danach als erster im Bereich englischsprachiger Literatur eigenständigere Gedanken zum Grotesken macht (1827), entfaltet diese ebenfalls an Exempla deutscher Literatur, nämlich an den Romanzen E. T. A. Hoffmanns.

[7] Vgl. Christian W. Thomsen, *Das Groteske im englischen Roman des 18. Jahrhunderts* (Darmstadt, 1974), Kap. V, „Laurence Sterne: *Tristram Shandy.* Groteske Weltsicht und experimentelle Romanform" 2. Das Groteske und das Obszöne, S. 242—254.

[8] William Makepeace Thackeray, *The English Humorists of the Eighteenth Century* (London, 1853), S. 291 f.

8. Sir Walter Scott, *On the Supernatural in Fictitious Composition, and Particularly on the Work of Ernest Theodore William Hoffmann* (1827) [1]

Am 6. März 1823 schrieb Scott seinem Sohn Walter, er möge ihm von seiner Deutschlandreise einige Romane mitbringen:

There is a man calld Hoffman who writes a good german novel or two if you can pick them up at Leipsicke I would like to see them one is calld *Der Teüfels Elixire.*[2]

Bis zum Jahr 1827 war dann Scotts Bekanntschaft mit den Werken E. T. A. Hoffmanns so weit gediehen, daß er, einem Wunsch seines Freundes R. P. Gillies, des Herausgebers der neuen *Foreign Quarterly Review,* nachgab und einen Artikel über Hoffmann schrieb, welcher dessen literarisches Werk vor dem Hintergrund allgemeiner Erörterungen des Übernatürlichen erläuternd dem englischen Publikum vorstellt und wertet. Als strukturell wichtigste Komponente Hoffmannscher Erzählungen und Romane bezieht Scott eine Analyse und Definition des Grotesken in seine Erörterungen ein, womit seinem Essay eine herausragende Stellung in einer Geschichte der Groteskentheorie zukommt, da hier zum ersten Mal von einem Vertreter der englischen Literaturszene theoretische Äußerungen zum Grotesken mit der literaturkritischen Detailinterpretation einzelner Werke verbunden werden. Obwohl dies, an heutigen Maßstäben gemessen, noch reichlich skizzenhaft und unausgewogen geschieht, in einer Mischung von generalisierenden Thesen, illustrierenden Paraphrasen und seitenlangen Übersetzungen, von biographisch-psychologischen Deutungssätzen, die mit klar auszumachenden vorgefaßten Normvorstellungen über Aufgaben und Gestal-

[1] Text: Sir Walter Scott, "On the Supernatural in Fictitious Composition, and Particularly on the Work of Ernest Theodore William Hoffmann", in: Sir Walter Scott, *On Novelists and Fiction,* Joan Williams, ed. (London, 1968), S. 312—353.

[2] Sir Walter Scott, *Letters,* vii, 348, zitiert bei Williams, a. a. O., S. 312.

tungsweisen von Literatur in wertenden Einklang gebracht werden, stellt Scotts Aufsatz doch quasi den Beginn philologischer Interpretationsarbeit mit Hilfe einer biographisch, darstellungs- und wirkungsästhetisch gefaßten Kategorie des Grotesken dar.[3]

Bei Scotts historischen Interessen und seinen Neigungen für den gotischen Roman leuchtet der für ihn bestehende Reiz einer Untersuchung des Übernatürlichen in Koppelung mit dem Phantastischen und Grotesken ein; es nimmt bei diesen Prädispositionen aber auch nicht wunder, daß er E. T. A. Hoffmann gegenüber zu einer ambivalenten Einstellung gelangt.

Scotts Diskussion des "supernatural" wird zunächst in eine geraffte Geschichte der Menschheit und der Literatur eingebettet, wobei er vornehmlich an Shakespeare, Milton und dem Buch Hiob demonstriert, daß das Übernatürliche, um wirkungsmächtig zu sein, nicht überstrapaziert werden dürfe, da es sich schnell erschöpfe:

> If once, like Macbeth, we 'sup full with horrors', our taste for the banquet is ended, and the thrill of terror ... becomes lost ... (S. 314 f.)

In "fictitious narrative" solle das Übernatürliche nur "rare, brief, indistinct" (S. 315) auftreten.

Dies impliziert eine kritische Einstellung zu einem Gutteil gotischer Romane, welche die Sensationseffekte des Übernatürlichen als bloßen Nervenkitzel ausbeuten. Für sie hat Scott nur

[3] Vgl. Frances K. Barasch, *The Grotesque* (The Hague, Paris, 1972), S. 155—156. Erstaunlicherweise geht die Verf. auf Scotts Aufsatz jedoch nicht ein.

Vgl. auch die Argumentationsführung Schlegels im „Gespräch über die Poesie" und dazu den vorhergehenden Abschnitt über Schlegel. Kayser irrt in Unkenntnis der Entwicklung der Begriffsgeschichte des Grotesken in England, wenn er meint, Scotts aus der bildenden Kunst stammende deskriptive Definition sei der englischen Sprache neu gewesen. Er verzeichnet auch Scotts überwiegend negative Wertung E. T. A. Hoffmanns, indem er sie weitgehend verschweigt. Seine Be-

Verachtung übrig. Als erfahrener Praktiker weiß er, daß die allzu häufige Verwendung des Übernatürlichen gleichsam eine eskalierende Höhersetzung der ästhetisch-psychologischen Reizschwelle bedingt, deren Abnutzungseffekt schließlich in Travestie, Karikatur und Satire umschlägt. Im Bereich satirischer Travestie des Übernatürlichen gebühre den Franzosen Vorrangstellung, aber auch Count Hamilton in England, Pulci, Berni und Ariost in Italien. Wieland und andere deutsche Schriftsteller "have added the grace of poetry to the wit and to the wonders with which they have adorned this species of composition." (S. 319) Wielands *Oberon* wird besonders gepriesen, und die *Deutschen Sagen* der Brüder Grimm erfahren ebenso wie Musäus' *Volksmärchen* positive Würdigung als Unternehmungen vorzüglicher Quellenforschung auf den Gebieten volkstümlicher Erzähltraditionen, in denen Momenten des Übernatürlichen oft erheblicher Rang zukäme.

Gegen dieses, von Scott als vorbildliche historische Traditionspflege verstandene Kolorit an variationsreicher Erzählliteratur setzt er nun das Werk E. T. A. Hoffmanns:

> ... yet the attachement of the Germans to the mysterious has invented another species of composition, which perhaps, could hardly have made its way in any other country or language. This may be called the FANTASTIC mode of writing,—in which the most wild and unbound licence is given to an irregular fancy, and all species of combination, however ludicrous, or however shocking, are attempted and executed without scruple. (S. 325)

Daß mit dieser Beschreibung grotesker Stil gemeint ist, erhellen weitere Sätze. In ihnen setzt Scott das Groteske im Vergleich zu "more regular romances" dem Verhältnis von Farce und Pantomime gegenüber Tragödie und Komödie analog. Seine

urteilung des Scottschen Groteskverständnisses überbetont das Kayser entgegenkommende romantische Moment der „entfremdeten Welt" zuungunsten der klassizistisch-gotischen Schichten.

Vgl. Wolfgang Kayser, *Das Groteske* (Oldenburg, 1957), S. 81—83.

negative Einschätzung dieser Schreibweise wird vollends deutlich, wenn er didaktisch verallgemeinert:

Our English severity of taste will not easily adopt this wild and phantastic tone into our own literature; nay, perhaps will scarce tolerate it in translations. (S. 326)

Im englischsprachigen Bereich käme nur Geoffrey Crayon (Pseudonym für Washington Irving, der Scott 1817 besucht hatte) etwa mit seinem *Bold Dragoon*, dem phantastischen Stil des *Peter Schlemihl* oder den *Elixieren des Teufels* gleich. *Gulliver's Travels* und *Frankenstein* gelangten zwar bisweilen in die Nähe dieses Stils, aber indem Scott das Phantastische in beiden Romanen unter didaktische Zielsetzungen subsumiert, befreit er es vom Ruch zweckfreier Zügellosigkeit.

Scott geht also von einem nationalen Literaturgeschmack aus, dessen grobe Verallgemeinerungen bei seinen deutschen Vorgängern nicht anzutreffen sind und der sich auch gegenüber sonstigen Differenzierungen im gleichen Aufsatz nicht halten läßt. Er ist Romantiker genug, um grotesken Stil dem Phantastischen unterzuordnen, jedoch von so konservativ-klassischer Einstellung, um wild und zügellos zu nennen, was sich klassizistischer Didaktik und harmonischem Schönheitsideal entzieht. Vermittelt durch das Filter der Gotik-Debatte ist es dabei weniger das 'Niedrig-Komische' als das 'Grausig-Komische', was das Groteske prägt.

In den folgenden, nun explizit auf E. T. A. Hoffmann bezogenen Ausführungen wird das Groteske von der Ebene des Autors angegangen, der aufgrund psychopathologischer Konditionierung zu grotesker Sehweise, ja Weltsicht gelange, die er dann mit den Mitteln des Bizarren, der phantastischen Übertreibung, eines extravaganten Formenspiels unter Zuhilfenahme des Übernatürlichen und Absurden ins literarische Werk umsetze.

Scott stellt seine anekdotisch aufgezogene Umrißskizze von Hoffmanns Lebensweg ganz auf die Betonung von dessen höchst irritablem Nervensystem ab, das ihn zu einer "morbid sensibility" (S. 331) geführt habe, deren Ausfluß in sprunghaft wechselnden Medien eine Kunst sei, die letztlich nur beunruhige und verstöre und weder mit gutem Geschmack, noch mit Schönheitsgefühl, noch mit "agreeable and pleasing ideas" (S. 348) zu vereinbaren sei. "His music became capricious, — his drawings caricatures, — and his tales, ... fantastic extravagances." (S. 327) Dennoch kann sich auch Scott dem ästhetischen Reiz und der ambigen Faszination Hoffmannscher Erzählkunst nicht entziehen, dessen scharfe Beobachtungsgabe und bildhafte Plastizität ihm keineswegs entgeht, der er sich moralisch-didaktischer Vorbehalte wegen aber niemals hinzugeben bereit ist. Analog der bekannten Abneigung Goethes gegen die Unruhe stiftenden Exzentrizitäten Kleists mag bei dem fieberhaft gegen den finanziellen Bankrott und das Nachlassen des eigenen schöpferischen Vermögens anschreibenden Scott des Jahres 1827 auch die Angst vor jenen dammbrechenden und intellektuelle Kontrolle überwältigenden Kräften der Imagination der Anlaß zu seiner vehementen Ablehnung von Hoffmanns Erzählweise gewesen sein, die er als selbstzerstörerisch empfand.

Thus was the inventor, or at least first distinguished artist who exhibited the fantastic or supernatural grotesque in his compositions, so nearly on the verge of actual insanity, as to be afraid of the beings his own fancy created. (S. 335)

Scott ist sich auch der Ursprünge grotesker Kunst in Malerei, Plastik und Architektur bewußt und gibt in Anlehnung an die klassizistische Kunstdiskussion des frühen 18. Jahrhunderts dem Grotesken bei Hoffmann teilweise vom Arabesken der Malerei her definitorische Bestimmung:

In fact, the grotesque in his compositions partly resembles the arabesque in painting in which is introduced the most strange and complicated monsters, resembling centaurs, griffins, sphinxes, chimeras, rocs, and all other creatures of romantic imagination, dazzling the beholder as it were by the unbounded fertility of the author's imagination, and sating it by the rich contrast of all the varieties of shape and colouring, while there is in reality nothing to satify the understanding or inform the judgement. (S. 335)

Der Nachsatz verrät abermals, daß Scott zwar imstande ist, groteske Kunst sehr genau zu beschreiben, sich aber scheut, mögliche psychologische Implikationen ebenfalls zu analysieren. Da er ihnen keine positiven Bezüge abzugewinnen vermag, werden sie mit moralisch-didaktischer Begründung flugs hinauskomplimentiert.

Noch ein Weiteres erregt Scotts Unmut. Hoffmann, dem er wiederholt dichterische Ausdruckskraft, ja "excellent disposition" (S. 336) bescheinigt, wollte sich Scotts Idealbild des Prosaautors nicht fügen. Sehnlich hätte sich Scott von einem Schriftsteller, der alle Anlagen dazu besaß, nur wenigstens einen historischen Roman, etwa über die Belagerung Dresdens im Jahre 1813, gewünscht und dafür mit Vergnügen "some of his grotesque works of *diablerie*" (S. 331) hingegeben. Aber dieser Hoffmann zog es vor, sich an seinen Nacht- und Phantasiestücken zu ergötzen oder vielmehr zu erschöpfen, und das verzeiht ihm Scott nicht.

Umfangreiche Auszüge aus der Übersetzung von Hoffmanns *Majorat* und eine Paraphrase von *Der Sandmann* setzen Scotts Essay fort und begründen zu einem erheblichen Teil die literarhistorische Bedeutung dieses Aufsatzes, da durch sie Poes Interesse auf E. T. A. Hoffmann gelenkt worden sein soll.[4] Was das Groteske angeht, werden in den anschließenden Interpretationen die zuvor eingenommenen Positionen noch ausgebaut. Das Verunsichernde, die psychologischen Abgründe, die hier ausgelotet werden, stoßen bei Scott auf Ekel und Ablehnung. "The painful fits of lunacy" (S. 348) möchte er verbannt oder zumindest völlig domestiziert wissen. Abermals muß man wohl hier Scott

[4] Vgl. Kayser, a. a. O., S. 83 und Horst Oppel, *Englisch-deutsche Literaturbeziehungen*, Bd. II (Berlin, 1971), S. 10.

Der echte oder vermeintliche Einfluß E. T. A. Hoffmanns auf E. A. Poe ist eine vieldiskutierte Frage der Poe-Forschung. Scotts Aufsatz wurde 1841 in Philadelphia, dem damaligen Wohnort Poes, zum ersten Mal in den USA veröffentlicht. Zahlreiche Parallelen zwischen den von Scott interpretierten Erzählungen Hoffmanns und manchen Erzählungen Poes sind in der Tat unübersehbar.

seinerseits psychologisch interpretieren und vermuten, daß ihn eine im Grunde hellsichtige Angst vor der Zerstörung eines noch einigermaßen heilen Welt- und Menschenbildes nötigt, groteskem Stil à la Hoffmann den Kampf anzusagen.

Im Gegensatz zu seinen zahlreichen deutschen Vorgängern oder zu Victor Hugos im gleichen Jahre geschriebenen *Préface de Cromwell* vermag Scott noch keine 'Ästhetik des Häßlichen' zu akzeptieren[5]:

> The grotesque, also, has a natural alliance with the horrible; for that which is out of nature can be with difficulty reconciled to the beautiful. (S. 349)

Aus diesem Grunde fällt auch sein Vergleich zwischen Hogarth und Callot so zuungunsten des letzteren aus, weil Scott sich weigert, in den Diablerien Callots mehr zu entdecken als "ingenuity thrown away, and of fancy pushed into the regions of absurdity." (S. 349) Hoffmanns *Sandmann* gehört — völlig zu Recht — für Scott in die gleiche Kategorie wie viele dieser Serien Callots, wobei er unausgesprochen sicher an dessen Bild *Balli di Sfessani* (1622), die Serie der *Bettler* (1622/23), an die vielfältigen Studien Callots zu Figuren der Commedia dell'arte, aber vielleicht auch an die erschütternden *Misères de la guerre* der Jahre 1633 und 1635 gedacht hat.

In der Analyse des *Sandmann* steigert sich Scott dann zu einem furiosen Abgang: man müßte selbst verrückt sein, wollte man die Fieberträume eines Irren ernsthafter literarischer Kritik würdigen, der Autor brauche den Arzt und nicht den Kritiker, die Erzählung ähnele den Ausgeburten unmäßigen Drogengenusses und sei insgesamt das Produkt eines Verstandes "which we cannot help regarding as diseased". (S. 353) All dies beweist letztlich die tiefe Betroffenheit Scotts durch die Erzählungen E. T. A. Hoffmanns. Wer wie Scott, gegen seine sonstige Natur, geradezu mit Schaum vor dem Munde einen Autor verurteilt, dessen literarische Qualitäten er doch zuvor

[5] Vgl. den folgenden Abschnitt über Victor Hugo.

auch eingestanden hat, muß im Innersten verunsichert sein. Einen besseren Beweis für die Wirkungsmächtigkeit grotesker Gestaltung konnte die deutsche Romantik kaum liefern. Der so 'gesunde', ebenfalls mit hoher Imaginationskraft begabte Wordsworth (S. 335), den Scott Hoffmann als Schutzschild entgegenhält, erweist sich im psychologischen Vergleich eben doch als harmlos. Ganz am Schluß zollt Scott zwar dem ungebrochenen Mut und der Vitalität, die Hoffmann noch in der Sterbestunde beweist, seinen Respekt, aber sein literarisches Werk möchte er doch als Warnung und nicht als zur Nachahmung geeignet verstanden wissen.

Das 19. Jahrhundert zeitigt in der englischen Literatur zahlreiche Beispiele der Verwendung des Grotesken, die Hoffmanns Techniken zumindest ähneln — man denke nur an De Quincey, Hood oder Dickens —, aber keine weitere literarkritische Analyse von Rang, in welcher wie bei Scott gegen den normenauflösenden Ansturm des Grotesken ein intaktes Weltbild und Schönheitsverständnis verteidigt wird, das sich jedoch in der Verteidigung als angeschlagen erweist.[6] Dies gilt selbst dann noch, wenn Scott im Kern die Psychopathologie Hoffmanns vielfach richtig beurteilt. Sein Essay ist aber auch ein Musterbeispiel dafür, in welchem Maße eine vorwiegend auf biographisch-psychologische Analyse begründete Interpretation von Kunstwerken zu kurz greift.

Scotts Groteskverständnis muß im Vergleich zu Jean Paul und Victor Hugo konservativ genannt werden, ist jedoch im Wiederanschluß an die Diskussion in der ersten Hälfte des 18. Jahrhunderts durch den Einbezug auch komischer Aspekte komplexer als das überwiegend auf gotische Düsternis abgestellte begriffliche Verständnis der Burke-Nachfolger oder die Verharmlosung des Grotesken gegen Ende des Jahrhunderts im

[6] John Ruskin verfügt zwar ebenfalls über ein intaktes Weltbild und Schönheitsverständnis, fühlt sich aber im Gegensatz zu Scott vom Grotesken weder angegriffen noch verunsichert. S. u. den Abschnitt über Ruskin.

umgangssprachlichen Bereich oder in den Schriften von Uvedale Price. Dabei sind die Momente des Gotischen durchaus in Scotts Verständnis integriert. Während aber Scott das Groteske noch leidenschaftlich ablehnt, wird mit einer Wendung ins Positive sein Groteskbegriff von E. A. Poe in der amerikanischen Literatur in einer für die Entwicklung der modernen Literatur überaus wesentlichen Form vertieft.

9. Victor Hugo, *Préface de Cromwell* (1872)

Mit erheblichem Phasenverzug gegenüber der deutschen Romantik formuliert Victor Hugo 1827 in seiner *Préface de Cromwell*[1] das dramaturgische Programm der französischen Romantik. Die weitgespannten theoretischen Erörterungen der *Préface* blieben das bedeutendste theoretische Manifest der romantischen Generation in Frankreich und sind in einer Forschungsgeschichte zur Groteskproblematik in Zusammenhang mit der englischen Literatur von doppelter Bedeutung: das Sujet des wesentlich nach Programmlinien der *Préface* gebauten Dramas *Cromwell* ist englisch, und die um das Groteske kreisende Literaturtheorie der *Préface* stellt Shakespeare in den Mittelpunkt der Beweisführungen.

Ähnlich Friedrich Schlegel geht Victor Hugo in seinen literaturgeschichtlichen Überlegungen von einem sehr groben Einteilungsraster menschlicher und damit auch literarischer Epochen aus. « Voilà le premier homme, voilà le premier poète » (S. 8). Als Nachfolger des göttlichen 'Urvaters' der Poesie unterscheidet er drei Weltalter: « les temps primitifs, les temps antiques, les temps modernes. » (S. 8) Das Groteske ist schon in der Antike als Unterströmung vorhanden, im wesentlichen aber erst im Gefolge des Christentums aufgetreten, das mit « tristesse » und « mélancholie » ein neues Lebensgefühl in die Welt brachte,

[1] Text: *Préface de Cromwell* in: Victor Hugo, *Cromwell*, Edition Nationale, *Drame I* (Paris, 1887).

welches der unbeschwerten Heiterkeit antiken Daseins nicht nur die Schuldgefühle der Erbsünde vermittelte, sondern ihr auch « le démon de l'analyse et de la controverse » (S. 13) bescherte. Als Gegenpol des Sublimen dringt das Groteske in die Kunst und verleiht nun aller nachantiken Kunst eine neue Dimension, in der das Lächerliche und Bizarre, das Häßliche, Deformierte, Schreckliche und Fürchterliche ästhetischen Rang genießen und den Kontrast zum Schönen, Erhabenen und Ernsten darstellen.

Aussi voilà un principe étranger à l'antiquité, un type nouveau introduit dans la poésie; et, comme une condition de plus dans l'être tout entier, voilà une forme nouvelle, qui se développe dans l'art. Ce type, c'est le grotesque. Cette forme, c'est la comédie. (S. 14)

Wie noch niemand vor ihm weitet Hugo den Begriff des Grotesken aus, indem er es zum Hauptkennzeichen der Moderne erhebt, einer Moderne, die freilich bereits das Mittelalter einschließt.

Das Revolutionäre von Hugos Theorie liegt darin, daß in ihr dem Grotesken im Rahmen der aktuellen Auseinandersetzung um eine neue, sich von starren klassizistischen Regelschemata lösende Ästhetik nicht mehr nur eine Nische in der Abteilung für gemischte Bizarrerien zugewiesen wird, sondern daß es mit großem Selbstbewußtsein gleichsam eine Hälfte der Ästhetik für sich beschlagnahmen kann. Unter solchem Postulat leidet allerdings die begriffliche Klarheit.[2] Das Groteske gerät in Gefahr, einfach als Sammelbegriff all dessen zu dienen, was nicht sublim ist. Hugos antithetisches Denken, das ungleich dem Hegels nicht auf die Synthese und dialektisches Weiterspielen von Gedanken

[2] Vgl. Wolfgang Kayser, *Das Groteske* (Oldenburg, 1957), S. 59 bis 62 und Arthur Clayborough, *The Grotesque in English Literature* (Oxford, 1965), S. 45—49.

Vor allem Clayborough unterlaufen wohl einige Fehlurteile. Weder verläuft Hugos Argumentation wirklich "in Hegelian fashion" (S. 45), noch läßt sich aufrechterhalten, Hugos Eintreten für das Groteske als wesentlicher Bestandteil moderner Ästhetik sei wie seine Begriffsbestimmung "all rather half-hearted". (S. 45)

und Argumenten gerichtet ist, sondern, basierend auf einer dualistischen Anschauung vom Wesen der Welt und dem Schicksal der Menschheit, Kontraste scharf herausmodelliert, fördert derartige Auffassungen.[3]

Bereits das 18. Jahrhundert hatte vor Burke teilweise im Grotesken den Ausdruck einer bipolaren Spannung zwischen Elementen des Lächerlichen und Grauenvollen gesehen. Nach Burke wandelt sich dieser Bedeutungsstrang gleichsam zur Kehrseite des Erhabenen unter besonderer Betonung der Aspekte des Häßlichen, Deformierten und Furchteinflößenden, und bei Jean Paul gewinnt es dann als „die vernichtende Idee des Humors" metaphysischen Unendlichkeitsanspruch. Die Hugosche Antithetik versteht sich als die Gabe, die beiden Seiten eines Dinges gleichzeitig zu sehen,[4] was durchaus der antithetischen, vorfreudianischen Psychologie des Zeitalters entspricht, wie sie sich literarisch im beliebten Doppelgängermotiv oder ganz ähnlich noch in einem vergleichsweise späten Werk wie Stevensons *Dr. Jekyll and Mr. Hyde* (1886) niederschlägt. Für Hugo stellt das Groteske nicht nur den Gegenpol des Sublimen dar, es zerfällt seinerseits in zwei Hauptgruppen: « le grotesque bouffon » und « le grotesque terrible ». Das « bouffon » ist demnach die Provinz des Lächerlichen, Possenhaften, Komischen, verbunden mit dem Eigentümlichen, Seltsamen, Wunderbaren, Wunderlichen, Abergläubischen, Pittoresken, Monströsen, Phantastischen, während das « terrible » die häßliche, deformierte, grauenerregende, fürchterliche, schaurige und scheußliche Variante in Verein mit den genannten Begriffen konstituiert. Somit läßt sich Hugos Auffassung zum Grotesken mit einer

[3] Vgl. hierzu die Dissertation von Paul Knaak, *Ueber den Gebrauch des Wortes "grotesque"* (Diss., Greifswald, 1913), S. 38 f., die überwiegend Hugos Grotesktheorie und der Verwendung des Grotesken in seinem dramatischen und erzählerischen Werk gewidmet ist. Sieht man von zeitbedingten normativen Forderungen an die „echte" Dichtkunst und Druckfehlern ab, so ist diese Dissertation auch heute noch durchaus brauchbar.

[4] Vgl. Knaak, a. a. O., S. 39.

positiven Ästhetik des Unschönen gleichsetzen.[5] Aufgabe echter Kunst sei es, das Groteske mit dem Schönen und Erhabenen harmonisch zu verschmelzen. Und nun kommt hier auch Shakespeare als Großmeister grotesker Kunst ins Spiel, der sich seinerseits auf Dante und Milton stützt. Die beiden letzteren werden vor Hugo — anachronistisch, aber nicht ganz ohne historische Berechtigung [6] — ebenfalls der Dramatik zugerechnet. Alle drei zusammen bilden in der Tat ein respektables Dreigestirn, mit Hilfe dessen Hugos These, die Verbindung von Groteskem und Sublimem konstituiere sich insbesondere in der modernen Dramatik, Gewicht erhält. Shakespeare überragt in Hugos Wertschätzung sogar Racine und Molière:

Shakespeare à la tragédie, la comédie, l'hymne, la farce, le vaste rire divin, la terreur et l'horreur, et pour dire en un mot: le drame. Il touche aux deux pôles: il est de l'olympe et du théâtre de la foire.[7]

Mit gleicher Emphase, jedoch noch ausdrücklicher auf seine Kunsttheorie zugeschnitten, äußert sich Hugo in der *Préface*:

Shakespeare, c'est le Drame: et le drame, qui fond sous un même souffle, le grotesque et le sublime, le terrible et le bouffon, la tragédie et la comédie, le drame est la caractère propre de la troisième époque de poesie, de la litterature actuelle. (S. 20)

[5] Vgl. Knaak, a. a. O., S. 76 f., besonders die Bemerkungen zur Ästhetik des Charakteristischen.

[6] Die Renaissancetheoretik rechnete z. B. die *Divina Commedia* ohne Bedenken zur Dramatik. Man folgte das ganze 16. Jahrhundert hindurch noch dem Einteilungsschema der Grammatiker, denen zufolge all das, was nicht Komödie ist, zur Tragödie gezählt wird. Tragödien aber waren z. B. Boccaccios *De casibus virorum illustrium* und die gesamte nachfolgende *De-casibus*-Literatur. Vgl. Christian W. Thomsen, „Von den Interludien bis zu Marlowes Tod", in: Josefa Nünning, Hrsg., *Das englische Drama* (Darmstadt, 1973), S. 67—140, hier: S. 91—96.

[7] Victor Hugo, *William Shakespeare*, zitiert bei Knaak, a. a. O., S. 73.

Das Groteske manifestiert sich für Hugo vordringlich im Aussehen, im Charakter und in den Handlungen von Personen; es kann aber auch Gebiete der Kunst bezeichnen, auf Sitten und Gebräuche, ja selbst auf abstrakte Begriffe übertragen werden, wobei meist wirkungsästhetische Gesichtspunkte im Vordergrund stehen. Hugo verwendet es jedoch auch als Stilbegriff der Moderne und ficht mit seinen Eigenheiten für einen « vers libre » von proteischer Vielfalt und Wandlungsfähigkeit.[8] Auf allen Gebieten läßt sich Shakespeare als das leuchtende Vorbild ins Feld führen, dem es nachzueifern gelte, und gerade vom romantischen Drama erwartet sich Hugo eine der Shakespeareschen Tragikomödie adäquate Fülle des Ausdrucks und Intensität der Wirkung.

Der Antike sei es mangelnder Komplexität wegen nicht gegeben gewesen, « la Belle et la Bête » (S. 20) gleichzeitig darzustellen; erst Shakespeare sei es gelungen, die Kontraste menschlicher Existenz zu einem harmonischen Gesamtbild zu vereinigen. Im Drama komme es dem Grotesken vor allem zu, « la bête humaine » (S. 18) zu repräsentieren, „das Schlecht-Niedrige, ... die pejorative Antithese“[9] auf moralischem Gebiet und in der psychologischen Ausformung von Charakteren.

Nun hatten englische Kunstrichter des späten 17. und frühen 18. Jahrhunderts schon teils abwertend, teils beifällig Züge des Grotesken an Shakespeare entdeckt,[10] und keiner der deutschen Theoretiker von Möser bis Jean Paul läßt es sich nehmen, ihn als Kronzeugen zu benennen.[11] Dennoch bieten Hugos *Préface* und sein Shakespeare-Buch eine Fundgrube von Ansätzen zu Detailuntersuchungen des Grotesken bei Shakespeare, die bis weit ins 20. Jahrhundert nicht genutzt wurden. Dabei sind seine Feststellungen nicht zuletzt deshalb von richtungweisender Be-

[8] Vgl. Hugo, *Préface,* S. 40—41.

[9] Knaak, a. a. O., S. 53.

[10] Vgl. Frances K. Barasch, *The Grotesque* (The Hague, Paris, 1971), S. 129—132.

[11] Vgl. die vorausgegangenen Abschnitte über Möser, Wieland, Flögel, Schlegel und Jean Paul.

deutung, weil in ihnen das Groteske ungeachtet greller Effekte und Übertreibungsmechanismen als im Grunde realistisches Darstellungsprinzip gewürdigt wird.

Hugo führt die Hexen in *Macbeth*, die Totengräber-Szene im *Hamlet*, die Szene mit dem Apotheker in *Romeo and Juliet* an, er nennt Jago, Polonius, Richard III., Thersites, Caliban und Falstaff groteske Figuren. Er kennzeichnet Falstaff, um nur eine Gestalt herauszugreifen, als ausschweifend und zynisch, als Schweine-Centaur, als feige und grausam, als schmutzigen, zum Tier heruntergekommenen Dickwanst.[12] Hugo sieht demnach die abstoßende Seite Falstaffs, seine, die Grenzen von Mensch und Welt, Mensch und Tier beinahe aufhebende groteske Leiblichkeit, den Rabelaisischen Vielfraß, der bemüht ist, die Welt in sich hineinzuschlingen. Falstaff besitzt aber noch eine andere Dimension, die der urwüchsigen, kreatürlichen Vitalität, des possen-, farcen- und zotenhaften Humors und Spotts, der unwiderstehlichen Komik, und obwohl Hugo Shakespeares Totalität preist: « Shakespeare est antithétique ... Totus in antithesi ... Shakespeare est tout dans l'antithèse »,[13] bekommt er diese Dimension nicht recht ins Blickfeld. Schon dies eine Beispiel erhellt, wie sehr die Schwerpunkte von Hugos Grotesktheorie im Monströsen, Häßlichen, Abstoßenden und Grauenvollen angesiedelt sind. Von dieser Seite her ist seine Theorie abermals als Fortsetzung der Linie Burke bis Hegel zu sehen, bei der die Ausgewogenheit von komischen und grauenvollen Komponenten des Grotesken zugunsten forcierter Betonung der nichtkomischen Komponenten ins Hintertreffen gerät. Insofern ist es konsequent, daß Hugo auch das Pittoreske, "the pleasing grotesque", unterbetont, ungeachtet der Forderung, daß das Ziel der Kunst, die Verbindung von Groteskem und Erhabenem, Schönheit sein solle. Immerhin müßte nach seiner Theorie im « grotes-

[12] Victor Hugo, *William Shakespeare*, zitiert bei Knaak, a. a. O., S. 69.

[13] Victor Hugo, *William Shakespeare*, zitiert bei Knaak, a. a. O., S. 39.

que bouffon » durch die Verbindung von komischen, wunderlichen und phantastischen Elementen auch eine heitere Groteske möglich sein, aber die vermag gegenüber dem Abgründigen, dem satanischen Lachen, gegenüber der psychischen und physischen Deformation keinen Boden zu gewinnen. Hugo erweist sich somit als Vorläufer eines breiten Stroms moderner Ausformungen des Grotesken, die unter dem Eindruck historischer Ereignisse das Groteske zu einer Domäne des Infernalischen sowie der geistigen und moralischen Orientierungslosigkeit machen.

Das ideale, von Shakespeare verwirklichte Drama, stellt also nach Hugo eine Verbindung von Tragik und Komik dar. Diderot hatte, auf das bürgerliche Drama (« le drame ») bezogen, diese Forderung schon im 18. Jahrhundert erhoben. Und wenn Hugo postuliert, « le drame, c'est le grotesque avec le sublime », empfiehlt er als Mittel des dramatischen Kontrasts, zur Unterbindung von Monotonie sowie zur Steigerung der echten Schönheit — Ophelia, Desdemona, Juliet — eine umfangreiche Anwendung von Gestaltungselementen des Grotesken.

In seinen eigenen Dramen versucht er, seine dramatische Theorie zu belegen, was ihm nach Meinung der Kritik nur unvollkommen gelungen ist. Aufgrund seiner antithetisch-dualistischen Anschauung verbindet sich in seinen Werken oft das Groteske mit dem Sublimen in einer Person, aber eben nicht in der an Shakespeare so bewunderten Weise echter Integration, sondern die einzelne dramatische Figur wird zum Schauplatz schroff gegensätzlicher Eigenschaften. So erscheint ihm Cromwell mit einer Fülle lächerlicher und karikierter Charakterzüge als Mensch grotesk, als historische Figur sublim.

Cromwell: Il semble qu'ils n'aient pas osé réunir tous les traits de ce bizarre et colossal prototype de la réforme religieuse, de la révolution politique d'Angleterre. (S. 44)

In Anlehnung an Shakespeare treten in *Cromwell* gleich vier Narrenfiguren auf, an denen jedoch vor allem ersichtlich wird, daß die grotesk-lächerliche Spielart Hugo weit weniger gelingt als der deformierte und grotesk-sublime Typ, dessen Ausfaltungen er neben den Dramen besonders in seinen Romanen pflegt, in denen das Groteske in erhöhtem Maße mit Eigenschaften des Schrecklich-Phantastischen ausstaffiert wird.

Victor Hugos Theorie des Grotesken zeichnet sich weder durch begriffliche Schärfe noch durch gedankliche Originalität aus; der Fundus, aus dem er schöpfen konnte, war zuvor in Deutschland und England aufgebaut worden. Sie zeichnet sich aber durch die Bravour und die Emphase aus, mit der hier dem Grotesken ein führender Rang inmitten der modernen Ästhetik zugewiesen wird, besonders wenn man daran denkt, um wie vieles zäher sich in Frankreich die Ablösung von klassizistischen Normen vollzieht. Sie setzt außerdem Wegmarken für die spätere, tiefenpsychologisch akzentuierte Theorie des Grotesken und vermittelt nach Coleridge, Jean Paul und den „Nachtstücken" der deutschen Romantik, aber noch vor Thomas Hood und der verdichteten Überarbeitung von Thomas De Quinceys *Confessions of an English Opium Eater* Vorahnungen jener Wege, die das Groteske in einem Großteil moderner Literatur gehen wird.

10. John Ruskin, "Grotesque Renaissance", in: *Stones of Venice,* vol. III (1853); "Of the True Ideal — Thirdly, Grotesque", in: *Modern Painters,* vol. III (1860); "Modern Grotesque", in: *Modern Painters,* vol. IV (1860) [1]

Gegenüber Hugo und Scott herrscht in den Schriften Ruskins zum Grotesken eindeutig ein verändertes intellektuelles und

[1] Texte: John Ruskin, *The Stones of Venice* (1851—53), vol. III, *The Fall,* Ch. iii, "Grotesque Renaissance", S. 112—165.

Ders., *Modern Painters* (1843—60), vol. III (1860), Ch. viii, "Of the True Ideal:—Thirdly, Grotesque", S. 92—107.

Ders., *Modern Painters,* vol. IV, Appendix I, "Modern Grotesque", S. 385—391.

Zugrunde gelegt wird jeweils die Gesamtausgabe (Merril and Zatzer, New York, o. J.).

philosophisches Klima; spätaufklärerisch-romantische Programmatik ist viktorianischem Puritanismus, aber auch sozialethisch gefärbtem Rationalismus gewichen, und die von Ruskin im Laufe seines langen Lebens geradezu kultivierte Widersprüchlichkeit seines Wesens wird nahezu auf jeder Seite seiner Erörterungen zur Kunst spürbar.[2] Bei einem in sich gegensätzlichen und vielschichtigen Phänomen wie dem Grotesken braucht dies kein Nachteil zu sein, und Ruskin, der sich der eigenen Widersprüche zunehmend bewußt wurde, versuchte sie dann durch seine "theory of polygonal truth"[3] sogar theoretisch abzustützen.

Ruskin gehört zu jenen Viktorianern, deren Popularität in den letzten Jahrzehnten fast auf den Nullpunkt gesunken war, da er — nicht zu Unrecht — mit den viktorianischen Merkwürdigkeiten neogotischer[4] und pseudovenezianischer Imitationsarchitektur in Verbindung gebracht wurde.[5] Es läßt sich un-

[2] "No one had ever made art so momentous; in every sentence he wrote about it was the urgently communicated belief that created objects had a decisive bearing upon the moral and spiritual life and that one's preferences in pictures or buildings, or even household utensils, were indicative to one's relation to oneself, one's fellow men, and the universe."

Lionel Trilling and Harold Bloom, "John Ruskin", in: *The Oxford Anthology of English Literature* (OUP, 1973, vol. II, S. 940).

[3] Vgl. Peter Quennell, *John Ruskin, Writers and their Work* No. 76 (London, 1956), S. 6.

[4] Hierzu bekennt Ruskin sich noch im Grotesk-Essay im dritten Band der *Modern Painters,* S. 99: "..., that I am striving to introduce Gothic architecture into daily domestic use."

[5] Nach Kenneth Clark sollte man die erste Epoche der Neogotik (Walpole, etc.) von der "Ethical Period" unterscheiden. D. h. also, Leute wie Ruskin glaubten, daß im 'vorindustriellen' gotischen Stil eine besonders starke ethische Tendenz zum Ausdruck komme, die direkt an der Veredelung des Menschen beteiligend wirken könne. Daß solche Architektur dann doch die Methoden des Stahlbaus aufnahm, wenn auch in gotischer Form, ist einer der für das 19. Jahrhundert bezeichnenden Widersprüche. Das Beispiel, an dem Ruskin

schwer voraussagen, daß mit zunehmend objektiver Einschätzung des viktorianischen Erbes Werk und Persönlichkeit Ruskins in ihrer Bedeutung erneute Würdigung finden werden. Seine im dritten Band der *Stones of Venice* formulierte Theorie des Grotesken, in *Modern Painters* ein knappes Jahrzehnt später in Teilaspekten vertieft und variiert, ist der erste umfassendere englische Versuch, in Architektur, Malerei und Literatur das Groteske auf der Basis einer Theorie des Spiels entstehungspsychologisch und produktionsästhetisch auszuloten und bestimmbar zu machen.

In "Grotesque Renaissance" wird der breit angelegte Venedig-Führer, der *Stones of Venice*, wiederholt in Richtung auf eine allgemeine, religiös-moralisch fundierte Kunsttheorie transzendiert, wobei sich mit dem Fortschreiten der Untersuchung das Literatische immer mehr in den Vordergrund der Betrachtung drängt.

Ausgangsbasis ist zunächst Ruskins Ablehnung und vehemente moralische Abwertung der venezianischen Spätrenaissance, deren Hedonismus er als Ausdruck einer rapid ausufernden Dekadenz begreift. In ihrem Umkreis siedelt er das Groteske an. Es ist ihm im ersten Anlauf steingewordener Geist des Dekadenten und Bösen, in Kirchen und Palästen die Manifestation prunksüchtiger und gottferner Sittenlosigkeit.

> The architecture raised at Venice during this period is amongst the worst and basest ever built by the hands of men, being especially distinguished by a spirit of brutal mockery and insolent jest, which exhausting itself in deformed and monstrous sculpture, can sometimes be hardly otherwise defined than as the perpetuation in stone of their ribaldries and drunkenness.[6]

direkt beteiligt war, ist das University Museum in Oxford von Sir Thomas Deane und Benjamin Woodward (1855); Ruskin hatte die architektonische Oberleitung.

Vgl. Kenneth Clark, *The Gothic Revival* (London, 1974), Ch. x.

[6] *Stones*, Ch. III, § II, S. 112.

Es fiel im England des sich ausdehnenden Imperialismus auf fruchtbaren Boden, daß Ruskin dieser Haltung verweltlichter Dekadenz den dynamischen, rationalen und tiefgläubigen Geist gotischer Kathedralen entgegensetzt, womit er ideologisch Klarheit, Rationalität und angebliche moralische Überlegenheit der Nord- und Westeuropäer gegen die sittliche Verkommenheit und künstlerische Erschöpfung der Südeuropäer ausspielt, woraus sich natürlich auch ein politischer Führungsanspruch rechtfertigen läßt.

Grotesk ist also "the spirit of idiotic mockery", aber auch "that magnificent condition of phantastic imagination", die ein Hauptbestandteil der nordischen Gotik darstelle, und er sieht eine erste Aufgabe seiner theoretischen Bestimmung in der Abgrenzung jener "base grotesqueness" venezianischer Prägung und der "noble grotesque" des Nordens.

Zu den abschreckenden Beispielen aus Venedig rechnet Ruskin die Seufzerbrücke, die Kirchen St. Eustacio, Sta. Maria Formosa und San Moise, den Palazzo Corner della Regina und den Palazzo Pesaro. Insbesondere schmäht er Putten, Wasserspeier und andere Skulpturen, mit denen diese Bauwerke verziert sind — "I cannot pollute this volume by any illustration of its worst forms"[7] — als Ausdruck zügelloser Phantasie. Während der Einsatz Ruskins und seine moralisch-didaktischen Prämissen für die moderne Diskussion von lediglich historischem Interesse sind, trifft seine erste Wesensbestimmung des Grotesken doch schon ins Zentrum grotesker Kunst:

> First, then, it seems to me that the grotesque is, in almost all cases, *composed of two elements*, one *ludicrous*, the other *fearful*.[8]

Ruskin sieht im grotesken Kunstwerk beide Elemente vereint und kaum trennbar, glaubt aber, eine getrennte Analyse der das Groteske produzierenden "states of mind" vornehmen zu können. In gewissem Maße ist er sich dabei der Dialektik von

[7] *Stones*, Ch. III, § XXII, S. 125.
[8] *Stones*, Ch. III, § XXIII, S. 126.

politisch-sozialer Umwelt und künstlerischer Gestaltung bewußt, verlegt seine Analyse dann aber doch schnell in einen Bereich psychologisch-philosophischer Deutungsweise, wobei die Theorie des Grotesken aus einer Theorie des Spiels entwickelt wird, da Ruskin davon ausgeht, daß alle Kunst zahlreiche spielerische Züge trägt. Es gelte deshalb, vor einer Differenzierung der beiden Gruppen von Grotesken, "sportive" und "terrible grotesques", die ihnen zugrundeliegenden geistigen Haltungen zu durchleuchten.

"Sportiveness" teile der Mensch mit vielen Tieren, aber durch seine "higher faculties" könne er diese mit Hilfe von "wit", "fancy" und "humour" veredeln und ihnen künstlerischen Ausdruck verleihen. Ruskin unterscheidet vier psychologische Grundtypen, die sich in Randgebieten allerdings überschneiden können:

1) the men who play wisely,
2) the men who play necessarily,
3) the men who play inordinately,
4) the men who play not at all.[9]

In einer charakteristischen Einschränkung des puritanischen Eiferers wird allerdings sofort hinzugefügt: "It is evident that the idea of any kind of play can only be associated with the idea of an imperfect, a childish, and fatigable nature."[10] Der wirklich edle Geist erhebt sich über das Spiel zu sublimer Kunst. Zieht man die Position moralischen Rigorismus ab, bleibt die auch für neueste psychologische Theorien des Grotesken wichtige Feststellung, daß groteske Gestaltung mit Spiel und kindlichen Strukturen von Weltbewältigung zu tun hat.

Zu den vier Arten des Spiels treten drei Temperamentshaltungen, aus denen heraus groteske Kunst produziert werde: A) "of predetermined or involuntary apathy", B) "mockery", C) "diseased and ungoverned imaginativeness".[11] Zwei Gruppen

[9] *Stones,* Ch. III, § XXV, S. 127.
[10] *Stones,* Ch. III, § XXVI, S. 127.
[11] *Stones,* Ch. III, § XLIV, S. 140.

von Menschen gebe es, die keinerlei Sinn und Notwendigkeit für Spiel hätten: a) diejenigen, die zu "highminded" seien, b) diejenigen, die zu "lowspirited" seien. Groteske Kunst werde deshalb in überwiegendem Maße von Vertretern der Gruppen 2 und 3, "men who play necessarily" und "men who play inordinately", geschaffen. Dabei trennt Ruskin einen Kern des Grotesken von pittoreskem ("picturesque") Beiwerk, das als Form parasitärer Sublimität nur akzidentiellen Charakter trage, aber "adds usually very largely to the pleasurableness of grotesque work".[12] Ruskin verwickelt sich hier in einen jener für sein komplexes Charakterbild[13] typischen Widersprüche. Er erkennt zwar die "pleasurableness" vieler grotesker Kunst, meint jedoch jeglichem Hedonismus, vor allem wenn er manieristische Züge annimmt, aus moralischen Gründen einen Riegel schroffer Abwertung vorschieben zu müssen. So erbost er sich über typisches architektonisches Beiwerk der Spätrenaissance und verdammt es als "elaborate and luscious form of nonsense, an artistical pottage composed of nymphs, cupids, and satyrs, with shreddings of heads and paws of meek wild beasts, and nondescript vegetables".[14]

Nur ein depravierter Verstand könne diese Art von Grotesken schätzen. Weder die arabesk-spielerischen Formen des

[12] *Stones,* Ch. III, § XXXVII, S. 134.

[13] Hierzu soll wenigstens im Telegrammstil auf einige Fakten aus Ruskins Biographie verwiesen werden: traumatische Kindheitsschäden, Einzelkind, das nie mit anderen Kindern spielen durfte, statt dessen stete Reisen mit dem Vater, streng calvinistische Erziehung, extreme Mutterbindung, intellektuelle Frühreife, mit 6 Jahren erstes Buch, leidenschaftliche Jugendliebe endet mit Nervenzusammenbruch, psychologisch bedingte Impotenz läßt Ehe scheitern (1848), danach Rückkehr ins Elternhaus, Bruch mit dem Elternhaus und Abkehr vom strikten Puritanismus, späte Emanzipation, Serie von Nervenzusammenbrüchen in den 70er Jahren, dann von 1885—89 nochmals glückliche Kreativität (Autobiographie *Praeterita*), 1889 Abbruch der schriftstellerischen Arbeit, danach bis 1900 freundliches Dahindämmern, ohne noch zu geistiger Tätigkeit fähig zu sein.

[14] *Stones,* Ch. III, § XXXIX, S. 136.

Grotesken mit der Darstellung des Ineinander-Übergehens verschiedenartiger Formen und Zustände von Leben, noch die satirischen — am verwerflichsten, wenn sie Züge des Obszönen aufweisen — können vor Ruskins Augen Gnade finden. Ruskin wertet und urteilt durchgängig einerseits nach psychologischen, andrerseits nach moralisch-didaktischen und theologischen Kriterien. Dies wird besonders deutlich, sobald er zum Zentrum seiner Analyse des Grotesken vorstößt (§ XLI ff.), wo er zwischen "noble" und "ignoble grotesque" unterscheidet.

Ruskin ist sein ganzes Leben über für einen Kult der Schönheit eingetreten, in welchem "beauty" als äußerer Ausdruck sittlicher Reinheit gleichsam eine Offenbarung göttlicher Harmonie und göttlichen Schöpferwillens verkörpert. So wird höchste Kunst durch "Divine beauty" ausgezeichnet; es gibt aber auch eine "terribleness or sublimity" der künstlerischen Darstellung, die ihr gleichkommt. Normalerweise bleibe auch die "noble grotesque" im Rang unterhalb jener höchsten Kunstschöpfungen, bei ihren Meistern jedoch reiche sie in diesen kleinen Kreis von Spitzenwerken hinein, und zu ihnen zählt Ruskin an erster Stelle Dante, dann Michelangelo, Tintoretto, Dürer, Shakespeare und Milton. Die Zentralbegriffe, welche in diesem Bereich dargestellt würden, seien Furcht, Sünde und Tod, und es ist bedeutsam für die wirkungsästhetische Dimension des Grotesken, daß Ruskin erkennt, in welch hohem Maße das Groteske an Subjektivität und jeweiligen Gemütszustand gebunden ist. Von ihnen hänge es ab, ob der menschliche Verstand ein Werk noch als "playful" oder schon als "terrible grotesque" ansehe. Mitunter beschwöre der Verstand spielerisch Visionen herauf, die ihm unter anderen Gemütsbedingungen als "terrible" erschienen.

An diesem Punkt wird Ruskins Affinität und seine unterschiedliche Position gegenüber den Vertretern des gotischen Romans und jener von Walpole bis zu Hegel reichenden Kette von Theoretikern und Gestaltern des Grotesken sichtbar, die den früher scheinbar unauflösbaren Gegensatz zu grotesk und sublim in eine Annäherung des Grotesken an das Sublime, in dessen fratzenhafte Kehrseite, verwandelten und es schließlich zuwege brachten, in einer neuen Ästhetik das Groteske und das Sublime miteinander zu integrieren.

Der Begriff "gothic" ist nun bei Ruskin gegenüber dem frühen 18. Jahrhundert gewandelt und vollkommen positiv besetzt. "Gothique and grotesque", jenes herabsetzende Epitheton, das die Klassizisten für alle Formen niederer Komik, aber auch für manche Formen mittelalterlicher und elisabethanischer Architektur und Literatur bereithielten,[15] wäre in Ruskins System das höchste Lob für ein Kunstwerk, das sich der Stilmittel des Grotesken bedient. Zwar finden sich noch einige Anklänge an die ehemaligen Dominanzen des gotischen Romans, wenn gesagt wird, daß "terrible grotesques" immer durch "some expressions of vice and danger" verbunden würden,[16] aber die dämonischen wie die satirischen und komischen Komponenten des Grotesken sind in Ruskins "noble grotesques" ganz ins Sublime veredelt, und wo sie noch vorhanden sind, wird die Groteske als "ignoble" definiert und als "the laughter of the idiot and the cretin" in den kunstgeschichtlichen Orkus verbannt.[17]

Ruskins Originalität liegt vor allem in der Verbindung von Theorie des Spiels und psychologischer Analyse der Entstehungsbedingungen des Grotesken. Menschen des ersten Spieltyps, "men who play wisely", seien zur vollkommenen Ausprägung edler Grotesken fähig, die dann auch zu den dichtesten und tiefsten Ausformungen künstlerischen Wollens überhaupt gehörten. Ihre Kunst vereinbare das Sublime und das Schreckliche unter Einbezug des Schönen und der Phantastik.[18] Wie schon erwähnt, erreiche das Groteske im Werk Dantes, den er "the central man of all the world" nennt, "at once the most distinct and the most noble development to which it was ever brought in the human mind".[19] Platon und Wordsworth werden als weitere Beispiele genannt.

[15] S. o. die Abschnitte über Möser, Burke, Scott.

[16] *Stones,* Ch. III, § XLIV, S. 140.

[17] *Stones,* Ch. III, § XLV, S. 140.

[18] *Stones,* Ch. III, §§ XXVII, XXXI, XLVI—LI.

[19] *Stones,* Ch. III, § LXVII, S. 158.

Edle Grotesken qualitativ geringeren Zuschnitts würden jene Künstler schaffen, die dem zweiten Spieltypus angehören. Nach Ruskin sind dies Menschen, die, aus welchen Gründen auch immer, keine Zeit oder Möglichkeit haben, ihre Energien, ihren Verstand, ihre künstlerischen Ausdrucksfähigkeiten in den schwierigen Formen ernsthafter Kunst zu trainieren:

> ... this leaping and dancing of heart and intellect, when they are restored to the fresh air of heaven, yet half paralysed by their captivity, and unable to turn themselves to any earnest purpose—I call necessary play.[20]

Bei solchem intellektuellen Zustand dringe der künstlerische Verstand weder zu den höchsten Formen des Schönen, noch des Erhabenen und Schrecklichen vor. In irregulären Formen spiele der Verstand mit "terror", mit Objekten, die er in anderem Gemütszustand als "true terrible grotesques" erkennen und gestalten könne. So sei der Meister der "true" oder "noble grotesque" ein seherisch begabter Künstler, der mit seiner spielerischen Gestaltung bis in die Tiefen unauflösbarer Komplexität vordringe. Eine Komponente erhabener Tragikomik solcher Kunstwerke (Beispiel Milton) wird hier angedeutet.

"Ignoble grotesque" würden dagegen von einem Künstlertyp geschaffen, der dem dritten Spieltypus angehöre. Seine Produkte versteht Ruskin im wesentlichen als Ausdrucksformen der Dekadenz. Diese Künstler seien für gewöhnlich — hier kommt eine soziologische Komponente in die Beurteilung — Menschen mit höherer Erziehung und Ausbildung, solche auch, die ökonomisch besser gestellt seien. Dem heutigen Leser assoziiert sich der im 19. Jahrhundert einflußreiche Typ des Dandy als Beispiel. Ihr Spielverständnis sei ausgeprägt, entbehre aber der sittlichen Anstrengung, sei deshalb schwächlich, sensualistisch, ja lasterhaft.

Ruskins Eigenart ist es nun wieder, daß er, abgesehen von den Spieltypen der groteske Kunst produzierenden Künstler, den

[20] *Stones*, Ch. III, § XXVII, S. 128.

Geist der "true gothic grotesque" des Nordens mit dem der "base Renaissance grotesque" des Südens kontrastiert, eine rassistisch-imperialistisch anmutende Auffassung, die heute unannehmbar erscheint. Raphaels Grotesken etwa nennt er "a tissue of nonsense . . . an unnatural and monstrous abortion",[21] wohingegen er Tintoretto und Michelangelo durchaus schätzt. Alfred Dürer stellt für ihn ein künstlerisch vom edlen zum unedlen Grotesken oszillierendes Phänomen dar, das bisweilen zu Formen des Grotesken fähig sei, die sich durch vollkommene Sublimität auszeichneten.

Ruskin schreitet dann fort in seiner Analyse der "terrible grotesque", deren Produktionen aus einer Beschäftigung künstlerischer Menschen mit der *Furcht*, und zwar verbunden mit den Hauptthemenkreisen *Sünde* und *Tod* entsprängen, und die er den drei erwähnten psychologischen Zuständen zuordnet:

A) *Predetermined or unvoluntary apathy:* Künstler in solcher Gemütsverfassung seien imstande, gleichzeitig die hellen und fröhlichen Seiten des Lebens wie auch die allem Leben unterliegende tragische Seinsschicht zu erkennen. So schlage in ihren Produktionen das Element "horror" durch, ob sie wollten oder nicht.[22]

Im Gegensatz zu solchen "true grotesques" würden "false grotesques" von solchen Künstlern produziert, die sich aus einem Zustand natürlicher Apathetik in eine künstliche Erregung hineinsteigerten. Das Ergebnis sei "absurd without being fantastic, and monstrous without being terrible".[23]

B) *Mockery, or satire:* Gegen die Schwächen der "superiors" gerichtete Satire rechnet Ruskin zu den größten Vergnügen vulgärer Gemüter, und als Wortführer einer ganzen Gruppe solcherart literarisch dem Grotesken Zugetaner sieht er Charles Dickens unter seinen Zeitgenossen.

C) *Diseased and ungoverned imaginativeness:* Ungeachtet der

[21] *Stones,* Ch. III, § XLIX, S. 143.

[22] Vgl. *Stones*, Ch. III, §§ XLVI—VII.

[23] *Stones,* Ch. III, § XXXVIII, S. 135.

negativen Terminologie sind hierin die interessantesten und profundesten Werke der "terrible grotesque" vertreten. Auf diesem Feld erschließt das Groteske sich die Regionen des Traumhaften und auch traumhaft Visionären. Einen negativen Beigeschmack erhält es bei Ruskin dadurch, daß er die im Traum abrupt, inkohärent und unkontrolliert sich abspielenden Bewußtseinsabläufe und -strukturen gegenüber der durchgeformten Verstandeskontrolle niedrig schätzt. Aber dennoch erkennt er an, daß das Groteske hier Bereiche zu erschließen vermag, die symbolischen Wert haben können und künstlerisch auf andere Art und Weise nicht gestaltbar wären. Auch in dieser Gruppe konstatiert Ruskin mannigfache graduelle Abstufungen von "noble" zu "ignoble grotesques", die von weitgehender Annäherung ans Sublime und Tragische, vor allem in Gestaltung der Todesthematik, über die unterschiedlichsten Ausformungen des Dämonischen zum bloß Häßlichen und der Fratze des Alptraums reichen.

So differenziert Ruskin das Groteske auch im Vergleich zu früheren Theorien auffächert, so zutreffend ist aber auch Hönnighausens Feststellung, daß hier durchweg eine „‚Rationalisierung' und Systematisierung des Symbolerlebnisses" vorliegt. Hinzu kommt seine Kritik aus moderner Sicht:

> Ruskins Typologien erscheinen heute als gewaltsame Versuche, die Erfahrungswelt vor dem mechanischen Determinismus zu bewahren und geistigen Ordnungen zu unterwerfen.[24]

Als Gegenfolie aller Art von "noble grotesques" sieht Ruskin ein intaktes Harmonie- und Schönheitsbild, während "ignoble grotesques" für ihn in einen verstandesmäßig nicht zu kontrollierenden und deshalb negativen Bereich abgleiten, den er, ohne dies expressis verbis auszudrücken, schon deshalb ablehnt, weil er damit Furcht vor triebhaften, insbesondere sexuellen Seiten

[24] Lothar Hönninghausen, *Präraphaeliten und Fin de Siècle. Symbolistische Tendenzen in der englischen Spätromantik* (München, 1971), S. 24, Zitat, S. 25.

des Menschen verbindet. Es mag sein, daß er hier Grenzbezirke jenes Wahnsinns verspürte, dem er dann selbst im Alter beständig ausgesetzt war.

Gegen Schluß seiner Abhandlung rätselt Ruskin über eine Problematik, die der modernen Forschung in zunehmendem Maße zu schaffen macht, nämlich eine Bestimmung der Rolle grotesker Elemente in der Kunst des Mittelalters,[25] von denen viele Wurzeln aus der modernen Groteskkunst hergeleitet werden können.

Nothing is more mysterious in the history of the human mind than the manner in which gross and ludicrous images are mingled with the most solemn subjects in the works of the Middle Ages.[26]

Er schreibt dies wenigstens teilweise einem morbiden Zustand der künstlerischen Imaginationskraft zu, ohne eine weitere überzeugende Lösung angeben zu können, aber dies vermag bisher auch die Forschung unseres Jahrhunderts nicht. Immerhin gelangen psychologische Zusammenhänge von Krankheit, Imaginationsfähigkeit und damit verbundenen objektiv verzerrten und disproportionierten künstlerischen Gestaltungsformen deutlich in sein Blickfeld, werden jedoch für heutiges Verständnis durch die stete Vermischung mit geradezu penetrant sich oktroyierenden Moralismen teilweise entwertet.

Das ausführliche Referieren von Ruskins Groteskttheorie rechtfertigt sich einmal durch den immensen Einfluß, den Ruskin auf das Geistesleben des 19. Jahrhunderts ausübte, selbst dort noch, wo heftig gegen ihn opponiert wurde; [27] zum anderen liegt hier, ungeachtet einer Terminologie, die hätte gestrafft werden

[25] Vgl. Leo Spitzer, „Rezension von Wolfgang Kayser, *Das Groteske*" (Oldenburg, 1957), in: *GGA* (1958), S. 95—110;

Rainer Lengeler, *Tragische Wirklichkeit als groteske Verfremdung bei Shakespeare* (Köln, Graz, 1964);

Willard Farnham, *The Shakespearean Grotesque* (Oxford, 1971).

[26] *Stones*, Ch. III, § LXX, S. 160.

[27] Vgl. die Biographien von Quennell (1949); D. Leon (1949); J. Evans (1954); J. D. Rosenberg, *The Darkening Glass* (1961).

können, der erste Versuch einer umfassenden, systematisch angelegten Theorie der Entstehung des Grotesken vor, der gegenüber die meisten früheren Theorien des 18. und 19. Jahrhunderts aphoristisch oder essayistisch anmuten. Der Wandel in der Ästhetik bestätigt sich dadurch, daß das Groteske nicht nur als ästhetische Kategorie ernst genommen wird, sondern auch zahlreichen seiner Erscheinungsformen selbst dann noch von Ruskin ein Platz innerhalb der Kunst zugesprochen wird, wenn er sie aus einer Mischung von moralischen, didaktischen, religiösen und an einem klassizistischen Schönheitsideal ausgerichteten Gründen ablehnt. Ein weiterer unübersehbarer Faktor zur partiellen Abwertung oder Ablehnung grotesker Kunst wird durch Komponenten psychologischer Verdrängung gebildet, wobei es zu Ruskins anerzogenem viktorianischen Ernst gehört, für das Lächerliche und Komische nur unter großen Vorbehalten Verständnis zeigen zu können.

Hervorzuheben ist Ruskins Betonung der Gleichzeitigkeit von lächerlichen und grauenerregenden Momenten in der wirkungsästhetischen Analyse grotesker Kunst. Hinzu kommen die vielfältigen graduellen Abschattierungen auf seiner Differenzierungsskala von "noble" zu "ignoble", von "sportive" zu "terrible grotesques". Daß das Groteske formale Mittel zur künstlerischen Bewältigung und Umsetzung von Erlebnissen und Strukturen des Traums in die Hand liefert, hatten Künstler in ihren Werken wohl zumindest seit dem Mittelalter realisiert. Ein theoretisches Bewußtsein hierfür bildet sich erst im Verlauf des 18. Jahrhunderts. Ruskins Bedeutung liegt abermals im Versuch einer systematischen Analyse. Auch in seiner Erkenntnis der fließenden Grenzübergänge zwischen Groteskem und Sublimem erweitert er das durch seine Vorgänger gelegte theoretische Fundament.

Im Jahre 1860, im dritten Band der *Modern Painters* und in einem Appendix des vierten Bandes, also bereits nach seiner rebellischen und emanzipatorischen Loslösung von den repressiven Einflüssen des Elternhauses und streng anglikanischem Protestantismus, nimmt Ruskin in knapper Form unter Bezug auf die *Stones of Venice* die Diskussion des Grotesken in der Kunst nochmals auf. Charakteristischerweise hat er hier einen Gutteil religiösen und weltanschaulichen Ballast von Vorurteilen abgeworfen, die ihm in den *Stones of Venice* manche rational schwer zu verteidigenden Bewertungskriterien liefern. Ruskin war im Verlauf seines Lebens oft instabil und übersensibel:

He was in different moods 'a Tory of the sternest sort', a militant socialist, a Communist. Only on one point was he perfectly clear: under no circumstances, and under no degree of pressure, did he ever intend to become a liberal.[28]

Zum Zeitpunkt der Niederschrift des Groteskkapitels in den *Modern Painters* muß er sich auf einem optimistischen Stimmungshöhepunkt befunden haben, denn im Vergleich zu den *Stones of Venice* werden hier einige geradezu visionäre und revolutionäre Ansichten geäußert. Gegenüber früher ist der Bereich positiv zu bewertender, nobler Grotesken erheblich erweitert. Positive groteske Kunst entspringt für ihn hier einer "confusion of the imagination by the presence of truths which it cannot wholly grasp".[29] Sie umschließt nun den größten Teil symbolischer und allegorischer bildender Kunst und Literatur. Ruskin schätzt jetzt gerade das spontane Moment grotesker Kunst, ihre kühne und avantgardistische Art, Dinge zu verbinden, die auf andere Weise gar nicht, nur schwer oder überaus umständlich ausgedrückt werden könnten, und er begrüßt es, daß der Leser/Betrachter darin zu aktiver geistiger Mitarbeit aufgefordert werde. Mit Leidenschaft und Optimismus plädiert er mit Beispielen aus Spensers *Faerie Queene* für die groteske Allegorie in Malerei und Dichtung:

... not only does the introduction of these imaginary beings permit greater fantasticism of *incident,* but also infinite fantasticism of *treatment* ...[30]

[28] Quennell, a. a. O., S. 26 f.
[29] *M. P.*, Ch. VIII, § 1, S. 92.
[30] *M. P.*, Ch. VIII, § 7, S. 96.

Ihm ist klargeworden, daß sich in der Moderne mit Mitteln des Grotesken neue Bereiche des künstlerisch Sagbaren erschließen lassen, "... a universe of noble dream land lies before us, yet to be conquered".[31]

Unter der in den *Stones of Venice* als "noble grotesques" definierten Kunst versteht Ruskin an dieser Stelle eine fruchtbare Kombination von Phantastik und realistischer Gestaltungsweise. Er prophezeit "... the dawn of a new era of art, in a true unison of the grotesque with the realistic power".[32] Insofern vermag er nun auch im Appendix "Modern Grotesque" zum vierten Band der *Modern Painters* alle bedeutende Karikatur als wesentliche Manifestation des Grotesken zu preisen. In der zeitgenössischen Dichtung sieht er seine Vorstellungen von moderner Groteske in bahnbrechender Weise in der Lyrik Thomas Hoods verwirklicht.[33]

Ruskin, der von Zeit zu Zeit sein Herz für die arbeitenden Klassen entdeckte und dann leidenschaftlich, wie z. B. in der in Thackerays *Cornhill Magazine* veröffentlichten Essay-Serie *Unto this Last* (1860), gegen die Ausbeutermethoden kapitalistischer Unternehmer focht, billigt in *Modern Painters* zu guter Letzt grotesker Kunst emanzipatorische und quasi demokratisierende Funktionen zu. Das Unvollkommene grotesker Kunst wird sogar für erstrebenswert gehalten; ihr werden Funktionen des 'delectare' und des 'prodesse' in Verbindung mit "a most natural manner of expression" zugebilligt,[34] und als spontane Gestaltungsweise von Menschen, die intellektuell aber auch gesellschaftlich niederen Schichten entstammen und weder über die Ausbildung noch über den Bildungshintergrund und die Muße des gehobenen Bürgertums und der Aristokratie verfügen, möchte er das Groteske gefördert und bewahrt wissen. Ähnlich

[31] *M. P.*, Ch. VIII, § 7, S. 97.
[32] *M. P.*, III, Ch. VIII, § 7, S. 97.
[33] *M. P.*, IV, Appendix I, S. 391.
Vgl. die Würdigung der modernen Karikatur S. 385—391.
[34] *M. P.*, III, Ch. VIII, § 9, S. 98.

wie Godwin glaubte Ruskin, daß eine Erziehung der Massen zum Guten und Schönen — und hierin sind die "noble grotesques" einbegriffen — zur Reform der sozialen Wirklichkeit führen würde.[35]

Ruskins Einwände gegen die "false and vicious grotesque"[36] haben sich ebenfalls verändert. Die moralischen Vorurteile sind erhalten, aber eingeschränkt worden und werden durch Analyse formaler Komponenten gestützt und verifiziert. So ist z. B. das Zusammenfügen heterogener Elemente legitim. Geschieht dies jedoch unter stilistischen Inkonsistenzen, in Vermengung unterschiedlicher Stilqualitäten, so lehnt er ein groteskes Werk ab. Man sieht, es gelingt Ruskin, ein intaktes Wertsystem und Schönheitsideal zu bewahren, ohne daß er sich durch groteske Kunst allzusehr verunsichern läßt. Die Kategorien seiner Weltorientierung werden durch das Groteske nicht erschüttert, weil er mittels vorgefaßter moralischer und kunsttheoretischer Urteile weiß, was "good" und "evil", "sportive" und "terrible", "noble" und "ignoble" ist. So vermag eine der Hauptfunktionen grotesker Kunst, das Infragestellen unterschiedlicher Wertsysteme, bei Ruskin nicht zu wirken. Der kritische Impetus des Grotesken wird ganz ins Ästhetische abgedrängt, und dort verpufft er weitgehend, weil Ruskins Grotesktheorie aus einer Theorie des Spiels abgeleitet wird, die auf einer moralisch-psychologischen Typologie von Kunstproduzenten beruht und nur wenig nach anderen als moralischen Funktionen und Wirkungen ihrer Werke fragt. Und vor allem hierin werden Ruskins Grenzen evident.

[35] Vgl. E. D. Mackerness, "The Voice of Prophecy: Carlyle and Ruskin", in: Boris Ford ed., *The Pelican Guide to English Literature*, vol. 6, *From Dickens to Hardy* (Harmondsworth, 1966), S. 307.

[36] *M. P.*, III, Ch. VIII, § 10, S. 100.

11. Karl Rosenkranz, *Ästhetik des Häßlichen* (1853) [1]

Innerhalb von nur sieben Monaten, denen allerdings lange Jahre des Materialsammelns vorausgegangen waren, schrieb Karl Rosenkranz in den Jahren 1852 auf 53 als Akt der Befreiung aus den Fesseln und dem 'Labyrinth' der Romantik seine *Ästhetik des Häßlichen*.[2] Damit erreichte eine langanhaltende Entwicklung der Kunsttheorie einen Höhepunkt und vorläufigen Abschluß. Nahezu alle moderne Ästhetik, die sich mit dem Phänomen des Häßlichen auseinandersetzt und jegliche Sexualästhetik kommt seitdem auf Rosenkranz zurück.[3] Die klassizistisch-idealistische Auffassung, daß Ästhetik allein eine Wissenschaft der „Schönen Künste" sei, erhält durch das Werk Rosenkranz' einen vernichtenden Schlag versetzt. Die ästhetische Grenzüberschreitung, welche Rosenkranz betrieb, konnte nicht mehr rückgängig gemacht werden, ob das eroberte Neuland den Kunstkritikern nun gefiel oder nicht. Rosenkranz hatte 1833 den Kantschen Lehrstuhl für Philosophie in Königsberg übernommen; er stand unter starkem Einfluß von Philosophen und Theologen wie Daub, Diderot, Schleiermacher, Kant, Schelling und insbesondere Hegel. Die Familie des letzteren erteilt ihm 1839 den Auftrag für die offizielle Biographie Hegels, und so nimmt es nicht wunder, daß er die Thematik des Häßlichen, die er in Hegels Ästhetik nur unzureichend erörtert glaubt, erneut aufrollt und systematisch abhandelt. In das Umfeld des Häßlichen gehört seit dem 18. Jahrhundert auch theoretisch das Groteske, nachdem es in bildender Kunst und Literatur bereits seit Antike und Mittelalter fest mit dem Häßlichen verbunden

[1] Text: Karl Rosenkranz, *Ästhetik des Häßlichen* (Königsberg, 1853), reprogr. Nachdruck (Darmstadt, 1974), mit einem Vorwort zum Neudruck von Wolfhart Henckmann.

[2] Vgl. Henckmann, a. a. O., S. V.

[3] Vgl. Peter Gorsen, *Sexualästhetik. Zur bürgerlichen Rezeption von Obszönität und Pornographie* (Reinbek, 1972), S. 10 und Peter Gorsen, *Das Prinzip Obszön. Kunst, Pornographie und Gesellschaft* (Reinbek, 1969), S. 23—25.

war. Zu diesem Umfeld zählt von jeher auch das Komische. Schon 1837 findet sich in Rosenkranz' Briefwechsel mit Varnhagen ein Hinweis auf diesen Problemkreis:

Ich bin im Besitz einer Entwicklung, die so streng dialektisch ist, daß ich selbst darüber verwundert bin. Das ist eine Entwicklung des Häßlichen und Komischen, wo ich den Begriff der Karikatur als den Übergang vom Häßlichen zum Komischen stringent nachgewiesen habe.[4]

Als Biograph Diderots, Goethes und Hegels, als leidenschaftlich in die philosophischen und literarischen Positionskämpfe seiner Zeit verstrickter Autor, war Rosenkranz von Jugend auf mit den häßlichen, grotesken und komischen Erscheinungsformen gerade der Romantik vertraut. Und so gerät seine *Ästhetik des Häßlichen* weniger zu einem im Hegelschen Sinne prozeßhaft dialektisch sich ständig weiterentwickelnden Werk als vielmehr zu einer deskriptiven Bestandsaufnahme im Sinne einer abstrakten Dialektik, der sich auch noch das Häßliche sauber in vielfältige Symmetrien gliedert. Ihm entfaltet sich gleichsam „ein Linnesches System des Häßlichen",[5] das nach den Gesetzen der Logik begrifflich verfeinert in einer Vielzahl von Erscheinungsfeldern kartographiert, dinghaft gemacht und damit auch gebannt werden kann.

All das bizarre, verrufene, fratzenhafte, schauerliche, groteske, diabolische und obszöne Gelichter, das in der Romantik, aber auch schon in den frühen, klassischen Zeiten der Antike und auch wieder nach Goethes Tod heraufbeschworen worden war, gibt sich in der *Ästhetik des Häßlichen* ein Stelldichein — freilich gebannt vom Anti-Zauberstab der Philosophie, dem Rosenkranz die Befreiung aus den Irrgärten der Romantik verdankte.[6]

Die Einheit des philosphischen Systems wahrt Rosenkranz, indem er das Häßliche als das Gegenteil des Schönen begreift, als seine Negation, die begrifflich an das Schöne gebunden bleibt,

[4] Zitiert bei Henckmann, a. a. O., S. X.
[5] Henckmann, a. a. O., S. XVII.
[6] Henckmann, a. a. O., S. XI.

aus dem Schönen als dessen Selbstvernichtung hervorgeht und prinzipiell wieder in das Schöne zurückgeführt werden kann.[7] Das Komische nimmt somit eine Mittelstellung zwischen Häßlichem und Schönem ein.

In einem Aufriß zu seinem philosophischen Hauptwerk, dem *System der Wissenschaft* (1850), hatte Rosenkranz das Groteske noch ganz dem Komischen untergeordnet, wo es mit dem „Launigsten", „Drolligsten", „Burlesken" und „Barocken" unter dem Oberbegriff des „Scherzhaften" firmiert, während dort die Karikatur als Unterkategorie des Häßlichen erscheint, in der das Häßliche durch Selbstübertreibung lächerlich werde.[8]

In der *Ästhetik des Häßlichen* haben sich diese Positionen zwar nicht grundlegend, aber doch erwähnenswert, verschoben. Das Groteske rangiert nun unter dem Oberbegriff „Die Defiguration oder die Verbildung" im Bereich des 'Niedrigen', subsummierbar unter „das Zufällige und Willkürliche". Damit wird es einerseits in der Tat dialektischer gefaßt, indem es mit dem Komischen wie mit dem Häßlichen in engere Verbindung tritt, andererseits fällt Rosenkranz wie die meisten anderen Theoretiker des mittleren und späten 19. Jahrhunderts auf bereits lange vor Hegel eingenommene Positionen zurück. Er nimmt, zwar begrifflich differenziert und mit zahlreichen Beispielen, aber inhaltlich weniger vielschichtig, jene Haltung des 18. Jahrhunderts wieder auf, die das Groteske noch einseitig mit dem Niedrig-Komischen assoziiert und insgesamt auf den niederen Stil festlegt. Rosenkranz betont die Verwandtschaft von „Barockem", „Bizarrem" und „Groteskem", wobei das Groteske von den beiden erstgenannten Kategorien durch „individuelle Paradoxie" verschieden sei, aber ebenso wie diese Kategorie in „das Burleske", „die parodische Üppigkeit der Willkür" hinüberwechseln könne und somit häufig zum Wesensmerkmal der Karikatur werde.[9] Man sieht, die Dimensionen des Sublimen,

7 Rosenkranz, a. a. O., S. 7.

8 Vgl. Henckmann, a. a. O., S. XV.

9 Vgl. Rosenkranz, a. a. O., S. 216—225.

Abgründigen, Bedrohlichen fehlen seinem Groteskbegriff, zumindest werden sie weit zurückgedrängt, brechen höchstens in Sonderfällen wie „die Frazze, das Extrem der Caricatur" aus ihrer Einhegung hervor. In Posse, komischer Oper und komischem Roman findet Rosenkranz seinen Groteskbegriff bestätigt, und als Beispiele nennt er mannigfache Übergänge und Begriffsverschmelzungen in den Werken von „Cramer, Jean Paul und Tieck bei uns, Smollet und Sterne bei den Briten, Scarron und Paul de Kock unter den Franzosen".[10] Die Ästhetik des Häßlichen, und hierin liegt die Bedeutung Rosenkranz', ist nunmehr philosophisch legitimiert, und ihr künstlerisch fruchtbares Wechselverhältnis mit der Ästhetik des Schönen wird anerkannt.

Rosenkranz' phänomenologisch deskriptive Bestandsaufnahme des Häßlichen, seiner Erscheinungsformen, Mischformen und Überschneidungen rückt ihn in die Nähe des Positivismus, und von daher läßt sich auch sein Einfluß im angloamerikanischen Raum erklären. Nur wenige Jahre später sammelt Thomas Wright die Ausprägungen des Grotesken und der Karikatur nach Prinzipien, die denen Rosenkranz' sehr nahekommen, wenn sie auch nicht so systematisch voneinander abgegrenzt sind und Wright es ablehnt, "the philosophy of the subject" zu diskutieren.[11] Auf dem Gebiet der Karikatur sind ihre Standpunkte fast identisch:

> Der Standpunkt der Kunst für ihre Schöpfung die Caricatur ist mithin der satirische. Alle Begriffe, welche dem der Satire gehören, gehören folglich auch der Caricatur.[12]

Bei Walter Bagehot (1864) sind das Groteske und das Häßliche besonders eng verbunden,[13] während John Addington

[10] Rosenkranz, a. a. O., S. 225.

[11] Vgl. Thomas Wright, *A History of Caricature and Grotesque in Literature and Art* (London, 1865) S. 1 und *passim*; vgl. auch den folgenden Abschnitt über Wright.

[12] Rosenkranz, a. a. O., S. 394.

[13] Walter Bagehot, "Wordsworth, Tennyson and Browning: or,

Symonds (1890) in aller grotesker Kunst auch Karikatur präsent sieht.[14] Noch 1907 bezieht sich Lily Bess Campbell in ihrer Arbeit über das Groteske bei Robert Browning auf Rosenkranz als einen der Wegbereiter wissenschaftlicher Methodik bei der Interpretation literarischer Werke,[15] und in germanistischen Arbeiten zum Grotesken ist das Echo seiner Ästhetik bis weit in die 30er Jahre wahrnehmbar.[16] Man darf allerdings auch nicht übersehen, daß das Groteske selbst innerhalb des Rosenkranzschen Begriffsgebäudes nur einen Stein unter vielen bildet.

12. Thomas Wright, *A History of Caricature and Grotesque in Literature and Art* (1865) [1]

Ein knappes Jahrhundert nach Carl Friedrich Flögel tritt mit dem Archäologen, Historiker und Literaturkritiker Thomas Wright der erste englische Geschichtsschreiber des Grotesken auf den Plan, und gemessen sowohl an Flögel wie auch an der Theorie oder den ersten Einzeluntersuchungen des Grotesken nach Flögel enttäuscht Wrights umfangreiches Buch fast auf der gan-

Pure, Ornate and Grotesque Art in English Poetry" (1864), in: *Literary Studies,* vol. II (London, 1895), bes. S. 374.

[14] John Addington Symonds, "Caricature, the Fantastic, the Grotesque", in *Essays Speculative and Suggestive* 1890 (London, ³1907), S. 51.

[15] Lily Bess Campbell, *The Grotesque in the Poetry of Robert Browning* (Austin, 1907), S. 8.

[16] Vgl. z. B. Robert Petsch, „Das Groteske", *Blätter für Deutsche Philosophie,* Bd. 7 (Berlin, 1933/34), S. 392—404.

[1] Text: Thomas Wright, *A History of Caricature and Grotesque in Literature and Art* (London, 1865). 1867 bereits erschien eine französische Übersetzung, 1875 eine zweite englische Auflage, 1968 (New York) ein Reprint der Ausgabe von 1865 mit einer ausführlichen Einleitung von Frances K. Barasch, "Introduction: The Meaning of the Grotesque", einer Vorstudie zu Baraschs Buch *The Grotesque: A Study in Meanings* (The Hague, Paris, 1971).

zen Linie. Immerhin hatten in England vor Wright bereits Scott und Ruskin profunde Einsichten zum Grotesken zu Papier gebracht. Wright aber ist stolz darauf, ein eigenständiges Buch und nicht "a mere compilation from other people's labours" geschrieben zu haben,[2] und er nennt auch mit wenigen Ausnahmen keine Quellen seiner Forschung. Im Unterschied zu Flögel, der, wenn auch oft umständlich und noch unausgegoren, zahlreiche Versuche zur Begriffsbestimmung und definitorischen Erläuterung des Grotesken macht, läßt Wright sich auf Theoriediskussion oder Definitionsproblematik gar nicht erst ein:

I design only to trace the history of its outward development the various forms it has assumed, and its social influence.[3]

Zu erwarten ist demnach eine früh-positivistische, deskriptive Arbeit mit kunstsoziologischem Einschlag. Während Flögel sich mit Fortschreiten seiner Niederschriften immer tiefer im Dickicht seines gigantischen Zettelkastens verliert, aus dessen Unterholz er nach nur schwer feststellbaren Selektionsprinzipien immer noch eine und noch eine weitere Anekdote zutage fördert, beschränkt sich Wright im wesentlichen auf die deskriptive Erläuterung einzelner Werke, manchmal auch Gattungsrichtungen aus Literatur und bildenden Künsten, meist ohne oder höchstens mit knappen kritischen Analysen, bisweilen unter Einschub biographischer Details oder der Herstellung von Querverbindungen zwischen Werk und historisch-gesellschaftlicher Situation. Wenn Wright auch die "philosophy of the subject" bewußt ausklammert,[4] so kann man sein Groteskverständnis dennoch aus dem Werk deduzieren. Schon Clayborough bemerkt, daß im letzten Drittel des 19. Jahrhunderts die romantisch-numinöse und transzendentale Sicht des Grotesken an Boden verloren habe und dafür eine neue Groteskauffassung Terrain gewinne, die das Groteske nun zusätzlich auch nicht als Darstellung von Realität oder als Zurückweisung realistischer Dar-

[2] Wright, a. a. O., S. LXVIII.
[3] Wright, a. a. O., S. 1.
[4] Wright, ebda.

stellungsprinzipien begreife, sondern als "fantasy with a practical aspect—parody, burlesque, mockery, satire".[5]

Dies sind nun Positionen, die das frühe 18. Jahrhundert längst eingenommen hatte, nur wurden sie dort durch die Aspekte des Närrischen, Komischen, Dämonischen, Grausigen, Monströsen vertieft und mit abgrenzbarem Inhalt versehen. Bei Wright dagegen laufen Karikatur und Groteske Gefahr, sich in allumfassender Konturenlosigkeit zu verlieren. "He is anxious, however, to make the terms caricature and the grotesque as nearly synonymous as possible",[6] wobei er vermutlich besser gefahren wäre, wenn er wenigstens die Karikatur der Groteske untergeordnet hätte und nicht umgekehrt vorgegangen wäre. Sein Karikaturbegriff aber verliert streckenweise selbst alle Konnotationen des Komischen, Lächerlichen und Humorvollen und weitet sich zur Bezeichnung jeglicher übertriebenen und disproportionierten Darstellung. So ist er dann mitunter nicht mehr weit von der Gleichung Groteske = Karikatur = Kunst entfernt, ohne zu realisieren, daß dies denn doch eine Ungleichung wäre.

In fact, art itself, in its earliest forms, is caricature; for it is only by that exaggeration of features which belongs to caricature, that unskilful draughtsmen could make themselves understood.[7]

Ebenso wie Flögel will auch Wright eine Geschichte des Komischen schreiben, ebenso wie Flögel sieht Wright, daß man zum Verständnis mittelalterlicher Kunst auf die Antike rekurrieren muß, und so schlägt er den Bogen von den Ägyptern über Griechen und Römer bis hin zum späten 18. Jahrhundert. Im Unterschied zu Flögel aber gilt sein Hauptaugenmerk eigentlich nicht der Literatur, sondern den bildenden Künsten Plastik, Malerei, Karikatur und zwar um so ausdrücklicher, je mehr er sich der Gegenwart nähert.

[5] Arthur Clayborough, *The Grotesque in English Literature* (Oxford, [2]1967), S. 49—51, Zitat S. 49.

[6] Clayborough, a. a. O., S. 50—51.

[7] Wright, a. a. O., S. 2.

Wrights simplifizierte Wiederaufnahme von Positionen der englischen und deutschen Kunstdebatte des 18. Jahrhunderts zeugt von insularem Phasenverzug und im Verlauf des 19. Jahrhunderts absinkendem Theorieverständnis in der analytischen Deutung des Grotesken und der Karikatur.

Weit moderner dagegen ist Wrights Geschichtsbegriff, wenn er von der Kenntnis der kollektiven Signifikanz mittelalterlicher Werke ausgehend dialektisch Literatur und Geschichtsprozeß miteinander in Verbindung setzt:

> To trace all these variations in literature connected with society, to describe the influences of society upon literature and of literature upon society, during the progress of the latter, appears to me to be the true meaning of the word history, and it is in this sense that I take it.[8]

Spricht man die spezielle Fragestellung vom Grotesken in der englischen Literatur an, so ist in Wrights Buch kaum eine Erkenntnis zu entdecken, die nicht von anderen schon früher und besser gewonnen worden ist. Von einigem Interesse sind seine Ausführungen zur Komödie, wo er Werke wie *Ralph Roister Doister* und *Gammer Gurton's Needle* als unvollkommene Vorstufen charakterisiert, der Komödie die Hauptaufgabe karikierender Gesellschaftsdarstellung zuweist, die allerdings auch Mittel und Wege zur Besserung menschlicher Schwächen und Laster aufzeigen müsse. Ben Jonson wird dann zum echten Vater der englischen Komödie ernannt, denn "the genius of Shakespeare was far too exquisitely poetical to qualify him for a task like this ..."[9]

In seiner Darstellung der *Restoration Comedy* ist die Verknüpfung von deskriptiver literarischer und gesellschaftlicher Analyse verhältnismäßig gelungen, Spezifika des Grotesken und der Karikatur in diesem Genre muß der Leser sich jedoch selbst erschließen. Wright geht dann auf die Wortgeschichte von

[8] Wright, a. a. O., S. LXVII.

[9] Wright, a. a. O., S. 375.

“caricature” und die Entwicklung der englischen Karikatur ein, wobei sich herausstellt, daß er mit der italienischen und der übrigen kontinentalen Vorgeschichte nur in Bruchstücken vertraut ist. Die englische Karikatur läßt er mit der berühmt-berüchtigten *South Sea Bubble* von 1720 beginnen, in welcher viele Leute, unter ihnen auch John Gay, ihr Vermögen verspekulierten, was zahlreichen Karikaturisten Anlaß für sozialsatirische “prints” gab.

Sein Hogarth-Kapitel stellt Wright überwiegend auf die *Analysis of Beauty* und die dadurch hervorgerufenen jahrelangen karikaturistischen Attacken von Hogarths “fellow artists” ab. Die Analyse Hogarthischer Kunst mutet angesichts des Erscheinungsdatums von Wrights Buch recht trivial an; auf die Verbindungen von literarischer und zeichnerischer Groteske und Karikatur, z. B. auf Hogarths Freundschaftsverhältnis zu Fielding und ihre gegenseitige Beeinflussung, geht Wright nicht ein.

Er zeichnet die Geschichte der englischen Karikatur, vornehmlich der politischen, unter Einbeziehung zweitrangiger Künstler wie Sandbys und Bunburys von Hogarth über Rowlandson bis zu Gillray sowie Vater und Sohn Cruikshank. Von bleibendem Wert ist dabei seine Sammlung von Illustrationen. Mit dem Lob George Cruikshanks und einer zutreffenden Würdigung seiner Verdienste um die englische Karikatur schließt Wrights Buch, das verglichen mit Flögels historischen Werken zur komischen, burlesken und grotesken Literatur zwar übersichtlicher, aber auch wesentlich weniger originell und aufschlußreich ist. Dem analytischen Scharfsinn Ruskins, vor allem aber Rosenkranz’, für die psychologische, kulturgeschichtliche und ästhetische Interpretation hat Wright nichts Gleichwertiges entgegenzusetzen. Und wenn ein Vierteljahrhundert später mit Heinrich Schneegans ein dritter Historiker des Grotesken, freilich unter begrenzter Aufgabenstellung, erscheint, dann hat bei ihm die in der Zwischenzeit verwissenschaftlichte Beschäftigung mit dem Grotesken in Kunst und Literatur zu einem wesentlich veränderten Analyseinstrumentarium geführt.

III. GROTESKFORSCHUNG UND GROTESKTHEORIE VOM SPÄTEN 19. JAHRHUNDERT BIS ZU WOLFGANG KAYSER

Das späte 18. und frühe 19. Jahrhundert können in bezug auf das Groteske als die Zeiten philosophisch-spekulativer, essayistischer und dichterisch-intuitiver Theorien bezeichnet werden, die innerhalb eines allgemeinen Umbruchs der Ästhetik auch nach einer Neubestimmung des Grotesken suchen. Auf dem Kontinent wie in England greift diese Debatte in eine Kunstdiskussion ein, welche Ästhetik nicht mehr ausschließlich als eine Lehre vom Kunstschönen versteht, sondern das Sublime und schließlich auch das Häßliche mit einbezieht. Diese Entwicklung gipfelt in Rosenkranz' *Ästhetik des Häßlichen* (1853). Das letzte Drittel des 19. Jahrhunderts zeigt geringere Originalität und Komplexität in den theoretischen Ansätzen zum Grotesken, das einerseits verharmlost, andrerseits unter dem systematisierend-wissenschaftstheoretischen Zugriff von Philosophen in Einzelbestandteile aufgesplittert wird. Die Aspekte der Karikatur und des Niedrig-Komischen erlangen in der theoretischen Diskussion die Oberhand, wie schon um die Mitte des 18. Jahrhunderts, wobei dem Grotesken der Charakter des Dämonischen weitgehend genommen wird. Die aktuelle literarische Szene, vor allem um die Jahrhundertmitte, man denke an Namen wie Poe, Dickens, Carroll oder Lear, ist im Vergleich dazu wesentlich vielschichtiger.

Mit dem Aufkommen der neuphilologischen Universitätsdisziplinen, die überwiegend Nationalliteraturen betrachten, verlieren allmählich die Essayisten, Philosophen und Kunstkritiker ihren dominierenden Einfluß auf die Groteskdiskussion. Fragestellungen werden wissenschaftlicheren Methoden unterworfen; es werden zunehmend Fakten und Einzelwerke analysiert, und es wird weniger allgemeine Kunsttheorie auf spekulativer Basis getrieben. Kurz, auch die Groteskforschung folgt der Wissenschaftsentwicklung hin zu Spezialisierung und Detailanalyse. So erreichen literaturwissenschaftliche Arbeiten zum Grotesken bei einzelnen Autoren im 20. Jahrhundert bald methodisch und in den sachlich nachprüfbaren Ergebnissen ein Niveau, hinter dem die Ergebnisse des 19. Jahrhunderts zurückstehen. Dafür mangelt es dann modernen Arbeiten häufig an jener Spontaneität und Kühnheit, welche die Entwürfe eines Jean Paul, Victor Hugo oder auch noch John Ruskins auszeichnen.

Die Groteskforschung wird in der ersten Hälfte des 20. Jahrhunderts eine Domäne der Germanistik, der gegenüber es dem Forschungsertrag in der Anglistik, zieht man die Fülle untersuchungswerter Autoren und Werke heran, an Breite und Tiefe fehlt.

1. John Addington Symonds, "Caricature, the Fantastic, the Grotesque" (1890)

Als vorzüglicher Kenner der italienischen Renaissance, als Übersetzer Gozzis, Cellinis und Michelangelos scheint John Addington Symonds [1] wie kein anderer geeignet, die Argumente der Groteskdiskussion am Ausgang des 19. Jahrhunderts unter solider historischer Perspektive zu bündeln und die theoretische Diskussion um die Interdependenzen von Karikatur und Groteske nach den diesbezüglich wenig ergiebigen Materialsammlungen Thomas Wrights erneut voranbringen zu können. Seit Beginn der intensiveren Beschäftigung mit dem Grotesken zu Zeiten Mösers war die Frage nach dem Verwandtschaftsverhältnis von Karikatur, Phantastik und Groteske immer wieder auf-

[1] Text: John Addington Symonds, "Caricature, the Fantastic, the Grotesque", in: *Essays Speculative and Suggestive* (London, 1890), S. 240—255.

geworfen, ihre Abgrenzung voneinander wie ihre gegenseitige Durchdringung und Überlagerung von unterschiedlichen Standpunkten her erörtert worden.

Symonds setzt mit einer etymologisch abgestützten, neutralen Definition der Karikatur ein:

Caricature is a distinct species of characterisation, in which the salient features of a person or an object have been emphasized with the view of rendering them ridiculous.[2]

Die Waffe der Karikatur sei die lächerlich machende Übertreibung von Defekten körperlicher oder moralischer Natur, wobei die insistierende Überzeichnung der Wahrheit die nachhaltigste Wirkung erziele. Dennoch sei Karikatur nicht mit Satire identisch, da "the bitterest satire hits its mark by no exaggeration, but by indignant and unmerciful exposure of ignobility".[3] Hier werden bereits erste Widersprüche gegen die Positionen Wrights sichtbar, die sich dann bei der Definition des Grotesken verstärken.[4] Wesentlich für Symonds Standpunkt ist die Einstufung der Karikatur als idealistische Kunst.

Als Gegenpol zur Karikatur wird dann aber zunächst das Phantastische definiert:

The fantastic need have no element of caricature. ... What we call fantastic in art results from an experience of the capricious fancy, playing with things which it combines into arbitrary nonexistent forms.[5]

Hieraus zieht Symonds den Schluß, das Phantastische sei "the least realistic of all artistic species".[6]

[2] Symonds, a. a. O., S. 240.

[3] Symonds, a. a. O., S. 241—42.

[4] Wright setzt Karikatur und Groteske weitgehend gleich, Symonds erblickt in der Groteske zwar ein karikaturistisches Moment ("humour" und "mockery"), rechnet sie aber grundsätzlich dem Phantastischen zu. Vgl. auch den Abschnitt über Thomas Wright.

[5] Symonds, a. a. O., S. 242.

[6] Symonds, a. a. O., S. 243.

Das Groteske nun bestimmt er als Unterabteilung des Phantastischen:

Its specific difference lies in the fact that an element of caricature, whether deliberately intended or imported by the craftsman's spontaneity of humour, forms an ingredient in the thing produced.[7]

Einzelne Völker und Epochen zeigten Vorlieben für das Groteske, während es in anderen ganz fehle. In einer — allerdings nicht rassistisch gefärbten — Variation Ruskinschen Gedankenguts werden die teutonischen Völker Mittel- und Nordeuropas zu Gralshütern des Grotesken ernannt, weil es ihnen, im Gegensatz zu den Völkern des Mittelmeerraums, gegeben sei, phantastische Kunst mit spezifisch karikaturistischem Humor auszustatten, was bei den Kulturvölkern der Antike nur in wenigen Ausnahmen — Aristophanes — anzutreffen sei. Symonds warnt auch davor, Kunst fremder Kulturkreise, die europäischem Verständnis grotesk erscheine — Hindus, Chinesen, Japaner, Azteken —, so ohne weiteres dem Grotesken zuzuordnen, da es nahezu unmöglich sei, zu entscheiden, was daran religiöse Symbolik oder einfach unzureichendes Wissen auf seiten europäischer Betrachter sei. Das Groteske wird von Symonds als Zwischenphänomen zwischen Karikatur und Phantastik begriffen, das Anteil an beiden hat.

An seine Bestimmung des Grotesken schließt Symonds die seit Rosenkranz nach Erörterung dringende und gerade auch für die englische Literatur und Karikatur vielversprechende Diskussion der Rolle des Obszönen innerhalb der Kunst an.

Closely allied to caricature and the grotesque we find obscenity. This indeed has generally entered into both. ... Indecency is ... a powerful resource for satirical caricaturists.[8]

Ungleich Rosenkranz verstellen ihm leider gesellschaftliche Tabus und die Scheuklappen viktorianischen Dekorums jegliche

[7] Symonds, a. a .O., S. 245.

[8] Symonds, a. a. O., S. 248.

Aussicht, die Bedeutung des Obszönen literaturwissenschaftlich, kultur- und kunstkritisch in seiner 'Anstößigkeit' wissenschaftlich positiv würdigen zu können.

Statt den Rang des Obszönen innerhalb von Karikatur und Groteske zu analysieren, erschöpft Symonds sich in langatmiger moralischer Rechtfertigung, warum er die Beschäftigung mit einem solchen Gegenstand überhaupt ernsthaft betreibe. So sieht er denn in vollkommener Apotheose viktorianischer Prüderie zwar eine Bindung der allgemeinen Auffassung vom Obszönen an den jeweiligen Zustand der Gesellschaft, meint aber, daß z. B. die englische Gesellschaft seit den Zeiten der Elisabethaner sich von einer rohen und naiven Verfassung ständig sittlich weiterentwickelt habe, was er glaubt in die Zukunft linear fortschreiben zu können. Mit Shelley versteht er das Obszöne als Verbrechen gegen die geistige Natur des Menschen. Als Repräsentant "of what is animal in man" [9] bedeutet ihm das Obszöne eine Verletzung gesellschaftlichen Dekorums in örtlicher und zeitlicher Hinsicht. Letzteres trifft zweifellos zu, die Schlüsse, die Symonds daraus zieht, daß nämlich Sitten und Moral sich ständig weiter verfeinern und damit das Obszöne immer stärker tabuisieren würden, sind durch die gesellschaftliche Entwicklung gründlich widerlegt worden. Behauptungen wie "Indecency has always been extruded from the temples of art and relegated to slums and dubious places in its precincts" [10] können bei einem Kenner antiker, mittelalterlicher und der Renaissancekultur nur überraschen. Symonds befindet sich in Übereinstimmung mit dem "mainstream" viktorianischer Moralauffassung, wenn er konstatiert:

> There are acts necessary to the preservation of the species, functions important in the economy of man; but these, by a tacit consensus of opinion, we refuse to talk about, and these therefore we are unwilling to see reflected in art's spiritual looking-glass.[11]

[9] Symonds, a. a. O., S. 249.

[10] Symonds, a. a. O., S. 248.

[11] Symonds, a. a. O., S. 250.

Daß eine derartig verkrampfte und repressive Moralauffassung auch in Belangen der Kunst jene Subkultur der "other Viktorians" vom Schlage des *My Secret Life* geradezu hervorrufen mußte, liegt auf der Hand. Was die Verbindung von Obszönem zu Karikatur und Groteske angeht, so zeigt sich bei Symonds ebenso wie kurz darauf bei Santayana, daß die Ästhetik des Häßlichen aus den Vorurteilen bürgerlicher Moral heraus nicht zur Kenntnis genommen oder aus der Kunst eskamotiert wird.[12] Der Oberflächenschein heiler, viktorianischer Welt übersieht geflissentlich den kritischen Stachel von Karikatur und Groteske.

> ... the answer, I think, must be that civilisation only accepts art under the condition of its making for the nobler tendencies of human nature.[13]

Symonds ist vor allem von Clayborough seiner unscharfen Begriffsbildung und arbiträren Zuordnungskriterien wegen angegriffen worden. Karikatur und Phantastik sind bei ihm sich ausschließende Gegenpole, aber beide vertreten nichtrealistische Kunst. Das Groteske als Seitenzweig der Phantastik integriert dann wieder die Karikatur unter Einbeziehung von Humor und einem "spirit of mockery". Die langen Beispielketten von Aufzählungen literarischer Werke und Figuren beweisen, daß die begriffliche Trennung so keineswegs greift. Shakespeares Caliban, Miltons Death und Goethes Mephisto z. B. klassifiziert er als phantastisch aber nicht grotesk, keltische und germanische Sagenfiguren, Zwerge, Meerjungfern, Puck und Robin Good-

[12] Neben Rosenkranz' *Ästhetik des Häßlichen* brachen in Deutschland vor allem die Werke Eduard Fuchs', *Die Karikatur der europäischen Völker* (1901—1903); *Geschichte der erotischen Kunst* (1908); *Die großen Meister der Erotik* (1930) Lanzen für eine vorurteilsfreiere Beschäftigung mit dem Erotischen aber auch dem Obszönen in der Kunst. Vgl. auch Peter Gorsen, *Das Prinzip Obszön* (Reinbeck, 1969) und *Sexualästhetik. Zur bürgerlichen Rezeption von Obszönität und Pornographie* (Reinbeck, 1972).

[13] Symonds, a. a. O., S. 250.

fellow als grotesk und phantastisch, Proteus und die Cyclopen als häßlich phantastisch aber nicht grotesk.

An seinen Unterscheidungskriterien hängend, kommt Symonds unter Mißachtung der Etymologie des Wortes 'grotesk', derer er sich implizit bewußt ist, auch dazu, "... arabesques devised by old Italian painters—frescoed patterns upon walls and ceilings" lediglich "graceful" zu nennen und vom Grotesken auszuschließen.[14] Eine solche ahistorische Betrachtungsweise, die dem viktorianischen Historiker, Kritiker und Dichter kein gutes Zeugnis ausstellt, zeigt auch seine Klassifizierung der Karikatur als idealistischer Kunst. Das dahinterstehende Problem ist wohl das älteste der Karikaturtheorie, wurde aber schon in den Schriften der italienischen Theoretiker Carracci, Bellori und Baldinucci im Sinne des humanistischen Platonismus dahingehend gelöst, daß in der Karikatur trotz Verzerrung in der Übertreibung das wahre Wesen des Menschen zum Vorschein komme,[15] daß also realistische Darstellungsintention und klassisch-idealistische Überhöhung hier ein Bündnis eingehen. So schreibt Annibale Carracci in seinem Abriß der Karikatur:

Is it not the caricaturist's task exactly the same as the classical artist's? Both see the lasting truth beneath the surface of mere outward appearance. Both try to help nature accomplish its plan. The one may strive to visualize the perfect form and to realize it in his work, the other to grasp the perfect deformity, and thus reveal the very essence of personality. A good caricature, like every work of art, is more true to life than reality itself.[16]

[14] Symonds, a. a. O., S. 242—43.

[15] Vgl. Christian W. Thomsen, *Das Groteske im englischen Roman des 18. Jahrhunderts* (Darmstadt, 1974), S. 103—112; zur Tradition der Karikatur vgl. Francis Donald Klingender, *Hogarth and English Caricature* (London, 1944); G. H. Gombrich und Ernst Kris, *Caricature* (London, 1940); Werner Hofmann, *Die Karikatur von Leonardo bis Picasso* (Wien, 1956); Frederik Antal, *Hogarth and His Place in European Art* (London, 1962).

[16] Zitiert bei Gombrich und Kris, a. a. O., S. 11—12.

Der Streit, ob Karikatur eine realistische oder idealistische Kunstform sei, entpuppt sich so von Anfang an als müßig, denn unbestreitbar ist wohl, daß Karikatur mit Mitteln der Übertreibung auf Mißstände in der Realität reagiert.

Symonds Gedanken zur Karikatur, dem Phantastischen und Grotesken haben höchstens im psychologischen Ansatz über den Ursprung des Phantastischen der Diskussion neue Akzente verliehen.

> The artist while giving birth to such fantastic creatures of imagination resembles a deeply-stirred and dreaming man, whose brain projects impossible shapes to symbolise the perturbations of his spirit.[17]

Damit fügt Symonds sich in den Chor jener ein, die gegen Ende des 19. Jahrhunderts immer deutlicher nach kunstpsychologischen Analysen gerade grotesker Werke rufen.[18] Im übrigen jedoch enttäuscht Symonds Essay die Erwartungen, die man ihm aufgrund der Vorkenntnisse seines Verfassers entgegenbringen könnte.

2. Heinrich Schneegans, *Geschichte der Grotesken Satire* (1894)[1]

Mit Schneegans fängt eigentlich erst die im modernen Sinne literaturwissenschaftliche Beschäftigung mit dem Grotesken an. Er ist nach Flögel und Wright, den Flögel-Bearbeiter Ebeling[2]

[17] Symonds, a. a. O., S. 243.

[18] Vgl. die Abschnitte über Hegel, Rosenkranz, Schneegans.

[1] Text: Heinrich Schneegans, *Geschichte der Grotesken Satire* (Straßburg, 1894), neu bearbeitet und hrsg. von Max Bauer (München, 1914).

[2] Der Dresdner Archivar Friedrich W. Ebeling hatte Flögels *Geschichte des Groteskekomischen* von 1788 in einer in Leipzig 1862 erschienenen Ausgabe bearbeitet und sich dabei sittlich weidlich entrüstet, was zu einer Ausmerzung zahlreicher ihm anstößiger Stellen führte.

kann man außer acht lassen, der dritte Historiker des Grotesken. Im Gegensatz zum nahezu enzyklopädischen Anspruch seiner beiden Vorgänger geht Schneegans' Arbeit von einer klar abgegrenzten, gattungsgeschichtlichen Fragestellung aus. Sie ist aus einer Preisaufgabe der Universität Straßburg zum grotesken Stil bei Rabelais und Fischart erwachsen, versucht die allmähliche Entwicklung dieser Gattung aus dem Mittelalter heraus über die Blütezeit in der Renaissance bis zu Nachwehen in den verschiedenen europäischen Nationalliteraturen des 18. Jahrhunderts nachzuzeichnen, wobei das Hauptgewicht eindeutig auf der Renaissance liegt, deren Ausprägung eines spezifischen Groteskstils auch die übrige Sehweise des Verfassers bestimmt.

Gründlicher als alle vorherigen Historiker, Theoretiker oder essayistischen Bearbeiter von Fragestellungen zum Grotesken, hat Schneegans die diesbezügliche Literatur aufgearbeitet und sich insbesondere auch jener Ästhetiker des 19. Jahrhunderts angenommen, die das Groteske im Rahmen ihrer ästhetischen Schriften behandeln, für unsere Problematik jedoch von nachrangiger Bedeutung sind, da sie weder grundlegend neue Gedanken zum Grotesken entwickeln, noch zum anglistischen Aspekt beitragen. Es sind dies: Vischer, Hartmann, Köstlin, Bolitz, Eberhard und Krause,[3] die alle das Groteske mit dem Phantastischen und bei gewissen Schattierungen untereinander mit dem Komischen der äußeren Gestalt in Zusammenhang bringen. Auch sie legen mithin davon Zeugnis ab, wie unter dem systematisierenden Zugriff von Philosophen die Komplexität einer ästhetischen Kategorie wie des Grotesken verlorengeht, in ihre

[3] Über Fr. Th. Vischer, *Ästhetik I* (Leipzig, 1846) und Ed. v. Hartmanns *Philosophie des Schönen* (Leipzig, 1888) urteilt schon 1912 Karl Zimmermann in seiner Dissertation *Jean Pauls Ästhetik des Lächerlichen,* daß sie versucht hätten, dem Humor mit den Fangnetzen fertiger metaphysischer Systeme beizukommen, was diesem nicht bekommen sei. Zu den übrigen vgl. Schneegans, a. a. O., S. 10 ff.

Johann August Eberhard, *Handbuch der Ästhetik für gebildete Leser aus allen Ständen,* Bd. 1—3 [1807—1820], (Faksimile Druck, Frankfurt, 1972).

Einzelteile zerfällt, wie im Vergleich zu den intensiven, dichterischen Einsichten eines Jean Paul oder Victor Hugo bei einer begrifflichen Zergliederung sich überschneidender Bestandteile des Grotesken die Kategorie schließlich biedermeierlich domestiziert wird.

Schneegans betrachtete es als lohnende Aufgabe, die groteske Satire im Wechsel kultureller Verhältnisse zu untersuchen. Analog Rosenkranz fixiert er 'groteske Satire' auf die Literatur, ihr Pendant in der bildenden Kunst sei 'groteske Karikatur'. Flögel und Wright hätten zur Begriffserklärung des Grotesken nichts beigetragen. In der Tradition Flögels und Rosenkranz' differenziert Schneegans Burleske, Parodie, Travestie und Karikatur gegen das Groteske, wobei er wirkungsästhetische Überlegungen in den Vordergrund stellt. Das Groteske beginnt für ihn, „wo die Unmöglichkeit anfängt".[4]

Rabelais' *Gargantua et Pantagruel* beeinflußt entscheidend sein Bild vom Grotesken, was zum Hemmschuh wird, sobald andere Autoren und Zeiten in sein Blickfeld geraten.

Bei Rabelais sieht er im Grotesken sowohl das Phantastische, wie auch das Karikierende und das Behaglich-Heitere vereint. Die ungeheure Unmöglichkeit und Monstrosität treten neben die heitere Laune und bizarre Komik.[5] Schneegans ist insofern ganz Kind seiner Zeit als von ihm das bodenlos Abgründige, das Dämonische, das Grauenerregende und in der Kehle steckenbleibende Lachen nahezu völlig aus dem Grotesken ausgebürgert wird.

Schneegans' Überblick über die groteske Satire in der englischen Literatur ist knapp geraten,[6] da er, vornehmlich an Rabelais orientiert, nicht allzu viele Artgenossen in England entdecken kann. Hier wird das Unzureichende seines Analyseninstrumentariums sichtbar, Widersprüche zwischen seinem Anspruch, das Groteske im Wandel der Zeiten zu untersuchen und

[4] Schneegans, a. a. O., S. 46.
[5] Schneegans, a. a. O., S. 29 ff.
[6] Schneegans, a. a. O., S. 473—484.

seiner statischen Groteskkonzeption treten offen zutage. Wirklich „groteske Satiriker" gebe es in der englischen Renaissance nicht. Dunbar werden zwar vereinzelt groteske Züge zugesprochen, und Skelton bescheinigt er Schalk und Witz, eine

> tolle und launige, in breitem Redefluss sich ergiessende, lawinenartig eine Vorstellung nach der anderen mit sich reissende, mit Wort und Gedanken spielende Sprachfülle, die wir von den grotesken Satirikern gewohnt sind.[7]

Bei Shakespeare vermag Schneegans lediglich vereinzelt groteske Bilder festzustellen, groteske Satire kenne er nicht, nur hier und da tauchten in den Komödien stark karikierte, an das Groteske streifende Gestalten auf.[8] Falstaff ist für ihn keine groteske, sondern „durchaus wahre und natürliche Gestalt",[9] wenn auch eine possenhafte Figur. Da er das Groteske an die ins Kolossale bis zur Unmöglichkeit gesteigerte Übertreibung bindet, vermag er es keinesfalls mit realistischen Intentionen zu verknüpfen und die mit Absurdität und Tragikomik verquickte Schicht des Grotesken etwa in *King Lear* bleibt ihm folgerichtig verborgen.

Wirklich groteske Satire ortet Schneegans in England erst in der zweiten Hälfte des 17. Jahrhunderts, in Butlers *Hudibras* vor allem, den er als groteske Karikatur des Puritaners kennzeichnet, womit er allerdings seine eingangs getroffene Unterscheidung zwischen Satire und Karikatur wieder aufhebt. Grotesker Stil, gemeint sind die Rabelaisischen Wort- und Satzungeheuer, seine Bildkaskaden, die Kapriolen und Salti seiner Stilfiguren, seien allerdings bei Butler ebensowenig zu finden wie bei Swift. Letzterem gesteht er nur die Wissenschaftssatire der Akademie von Lagado im dritten Buch von *Gulliver's Travels* als echt grotesk zu, während grotesker Stil in Sternes *Tristram Shandy* eine „verspätete Nachblüte" erlebe.

[7] Schneegans, a. a. O., S. 475.
[8] Schneegans, a. a. O., S. 476.
[9] Schneegans, a. a. O., S. 478.

Schneegans' Buch zeigt keinen theoretischen Ansatz, der über die Arbeiten bis zu Ruskin einschließlich hinausführt. Inhaltlich hat er eine Fülle von guten Detailbeobachtungen zu bieten, allerdings wird auch bei ihm über weite Strecken hinweg Analyse durch Paraphrase ersetzt, und was seine Bemerkungen zum Grotesken in der englischen Literatur angeht, so verraten sie im Vergleich zu zahlreichen deutschen Autoren des 18. und frühen 19. Jahrhunderts sehr eingeschränkte Kenntnisse englischer Literatur und Urteile, welche von der Forschung des 20. Jahrhunderts weitgehend widerlegt worden sind.

3. George Santayana, *The Sense of Beauty* (1896)

Mediterranes Denken und Empfinden sowie anglo-amerikanische Geistestradition vereinigen sich in der Philosophie George Santayanas zu einer individuellen Synthese von mechanistischem Naturalismus und empfindsamem Idealismus, unter deren Spannungsverhältnis bereits seine frühe Ästhetik *The Sense of Beauty* steht,[1] die u. a. nachhaltig auf C. Aiken, T. S. Eliot und W. Lippmann eingewirkt hat.

Durchaus konventionell, innerhalb eines Schemas, das sich bis auf Flögel zurückverfolgen läßt, wird darin das Groteske als künstlerische Ausdrucksform nach "the sublime", "the comic", "wit" und "humour" und vor der "possibility of finite perfection" abgehandelt. Santayana beleuchtet das Groteske von wirkungsästhetischen Gesichtspunkten und überwiegend von den bildenden Künsten, insbesondere der Plastik, her, wobei *The Sense of Beauty* Ästhetik eindeutig als Lehre vom Schönen und den schönen Dingen begreift. Die Dimension des Deformierten, Häßlichen, Bösen wird in ihrer Existenz zwar nicht bestritten, die Rosenkranzsche Ästhetik des Häßlichen aber schlichtweg geleugnet, da ästhetische Werte immer nur in Beziehung zum

[1] Text: George Santayana, *The Sense of Beauty* (London, 1896), § 64, The Grotesque, S. 256—258.

Schönen definiert werden.[2] Naturgemäß muß unter solcher Methodik die Behandlung des Grotesken erhebliche Einschränkungen erfahren. Santayana ist dann auch besonders heftig von Clayborough attackiert worden, der ihm vorwirft, er verstehe das Groteske in viel zu vager und blasser Weise lediglich als "interesting effect" und im Rahmen eines Originalitätskonzeptes als überraschende, neue Form, die ihre Inkongruenzen verliere und vom Betrachter in die wahre ästhetische Provinz des Idealen, Harmonischen und Schönen eingemeindet werden könne, sobald sich dieser an das Neue gewöhnt habe.[3]

In der Tat ähnelt Santayanas Definition des Grotesken — "This is an interesting effect produced by such a transformation of an ideal type as exaggerates one of its elements or combines it with other types" [4] — in ihrer Unverbindlichkeit der Coleridges.[5] Die Vorwürfe Clayboroughs können nur unterstrichen werden. Santayana läßt nicht nur den wesentlichen Unterschied außer acht, ob ein Werk absichtlich oder unabsichtlich dunkel, bizarr und übertrieben ist; die Harmonie- und Schönheitsbezogenheit seiner Ästhetik resultiert in basischem Mißverstehen und Unverständnis grotesker Kunst. Mit den Worten Clayboroughs, "for him the test of good grotesque art is that on further acquaintance the grotesqueness disappears".[6]

Santayana sieht zwar Analogien und Querverbindungen des Grotesken zum Komischen und Lächerlichen und damit auch zum Häßlichen, streift aber die abgründigen und beunruhigenden Aspekte des Grotesken nur, da für ihn ästhetisch nicht sein kann, was nicht sein darf.

If this confusion is absolute, the object is simply null; it does not exist aesthetically, except by virtue of materials. But if the confusion

[2] Vgl. den vorausgegangenen Abschnitt über Rosenkranz.

[3] Vgl. Arthur Clayborough, *The Grotesque in English Literature* (Oxford, ²1967), S. 55—58.

[4] Santayana, a. a. O., S. 256.

[5] Vgl. den vorausgegangenen Abschnitt über Coleridge.

[6] Clayborough, a. a. O., S. 57.

> is not absolute, and we have an inkling of the unity and character in the midst of the strangeness of the form, then we have the grotesque. It is the half-formed, the perplexed, and the suggestively monstrous.[7]

Auch diese zweite, merkwürdig anmutende Groteskdefinition wird höchstens aus dem ästhetischen Kontext verständlich, in den Santayana das Groteske einbettet. Soll Kunst ästhetisch befriedigen, muß sie für ihn rational auflösbar sein. Insbesondere das Spiel mit komischen und absurden Elementen entbehrt für ihn ästhetischer Dignität. Dies unterstreichen seine Abschnitte zu "the comic", «wit" und "humour", Bemerkungen wie:

> ... man, being a rational animal, can like absurdity no better than he can like hunger or cold.[8]

oder:

> Fun is a good thing, but only when it spoils nothing better. ... the best place for absurdity is in the midst of what is already absurd—then we have the play of fancy without the sense of ineptitude.[9]

Indem Santayana gerade beim bewußt grotesken Kunstwerk jegliches Komische, Lächerliche, Fremde, Irrationale in rationale Erklärungen aufgelöst sehen will, nimmt er ihm nach allem bisherigen und späteren Groteskverständnis die Essenz grotesker Weltsicht und Gestaltungsweise. Die dialektische Seite des Grotesken entgeht ihm völlig. Die Tatsache, daß groteske Kunst ja nicht nur etwas schafft, sondern gleichzeitig formauflösend und zerstörerisch ist, grundsätzlich überkommene Normen in Frage stellt und sich häufig durch Ambivalenz auszeichnet, gerät nicht ins Blickfeld von Santayanas Analyse. Beim Lesen von Thesen wie: "Good wit is novel truth, as the good grotesque is novel beauty"[10] fühlt man sich an das „O sancta simplicitas!" des

[7] Santayana, a. a. O., S. 257.

[8] Santayana, a. a. O., S. 248.

[9] Santayana, a. a. O., S. 249.

[10] Santayana, a. a. O., S. 257.

Johann Hus erinnert, zumal wenn man an die ironisch-ambige Kulturkritik des Verfassers in *The Last Puritan* denkt, der 1935 erschienen, doch schon in den 90er Jahren konzipiert wurde. So kann auch das Häßliche und das Böse in Santayanas Groteskverständnis nicht Fuß fassen, weil beide Phänomene für ihn ästhetisch wertlos sind.

> ... no aesthetic value is really founded on the experience or the suggestion of evil ... There may, therefore, of course, be an expressiveness of evil, but this expressiveness will not have any aesthetic value.[11]

Angesichts der 'schwarzen Romantik' und des gotischen Romans, angesichts Ambrosios und Schedonis, der Macbeths, Richards und Iagos und all ihrer Vice-Vorväter oder angesichts Atreus und Medeas, um nur einige eklatante Beispiele zu nennen, sind Santayanas Positionen für die literarische Ästhetik am Ende des 19. Jahrhunderts längst obsolet geworden, weil sie die Augen vor der Realität und ihren nicht harmonisierenden Umsetzungen in das künstlerische Werk verschließen. Zumindest soweit das Groteske betroffen ist, dokumentiert sich in *The Sense of Beauty* eine außerordentliche Verflachung des ästhetischen Verständnisses gegen Ende des 19. Jahrhunderts. Im Vergleich zu den Aufsätzen von Symonds und Santayana kann in der fast zur gleichen Zeit entstandenen *Geschichte der grotesken Satire* (1894) von Heinrich Schneegans ein hohes Maß an wissenschaftlicher Solidität festgestellt werden.

4. Robert Browning und das Groteske: die Arbeiten von Bagehot (1864), Chesterton (1903) und Campbell (1907)[1]

Walter Scott hatte sich mit seinem Essay über E. T. A. Hoffmann als erster britischer Autor auf eine wenigstens partielle

[11] Santayana, a. a. O., S. 258.

[1] Texte: Walter Bagehot, "Wordsworth, Tennyson, and Browning;

Interpretation grotesker Werke eingelassen, der erste englische Schriftsteller aber, der solcherart untersucht wird, ist weder Shakespeare noch Swift oder Sterne, sondern Robert Browning. Man tut angesichts dieser heute vielleicht Verwunderung erregenden Tatsache gut daran, sich vor Augen zu halten, wie avantgardistisch Browning auf die meisten viktorianischen Zeitgenossen wirkte, wie spät seine Anerkennung kam, und wie schwierig sein Werk es zunächst hatte, sich durchzusetzen. So verrät schon der Titel von Walter Bagehots Essay "Wordsworth, Tennyson, and Browning: or, Pure, Ornate and Grotesque Art in English Poetry" die Präferenzen seines Verfassers, und Bagehot macht auch nicht das geringste Hehl daraus, daß seine Rangfolge, was Autoren wie Dichtarten betrifft, sich darin niederschlägt. Gedankensprünge, Assoziationsreihen, stilistische Extravaganzen und Dunkelheiten vieler Browningscher Gedichte werden von Bagehot als Unvollkommenheiten empfunden, derer sich der Dichter legitimerweise nur dann bedienen sollte, wenn er damit eine Kontrastwirkung zu wahrer künstlerischer Schönheit und Harmonie erzielen wolle. Als Zeitgenosse von Edward Lear[2] und Lewis Carroll[3] zeigt Bagehot dennoch wenig Verständnis für andere positiv-ästhetische Qualitäten des Grotesken als eben die des Kontrasts. Kurz vor Thomas Wrights *History of Caricature and Grotesque* erschienen,

or Pure, Ornate, and Grotesque Art in English Poetry" (1864), in: *The Collected Works of Walter Bagehot,* Norman St. John-Stevas, ed., *The Literary Essay*, vol. II (London, 1965), S. 318—367.

Gilbert Keith Chesterton, *Robert Browning* (London, 1903).

Lily Bess Campbell, *The Grotesque in the Poetry of Robert Browning,* Bulletin of the University of Texas, No. 92, Humanistic Series No. 5 (Austin, 1907).

[2] Edward Lears *The Book of Nonsense* wurde erstmals 1846 veröffentlicht, in den 70er Jahren folgten *More Nonsense* (1872), *Laughable Lyrics* (1877) und *Queery Leary Nonsense* (1911).

[3] Lewis Carrolls *Alice in Wonderland* (1862 geschr.) erschien erstmals 1865, *Through the Looking Glass,* 1872, und *The Hunting of the Snark* 1876.

betont Bagehots Aufsatz lediglich das Häßliche und Monströse am Grotesken, ungleich Rosenkranz und Ruskin mißt er dabei dem Komischen und Lächerlichen keinen besonderen Wert bei.

> An exceptional monstrosity of horrid ugliness cannot be made pleasing, except it be made to suggest—to recall—the perfection, the beauty, from which it is a deviation.[4]

Die verhältnismäßig konservative Position Bagehots wird am deutlichsten im Vergleich zu Rosenkranz sichtbar. Auch für Rosenkranz ist das Häßliche ohne das Gegenbild des Schönen nicht denkbar, kann als Selbstvernichtung des Schönen letztlich in dieses zurückgeführt werden, aber es ist doch eine inzwischen anerkannte ästhetische Provinz von beträchtlichem Eigengewicht. Es nimmt Mittlerfunktionen zwischen Komischem und Schönem ein und fächert sich in zahlreiche Unterabteilungen auf.[5] Die Konnotationen des Grotesken innerhalb des Häßlichen sind bei Bagehot wesentlich weniger zahlreich. Er erkennt zwar zögernd die Existenz des Grotesken in Realität und Kunst an, aber seiner Ansicht nach wären Künstler doch besser beraten, Extreme, unerfreuliche und abstoßende Sujets zu meiden. Daß bei derartiger Grundeinstellung die Einsichten über die Dichtung Brownings sehr begrenzt bleiben müssen, leuchtet ein.

Profundere Kenntnisse sowohl über Browning wie auch über das Groteske lassen sich Gilbert Keith Chestertons Buch über Browning entnehmen, das, knapp vier Jahrzehnte nach Bagehots Essay erschienen, ein anderes intellektuelles Klima und eine anders geartete Autorenpersönlichkeit spiegelt. Mit der literarkritischen Essayistik hochviktorianischer Prägung zu Zeiten Bagehots teilt es aber die Subjektivität der Urteile, deren Prämissen oft nicht genannt werden und die literaturwissenschaftlicher Detailbegründung aus dem Wege gehen. Chestertons Buch

[4] Bagehot, a. a. O., S. 360.

[5] S. o. den Abschnitt über Rosenkranz.

besticht auch heute noch durch glänzende Formulierungskunst und ist von Anfang an in einem gleichermaßen apologetischen wie witzig-aggressiven Stil gechrieben. Browning ist demnach ein großer Dichter, und wer ihn nicht versteht oder nicht mag, ist selber schuld daran. Chesterton betrachtet, wie schon Clayborough festgestellt hat, Brownings Verwendung des Grotesken "from three complementary points of view . . . as a reflection of the actual world, as a deliberate artistic device, and as a temperamental peculiarity".[6] Zu letzterem ist allerdings hinzuzufügen, daß Browning und Chesterton sich in gegenseitiger Vorliebe für das Groteske ergänzen und die "temperamental peculiarity" des einen durch die des anderen gebrochen wird. So zeigt Chesterton z. B. einen intuitiven, zweifellos essentielle Zusammenhänge enthüllenden psychologischen Zugriff, glaubt aber warnen und vorbauen zu müssen:

> To ask why Browning enjoyed this perverse and fantastic style most would be to go very deep into his spirit indeed, probably a great deal deeper than it is possible to go.[7]

Gerade im psychologischen Ansatz liegt jedoch Chestertons Stärke, und Paradoxa bevorzugt er auch im eigenen literarischen Werk.

Chesterton argumentiert, Browning habe aus innerer Notwendigkeit zu grotesker Darstellungsweise gegriffen, um "novel and profound ideas" gestalten zu können, das Groteske sei adäquater Ausdruck seiner moralischen und metaphysischen Ansichten, und er habe es als Form im Sinne eines "art for art's sake" geliebt. Chesterton fragt nach Brownings Konzeption von der Aufgabe des Künstlers und nach der Rolle, die dabei das Groteske zu spielen habe. Mit dieser Fragestellung kann er zugleich für sich selbst Theorie und Funktionen des Grotesken formulieren. Browning habe sich hauptsächlich mit "the serious

[6] Arthur Clayborough, *The Grotesque in English Literature* (Oxford, [2]1967), S. 58.

[7] Chesterton, a. a. O., S. 148—149.

use of the grotesque" befaßt. Diese 'seriöse' Groteske und ihre Beziehungen zu den "eternal" und "fundamental elements in life" trachtet Chesterton zu bestimmen.

Das Groteske erscheint ihm als künstlerischer Ausfluß eines Vitalitätsprinzips, in dem Bergsons « élan vital » nachklingt. "Energy and joy" ernennt er zu Vater und Mutter des Grotesken. "Energy" ist ihm dabei eine in der Natur wie in der Kunst verankerte vitale Kraft, die sich spielerisch und kindlich ihre eigenen, oft skurrilen und bizarren Formen sucht, wobei ihr eine Tendenz zur Formsprengung bis zur Formauflösung innewohnt. Die Vitalität des Grotesken verbindet sich neben Sublimität für Chesterton gleichzeitig mit Merkmalen des Kindlichen und reicht bis ins Psychopathologische hinein, gewinnt künstlerische Kreativität aus den Grenzbereichen von phantastischer Imaginationsfähigkeit und seelischer Anormalität. Chesterton kommt damit modernen, psychoanalytischen Theorien des Grotesken bereits sehr nahe, auch wenn er glaubt, Browning hierfür zumindest gelinde Vorwürfe machen zu müssen:

> But everywhere when we go a little below the surface in Browning, we find that there was something in him perverse and unusual despite all his working normality and simplicity.[8]

Assoziationen mit den Schöpfungen Lears und Carrolls, für deren Werke neuere Untersuchungen gerade die psychologischen und soziologischen Implikationen erhellt haben,[9] drängen sich auf, vor allem, wenn man Chestertons Beurteilung derjenigen Strukturen und Gedichte miteinbezieht, die er zwar für grotesk, aber nicht für "serious" hält:

[8] Chesterton, a. a. O., S. 153.

[9] Vgl. Dieter Petzold, *Formen und Funktionen der Englischen Nonsense-Dichtung im 19. Jahrhundert*, Erlanger Beiträge zur Sprach- und Kunstwissenschaft, Bd. 44 (Nürnberg, 1972), *passim*, bes. aber S. 137—215; Klaus Reichert, *Lewis Carroll. Studien zum literarischen Unsinn*, Reihe Hauser, Bd. 165 (München, 1974), *passim*.

He [Browning] certainly had a capacity for becoming perfectly childish in his indulgence in ingenuities that have nothing to do with poetry at all, such as puns, and rhymes, and grammatical structures that only just fit into each other like a Chinese puzzle.[10]

Die Geschöpfe aus *Alice in Wonderland*, der Snark und der Jabberwocky sowie alle die komischen, skurrilen, phantastischen aber auch grausamen, verunsichernden und dämonischen Gestalten, die in den Phantasiewelten Lears und Carrolls so ganz selbstverständlich ihr Wesen treiben, das sich blitzartig und übergangslos in ein Unwesen verwandeln kann, scheinen hier gerade um die Ecke zu warten, um bei aller äußerlichen Verschiedenheit, endlich ihre Verwandtschaft mit den Figuren Brownings zu bezeugen. Trotz Brownings "obscurity" und "elephantine ingenuity" rettet Chesterton zumindest dessen "serious grotesque" auf die Ebene der Sublimität. Längst nicht mehr so widerwillig und zögernd wie noch Bagehot betont er, daß die Monströsität eben Teil der Natur und der Realität und nicht nur fiktionaler Kontrast des Schönen zu dessen Lobpreis und größerer Leuchtkraft sei. Überdies bediene sich der Künstler des ästhetischen Schocks, der durch die Mittel des Grotesken ausgelöst werde, um Bekanntes in neuem, unvertrautem Licht erscheinen zu lassen. Zumindest potentiell gerät damit auch eine kritische Funktion des Grotesken ins Blickfeld:

Now it is the supreme function of the philosopher of the grotesque to make the world stand on its head that people may look at it.[11]

Bei aller Phantastik werden dem Grotesken somit letztlich realistische Darstellungsintentionen zugesprochen, gerade in der Überzeichnung enthüllt sich Wahrheit, treten Hintergrundzusammenhänge hervor. Daß darin die innere Verbindung von Natur, Groteske und Karikatur begründet liegt, hatte Chesterton kurz zuvor ebenfalls erwähnt.

Ein weiteres Hauptmoment kommt hinzu und konstituiert

[10] Chesterton, a. a. O., S. 152.
[11] Chesterton, a. a. O., S. 151.

stilistisch und inhaltlich das Groteske, nämlich die durchgängige Ambiguität, "a certain tormenting uncertainty even at the end". (157/8) Chesterton nimmt zum Teil moderne Deutungen des Grotesken seit Kayser vorweg (vgl. z. B. die Abschnitte zu Jennings, Steig, Pietzcker), indem er nach den Ästhetikern der zweiten Hälfte des 19. Jahrhunderts, die weithin bemüht waren, das Groteske in sauber zu trennende Segmente zu sezieren, ihm damit aber Komplexität und Dynamik raubten, an Erkenntnisse des späten 18. und frühen 19. Jahrhunderts anschließt, sie mit neueren psychologischen Theorien anreichert und dem Grotesken als ästhetischer Kategorie wieder größere Spannbreite zubilligt. Methodisch bleibt Chesterton noch in der Tradition der essayistischen Kritik des 19. Jahrhunderts. In diesem Bereich zeigt er sich als Mann des Übergangs, der keinesfalls die Verpflichtung fühlt, seine Theorien in jedem Falle durch Belege abzustützen, geschweige denn, sie schlüssig zu beweisen.

Nach dem Gesagten leuchtet ein, daß Chesterton den Künstler des Grotesken als Exzentriker sieht. Browning aber billigt er darüber hinaus noch den Rang eines großen Experimentators, stets auf der Jagd nach Originalität, zu.

Hatte Chesterton noch eine mit Aggressivität gepaarte Apologetik aufgeboten, um Browning den ihm gebührenden Rang auf dem Parnaß englischer Dichtkunst zu erstreiten, so wird dieser nur wenige Jahre später in Lily Bess Campbells MA-Thesis *The Grotesque in the Poetry of Robert Browning* (1907) sofort im ersten Satz als "chief poet" des Grotesken apostrophiert. Die Verfasserin hat sich eine dreifache Fragestellung zur Beantwortung vorgenommen:

1. What is the grotesque?
2. How is the grotesque embodied in Browning's work?
3. Is the grotesque a legitimate subject for art, and has Browning succeeded in making it art? [12]

Trägt der dritte Fragenkomplex von Anfang an rhetorischen Anstrich, da das Ergebnis eigentlich bereits durch die einleiten-

[12] Campbell, a. a. O., S. 5.

den Sätze vorweggenommen ist, so sind die beiden anderen berechtigt, und insgesamt bemüht sich die Arbeit, von impressionistischen und rein subjektiven Methoden der Kunstkritik wegzukommen, aus der Erkenntnis heraus, daß es höchste Zeit sei, "modern scientific methods" (35) auf die Literaturkritik zu übertragen, Fakten und nicht mehr subjektiv willkürliche Kunsttheorien als Untersuchungsbasis zu benutzen.

Zunächst gibt Campbell einen — wenn auch unvollständigen — Abriß der bisherigen Literatur zum Grotesken. Von Aristoteles springt sie zu Burke und Hegel, geht auf Ruskin und Rosenkranz ein, und gerät unter dem Einfluß Bosanquets[13] und Wrights in den Bann der 'Ästhetik des Häßlichen', deren Zusammenhang mit dem Grotesken sie jedoch gut überblickt. Als gesicherte Beurteilungsgrundlage kann sie konstatieren: "the kinship of the ugly to the comic and of the grotesque to the sublime is universally acknowledged." [14]

Felix E. Schellings Aufsatz über das Arabeske bei Browning,[15] der auf Bagehot basiert, kann sie zu Recht als Seitentrieb kurz behandeln; die schon im späten 18. und frühen 19. Jahrhundert wiederholt aufgezeigte Verwandtschaft und Teilsynonymität von 'arabesk' und 'grotesk'[16] trägt für komplexere Groteskbegriffe nur einen Bereich, den des Ornamentalen, Verschlungenen, des Übergangs und der Verschränkung verschiedener Existenzformen ineinander, bei.

Auf der Grundlage des vorliegenden Materials aus dem 19. Jahrhundert erarbeitet sich Campbell eine eigene Theorie des Grotesken, in der sie die Komponenten "the terrible", "the hu-

[13] Bernard Bosanquet, "The Aesthetic Theory of Ugliness", in: *Proceedings of the Aristotelian Society, 1888—1891,* vol. I, No. 3, Part. I, (London, 1891) und *History of Aesthetic* (London, New York 1892).

[14] Campbell, a. a. O., S. 9.

[15] Felix E. Schelling, "Robert Browning and the Arabesque in Art", in: *Two Essays on Robert Browning* (Philadelphia, 1890).

[16] Vgl. oben die Abschnitte über Möser, Schlegel, Jean Paul, Scott.

morous", "the ugly", "fancy" und "imagination" unterbringen will.

> The grotesque to me, seems necessarily the work of an active mind, the work of the imagination and not of the fancy. It is the constant striving of the imagination to grasp the incomprehensible that creates the grotesque.[17]

Rosenkranz habe den Schlüssel für die Erklärung des gegenseitigen Verhältnisses von Häßlichem, Groteskem und Komischem geliefert, "the grotesque occupies the borderland between the ugly and the comic, partaking of the characteristics of both".[18] Die Mischung von Häßlichem und Humorvollem erkläre die Nähe des Grotesken zur Karikatur, die ihrerseits in die Groteske übergehe, sobald "terror" zum Häßlichen und Komischen hinzukomme. Campbell stellt schließlich drei Klassen des Grotesken auf, die allerdings durch gleitende Übergänge gekennzeichnet seien:

1. "the great grotesque" mit der Basis "imagination", aufbauend auf "activity and strength";
2. "the fanciful grotesque" mit der Basis "fancy", "the work of the mind's play-time" . . . "fancy's creation the realm of the ugly";
3. "the artificial grotesque" mit "the mind's unordered wandering" als Basis.[19]

Diese Klassifizierung verrät insbesondere eine Fusion der Einflüsse Ruskins, Hegels und Rosenkranz', bei aller Klugheit der Detailbestimmung wirken Klassen wie "the great grotesque" dann doch noch vage und wenig aussagekräftig.

Konsequenter als irgend jemand vor ihr, wendet Campbell ihre Theorie dann aber auf die Untersuchung Browningscher Gedichte an. Mit Chesterton argumentiert sie, "the serious use of the grotesque" sei Brownings Hauptanliegen gewesen. Kein

[17] Campbell, a. a. O., S. 13.
[18] Campbell, a. a. O., S. 13—14.
[19] Campbell, a. a. O., S. 15.

englischer Autor außer Swift habe so intensiv groteske Werke geschaffen. Brownings Originalität liege in der Verwendung des Grotesken um des Grotesken willen, er habe das Groteske als eigenständiges literarisches Thema entdeckt. Bei Browning führe die Mischung von Subjektivität und Objektivität, von Realismus und Idealismus zum Grotesken, der Wunsch, das Unendliche durch das Endliche zu begreifen (vgl. Jean Paul und Hegel), mache ihn zum Poeten des Grotesken. Bei Browning ließen sich groteske Situationen, Charaktere und "grotesque treatment" unterscheiden, wobei sie unter letzterem sowohl "setting" als auch die Mischung verschiedener Anlagen in den Charakteren versteht.

Brownings Stil sei für das, was Campbell "great or inevitable grotesque" nennt, besonders geeignet und *Caliban Upon Setebos* in jeder Hinsicht das größte groteske Gedicht in der englischen Literatur.[20] Unter diese Grotesken rechnet sie z. B. noch *The Heretic's Tragedy; Mr. Sludge, the Medium; Bishop Blougram's Apology*, während als Beispiel der "fanciful grotesque" eigentlich nur *The Pied Piper of Hamelin* die Kriterien Campbells erfüllt, "allowing his fancy free play in the creation of a child's story, a story which is simply picturesquely ugly instead of picturesquely beautiful".[21]

Pachiarotto stellt für Campbell den Kronzeugen ihrer dritten Spezies grotesker Gedichte, der "artificial grotesque", und ihre negative Einschätzung derartiger, anscheinend primär um des grotesken Effekts willen geschriebener Gedichte äußert sich in Urteilen wie "utterly chaotic" (30) oder:

> Indeed, the poem gives an impression of having been strung together from any phrases happening to occur to the author, with merely one purpose—grotesque rhyme.[22]

Überhaupt verfalle Browning auch in seinen seriösen Gedich-

[20] Campbell, a. a. O., S. 20.

[21] Campbell, a. a. O., S. 32.

[22] Campbell, a. a. O., S. 31.

ten zwischenzeitlich immer wieder der gefahrvollen Versuchung "this half-demented rhyming" (31) anzuwenden.

Browning ist für Campbell das Musterbeispiel des Künstlers, der das Groteske aus innerer Notwendigkeit heraus in seinen Werken einsetze. Verallgemeinernd stellt sie daher fest, daß dieser Intellektueller mit hohem Formgefühl sein müsse, welches aber eine Neigung zum Abnormalen aufweise, daß er konfliktbewußt mit einer überwiegenden Tendenz zum Optimismus sei, wobei von Zeit zu Zeit pessimistische Züge die Oberhand gewönnen.

Campbell hat sich den neuen, beträchtlich erweiterten Ästhetikbegriff jenes 19. Jahrhunderts zu eigen gemacht, das die Ästhetik des Häßlichen nicht negiert. Sie übernimmt aber auch Schwächen ihrer viktorianischen Vorgänger, welche ihre eigenen Grenzen offenlegen. Ruskins Moralismus und Wertsystem schlägt durch, wenn sie den grotesken Künstler letztlich negativ definiert als einen, der aus Unvermögen zu kurz greife, der verhindertes Genie sei.

The grotesque in its greatest form arises from the artist's inability to comprehend his subject sufficiently to adapt it to the laws of his art.[23]

Daß das Groteske positiv als eigenwertige Kunstform interpretiert werden kann, daß seine künstlerische Aussage sich gerade nicht nach Vorbildern klassizistischer Ästhetik richten will und kann, ist Campbell streckenweise in ihren Analysen im Grunde bewußt, wird gegen Ende ihrer Untersuchung aber zusehends aus den Augen verloren. Wenn sie ihre dritte Klasse von Grotesken als "artificial chaos" beurteilt, zeigt sich, daß dann etwa die „Nonsense"-Dichtung keinerlei Chance hätte, ernst genommen zu werden. Es dauerte ja in der Tat auch sehr lange, bis die Kritik unter die Oberfläche dieser Gattung vorzustoßen vermochte.[24] Als Kunst, und so beantwortet Campbell ihre dritte Eingangsfrage, wertet sie lediglich die erste und mit

[23] Campbell, a. a. O., S. 36.

[24] Vgl. Petzold, a. a. O., bes. S. 2—7, 137—238.

Einschränkungen die zweite Klasse von Grotesken, in Browning aber sieht sie den Dichter, der das Groteske als poetische Form etabliert habe.

In der Arbeit Campbells mischen sich Schwächen und Stärken, ihre Verdienste liegen in der Anwendung wissenschaftlicher Methodik und psychologischem Gespür für das Wesen des Grotesken. Hier wird sie allerdings von Chesterton übertroffen, beide lassen sie Bagehot und generell die Kritik der zweiten Hälfte des 19. Jahrhunderts hinter sich.

5. G. Wilson Knight, "King Lear and the Comedy of Grotesque" (1931)[1]

Eine Dimension des Grotesken im Werk Shakespeares hatten bereits frühe Arbeiten wie die von Möser, Flögel, Jean Paul hervorgehoben, und insbesondere Victor Hugo im *Préface de Cromwell* pries Shakespeare als Olympier des Grotesken.[2] Erstaunlicherweise dauerte es jedoch sehr lange, bis jemand den Mut fand, mittels der ästhetischen Kategorie des Grotesken wirklich eine Detailinterpretation eines Shakespeare-Stückes vorzunehmen. Dafür stellt Wilson Knights *Lear*-Interpretation dann auch in zuvor ungekannter Eindrücklichkeit und Ergiebigkeit die wissenschaftliche Leistungsfähigkeit der umstrittenen Kategorie 'grotesk' unter Beweis. Bis heute ist Knights Arbeit vorbildlich geblieben, wenn auch inzwischen die Instrumentarien literaturwissenschaftlicher Analyse verfeinert wurden und neue Gesichtspunkte hinzugetreten sind.

Knight geht davon aus, daß *Lear* durch eine bislang schwer aufzubrechende, multiperspektivische Schicht der Integration von Komik und Tragik gekennzeichnet sei, deren umfassende Ausdeutung den Bedeutungskern des Stückes freilege. Schlüssel-

[1] Text: G. Wilson Knight, "*King Lear* and the Comedy of the Grotesque", in: *The Wheel of Fire* (London, 1931), S. 160—176.

[2] Vgl. den Abschnitt über Victor Hugo, *passim*.

begriffe für das Groteske in *King Lear* sind ihm "incongruity" und "incompatibility". Komik und Tragik beruhen nach Knights Auffassung beide auf Unvereinbarkeiten und inneren Widersprüchen. In *Lear* würden nicht einfach antithetisch verschiedene Konzepte einander gegenübergestellt, sondern Wesens- und Welthaltungen ineinander komponiert, die eigentlich schlechthin inkongruent seien und eben die Kategorie des Grotesken bildeten. Das Ergebnis sei eine neue Art von Sublimität. So gelinge in *King Lear* z. B. die perfekte Fusion psychologischen Realismus' mit den "daring flights of a fantastic imagination".[3] Lears Wahnsinn sei eine solche Inkongruenz, ebenso das Gelächter, das im Learschen Universum widerhalle. "Greatness linked to puerility" [4] stelle die Basis des Dramas dar, im Spektrum von kindischem Wesen, Narrheit, titanischer Leidenschaft und Leidensfähigkeit vollziehe sich die Tragödie Lears. Hinzu komme die durch den Narren immer wieder aufgewiesene Absurdität der Welt. Leid und Verzweiflung seien jedoch unterlegt von Schichten unfreiwilliger Komik und ambigen Humors. Lear selbst ermangle jeglichen Humors, dabei könnten schon geringe Fähigkeiten der Selbstironie die Tragödie verhindern. So balanciere das Stück auf einem Grat entlang, auf dem bereits geringfügiger Perspektivenwechsel die Szenen ins Komödiantische umschlagen lassen könne.

Im Zentrum des Stückes aber regiere sinistrer Humor: "we are continually aware of the humour of cruelty and the cruelty of humour." [5] Dies und der allmählich heraufziehende Wahnsinn, der sich schließlich zur Vision einer absurden, aus den Fugen geratenen und aberwitzig gewordenen Welt verdichte, konstituiere das Groteske als ästhetische Zentralkategorie in *King Lear*. Vor allem *Lear* (III.vi) wird als philosophische Groteske gedeutet, in der Lear Edgar als seinen Philosophen willkommen heiße, "since he embodies that philosophy of incongruity and

[3] Knight, a. a. O., S. 161.
[4] Knight, a. a. O., S. 162.
[5] Knight, a. a. O., S. 165.

the fantastically—absurd which is Lear's vision in madness".[6] Das Spektrum des Grotesken werde durch Obszönitäten und in der Edmund-Gloucester-Handlung durch Geschmacklosigkeit, Brutalität und Grausamkeit, die mit Horror und satanischer Komik durchsetzt seien, erweitert. Die Szene, in welcher Gloucester sich nach heroischen Abschiedsworten, geprägt von stoisch-elisabethanischer Todeshaltung, veredelt durch das erlittene Leid, von den Klippen von Dover stürzen möchte (IV, vi.), in Wahrheit durch Edgars Täuschung aber nur wenige Handbreit tief fällt, wurde in ihrer Mischung von Tragik, Komik, Grausamkeit, in ihren farcenhaften Elementen, bei denen sich doch kein befreiendes Lachen einstellen will, schon lange als Musterbeispiel des Grotesken gewertet. Knight interpretiert:

> The grotesque merged into the ridiculous reaches a consummation in this bathos of tragedy: it is the furthest, most exaggerated reach of the poet's towering fantastically.[7]

Solchermaßen eingestimmt sei der Leser/Zuschauer vorbereitet für den Schluß der Tragödie, für die weitere Steigerung, in der zunächst die Gloucester-Handlung wieder in die Lear-Handlung einmünde und dann im Tod Cordelias die letzte, scheußlichste und grausamste "incongruity" über den leidgeprüften Lear hereinbreche, die Tragödie ohne "tragic purpose" als Sinnbild einer Welt, in der die Götter dem Menschen Ordnung, Orientierung, Gesetz und Moral versagen, "the very heart of the play—the thing that man dares scarcely face: the demonic grin of the incongruous and absurd".[8] Dennoch bringe Shakespearesches Genie am Ende "the tragic purification of the essentially untragic" zuwege.

In einer Interpretation, die überwiegend textimmanent vorgeht, bisweilen Bezüge zu anderen Werken Shakespeares und gemeinelisabethanischem Gedankengut herstellt, jedoch das

[6] Knight, a. a. O., S. 167.
[7] Knight, a. a. O., S. 171.
[8] Knight, a. a. O., S. 175.

überzeitlich Allgemeingültige des Textes herauszuarbeiten bemüht ist, verwendet Knight die Kategorie des Grotesken sowohl als stilistisch-formale als auch inhaltliche Bedeutung stiftende, deskriptive Kategorie, mit Hilfe derer die divergierenden, inkongruenten, sich gegenseitig überlagernden und sich 'normalerweise' ausschließenden Elemente des Stückes in ein beziehungsreiches Gesamtgefüge gebracht werden können. Knight vermag nachzuweisen, daß der anarchischen, auf Formzertrümmerung und Selbstvernichtung gerichteten Sprengkraft einzelner Komponenten mit dem Grotesken letztlich eine positiv sinnstiftende Sublimität von äußerster poetischer Konzentration verliehen werden kann, der gültige Aussagen über 'den Menschen' und 'die Welt' gelingen. Dazu bedarf es nicht unbedingt eines Genies von Shakespeareschem Format. Den Brückenschlag der historischen Vermittlung zur Gegenwart versagt sich Knight. Er stellt keine explizite Theorie des Grotesken auf, eine solche ist jedoch aus seiner Interpretation deduzierbar, sie erreicht zum erstenmal wieder die Qualität der Theorien des späten 18. und frühen 19. Jahrhunderts, nun aber erprobt an der Beispielanalyse. Knights Einfluß wirkt fort und taucht — uneingestanden — noch in Philip Thomsons Definition des Grotesken von 1972 auf, die lautet: "The grotesque is the unresolved clash of incompatibilities in work and response." [9]

6. Wolfgang Kayser, *Das Groteske. Seine Gestaltung in Malerei und Dichtung* (1957)

Noch seine schärfsten Kritiker betonen, daß durch Wolfgang Kaysers Buch [1] die Diskussion um das Groteske als ästhetische

[9] Philip Thomson, *The Grotesque*, The Critical Idiom No. 24 (London, 1972), S. 27.

[1] Text: Wolfgang Kayser, *Das Groteske. Seine Gestaltung in Malerei und Dichtung* (Oldenburg, 1957), Übers. Ulrich Weisstein, *The Grotesque in Art and Literature* (Bloomington, 1963).

und literatur- wie kunstwissenschaftliche Kategorie in eine neue Phase eingetreten ist. So schreibt Michail Bachtin: „Kaysers Arbeit ist im Grunde die erste und bisher einzige Theorie des Grotesken, die diesen Namen verdient",[2] und Arnold Heidsieck bestätigt Kayser, daß durch seine Schrift die älteren literaturwissenschaftlichen Versuche zum Grotesken als überholt gelten könnten. Erst durch ihn werde das Groteske ein selbständiger ästhetischer Begriff.[3] Anschließend gehen dann allerdings beide Autoren zu einem Frontalangriff gegen Kaysers Theorien über. Im Bereich der Geisteswissenschaften dürfte nach dem zweiten Weltkrieg in der Tat von nur wenigen anderen deutschen Büchern eine Kaysers Werk vergleichbare internationale Wirkung ausgegangen sein.[4] Nachdem zwischen den beiden Kriegen die Groteskdebatte und -forschung höchstens in der Germanistik eine größere Rolle spielte,[5] blüht sie gegen Ende der fünfziger und in den sechziger Jahren in Deutschland wie auch im englischen Sprachbereich in zuvor nicht gekanntem Umfang auf. Dabei entbrennt das Gefecht vornehmlich auf dem Felde der Theorie, auf dem man heute vier Gruppen von Kombattanten unterscheiden kann:

[2] Michail Bachtin, „Wolfgang Kaysers Theorie des Grotesken", in: *Literatur und Karneval. Zur Romantheorie und Lachkultur* (München, 1969), S. 24, aus: *Tworschestwo Fransna Rabele i narodnaja kultura sredneswekowja i renessansa (Das Schaffen von Rabelais und die Volkskultur des Mittelalters und der Renaissance)* (Moskau, 1965).

[3] Arnold Heidsieck, *Das Groteske und das Absurde im modernen Drama* (Stuttgart, 1969), S. 28.

[4] Vor allem nach Weissteins Übersetzung ins Englische ist Kayser aus der internationalen Groteskdiskussion nicht mehr wegzudenken.

[5] Um nur einige Beispiele zu nennen: Elli Desalm, *E. T. A. Hoffmann und das Groteske* (Diss., Remscheid, 1930);

Wilhelm Horn, „Über das Komische im Schauerroman: E. T. A. Hoffmanns Elixiere des Teufels und ihre Beziehungen zur englischen Literatur." In: *Archiv* 146. Band (1923), S. 153—163;

Robert Petsch, „Das Groteske", in: *Deutsche Literaturwissenschaft, Aufsätze zur Begründung der Methode* (Berlin, 1940), S. 214—238;

Ludger Vieth, *Betrachtungen zur Wortgroteske* (Diss., Bonn, 1931).

1. unbedingte Gefolgsleute Kaysers; 2. Theoretiker, die Kaysers Ansätze abwandeln und weiterentwickeln, 3. erbitterte Gegner Kaysers und schließlich 4. unbeeinflußt von Kayser schreibende Forscher.[6] Über der Wirkungsmächtigkeit der Theorie wird weithin übersehen, daß Kayser auch auf den Gebieten der Begriffsgeschichte und der Werkinterpretation die Groteskforschung entscheidend vorangebracht hat. In der Begriffsgeschichte flackern heute höchstens noch vereinzelte Scharmützel auf,[7] während die Detailforschung zu einzelnen Werken, Grup-

[6] Zu Gruppe 1 zählen u. a.:

Patrick, G. Gleeson, *Gullivers Travels as a Version of Grotesque* (unpubl. doctoral dissertation, Washington, 1964);

Robert Hopkins, "The Functions of Grotesque in Humphry Clinker", *The Huntington Library Quarterly* (1969), S. 163—177;

Hannes Leopoldseder, *Groteske Welt. Ein Beitrag zur Entwicklungsgeschichte des Nachtstücks in der Romantik* (Bonn, 1973).

Zur Gruppe 2 zu zählen sind u. a.:

Arthur Clayborough, *The Grotesque in English Literature* (Oxford, 1965, [2]1967);

Michael Steig, "The Grotesque and the Aesthetic Response in Shakespeare, Dickens, and Günter Grass", *Comparative Literature Studies,* VI (1969), No. 2, S. 167—181; "Defining the Grotesque: An Attempt at Synthesis", *Journal of Aesthetics and Art Criticisms,* Summer, 1970), S. 253—260.

Carl Pietzcker, „Das Groteske", *DVjS,* Bd. XLV (1971), H. 2, S. 197—211;

Philip Thompson, *The Grotesque, The Critical Idiom No. 24* (London, 1972).

Zu Gruppe 3 zählen Michail Bachtin, a. a. O., und Arnold Heidsieck.

Gruppe 4 wird durch Willard Farnham repräsentiert, dessen Buch *The Shakespearean Grotesque* (London, 1971) die internationale Groteskforschung einfach ignoriert.

[7] Kaysers Ansätze werden hier vor allem durch Clayborough, a. a. O., und durch Rainer Lengeler, *Tragische Wirklichkeit als groteske Verfremdung bei Shakespeare* (Köln, Graz, 1964) vertieft. Frances K. Barasch lieferte dann in *The Grotesque. A Study in Meanings* (The Hague, Paris, 1971) die erste umfassende Wort- und

pen von Werken oder Gattungen, durch Kaysers Instrumentarium angeregt, inzwischen zu beachtlichen neuen Erkenntnissen vorgestoßen ist.

Das Groteske als Stil- und Motivkomplex hat immer wieder zu historischer Betrachtung herausgefordert, wobei als Anreiz, aber auch als Erschwernis hinzukam, daß sich schon seiner Herkunft nach Groteskes keineswegs auf eine Gattung oder Ausdrucksform der Kunst, wie etwa die Literatur, beschränkt, sondern zumindest noch Bereiche der Malerei, der Graphik, der Plastik, der Architektur und der Musik umfaßt, wobei häufig Interdependenzen, vor allem zwischen bildenden Künsten und Literatur festgestellt werden können.

Flögel, Wright und Schneegans schlugen jeweils den Bogen über weite Zeitspannen und suchten mit unterschiedlichem Erfolg auch außerliterarische Bezirke in ihre Untersuchungen einzubeziehen.[8]

Vom Anspruch des Titels her tritt Kayser fast so enzyklopädisch auf wie Wright. Wortgeschichte, Begriffsgeschichte und Theorie, Erzählkunst in Novelle und Roman, das Groteske im Drama und der Lyrik, in Malerei und Graphik werden behandelt. Der historische Anspruch wird allerdings bereits im Vorwort eingeschränkt; selbstkritischer als seine Vorgänger ist Kayser sich bewußt, daß eine „Geschichte des Grotesken" eines Über-Komparatisten bedürfte, der Literaturen, bildende Künste und Musik aller Zeiten und Völker zu überschauen imstande sein müßte.[9] So wird die Aufmerksamkeit auf die von Kayser vorgenommene Selektion und ihre Kriterien gelenkt. Er läßt die Begriffsgeschichte mit dem Aufkommen des Wortes „grotesk" einsetzen und verfolgt sie vom 16. bis ins 19. Jahrhundert,

Begriffsgeschichte des Grotesken, und in Christian W. Thomsen, *Das Groteske im englischen Roman des 18. Jahrhundert* (Darmstadt, 1974) werden die historischen Veränderungen des Groteskbegriffs jeweils in die Werkanalysen einbezogen. Was fehlt, sind detaillierte Untersuchungen zur Auffächerung des Groteskbegriffs im 20. Jahrhundert.

[8] Vgl. die Abschnitte über Flögel und Wright.

[9] Kayser, a. a. O., „Vorwort", S. 9.

wobei sich das Schwergewicht bald von dem Kaysers Interesse auslösenden Gebiet, nämlich der Malerei, von Goya, Breughel, Bosch und Callot auf die Literatur verschiebt. Hier stehen zunächst die Theoretiker und Gestalter des Grotesken im 18. und 19. Jahrhundert im Zentrum: Möser, Wieland und Schlegel, Jean Paul, Scott und Victor Hugo, die Erzählungen E. T. A. Hoffmanns und E. A. Poes, *Die Nachtwachen des Bonaventura* und das romantische Drama, vornehmlich Büchner. Der Begriffswandel des Grotesken in den Ästhetiken des 19. Jahrhunderts von Hegel bis Vischer wird nur gestreift, die grotesk gestaltenden Erzähler des mittleren und späteren 19. Jahrhunderts werden mit Ausnahme Kellers, Buschs und Gogols, die Kayser ausführlicher interpretiert, meist nur schlaglichtartig angeleuchtet.

Einen weiteren Schwerpunkt setzt Kayser im 20. Jahrhundert, wo als „Groteske in der Moderne“ das Drama mit Wedekind, Schnitzler und der Pirandelloschule, die erzählende Literatur mit Meyrink und Kafka als Hauptbeispielen, Morgenstern als Vertreter der Sprachgroteske, Alberti, Arp, Kandinski als Repräsentanten grotesker Lyrik, Thomas Mann für den Roman und abschließend phantastische und surrealistische Malerei und Graphik untersucht werden. Kaysers Buch mündet in einer zusammenfassenden „Wesensbestimmung des Grotesken“, seiner eigentlichen Theorie.

Ungeachtet des induktiven Vorgehens ist auch bei Kayser ein gewisser hermeneutischer Zirkel nicht zu übersehen. Obwohl die theoretische Bestimmung des Grotesken erst im Schlußkapitel erfolgt, wirkt sein spezifischer Groteskbegriff bereits von Anfang an bei Auswahl und Interpretation als grotesk empfundener Werke mit.

Da Kaysers Theorie den Aufschwung der Groteskforschung seit Mitte der fünfziger Jahre entscheidend stimuliert hat, seien vor einer kritischen Würdigung seines Werkes hier zunächst die Grundzüge der Theorie referiert.[10]

[10] Vgl. zum folgenden Kayser, a. a. O., S. 193—203; diesen Seiten entstammen auch die im einzelnen nicht näher ausgewiesenen Zitate.

Es kommt Kayser darauf an, das Groteske als ästhetische Kategorie wissenschaftlich zu legitimieren, um mit ihrer Hilfe in der Literaturwissenschaft wie in den übrigen Kunstwissenschaften überprüfbare Einsichten zu gewinnen und interpretatorische Aussagen machen zu können. Die Berechtigung, das Groteske als „ästhetischen Grundbegriff" aufzufassen, zieht Kayser aus der Tatsache, daß „grotesk" in drei Bereiche ziele: „den Schaffensvorgang, das Werk und die Aufnahme". Zumindest der erste Begriff ist unpräzise, denn mit „Schaffensvorgang" ist bei Kayser wohl die psychische Konditionierung und die Intention eines Künstlers gemeint, wobei beide nach ihren psychologisch-biographischen wie soziologischen Hintergründen nur selten befragt werden. Damit wäre das Groteske als psychologische Kategorie der Werkentstehung, als deskriptive Kategorie der Werkanalyse und als wirkungsästhetische Kategorie zu begreifen.

Romantik und Moderne, konstatiert Kayser, hätten Lebenserfahrung und Motivik des Grotesken in besonders reichem Maße ausgefaltet, und er bringt dies in Verbindung mit der „Begegnung mit dem Wahnsinn", die gleichsam, „eine der Urerfahrungen des Grotesken" sei. Hinzu trete der Traum und seine Umsetzung ins künstlerische Werk. Hier werden die Weichen für die psychologische und psychoanalytische Groteskinterpretation und -theorie gestellt, die in den Folgejahren die internationale Diskussion beherrschen wird. Vom erwähnten literatur- und kunstpsychologischen Ansatz her, der freilich der eines Amateurpsychologen ist, gelangt Kayser zu vier ineinandergreifenden Definitionen des Grotesken:

1. das Groteske ist die entfremdete Welt,
2. das Groteske ist die Gestaltung des *Es*,
3. die Gestaltungen des Grotesken sind ein Spiel mit dem Absurden,
4. die Gestaltung des Grotesken ist der Versuch, das Dämonische in der Welt zu bannen und zu beschwören.

„Die entfremdete Welt" faßt Kayser als Struktur auf. Im grotesken Werk werde die Welt akzeptierter Normen und Kategorien plötzlich ins Fremde und Unheimliche verwandelt. „Es ist unsere Welt, die sich plötzlich verwandelt hat.“ Spannung, Bedrohung, Grauen und Lebensangst kennzeichnen diese Welt des Grotesken.

Zur Struktur des Grotesken gehört, daß die Kategorien unserer Weltorientierung versagen. Wir haben seit der Renaissance-Ornamentik durchgehende Auflösungen beobachtet: die Vermengung der für uns getrennten Bereiche, die Aufhebung der Statik, den Verlust der Identität, die Verzerrung der 'natürlichen' Proportionen u. a. m. Wir sind neuen Auflösungen begegnet: der Aufhebung der Dingkategorie, der Zerstörung des Persönlichkeitsbegriffes, der Zertrümmerung der geschichtlichen Ordnung. (K., S. 199)

Die Entfremdung der Welt, der Verlust eines verbindlichen Normensystems und die daraus resultierende Orientierungslosigkeit werde durch den Einbruch unbenennbarer Mächte, eben das „Es“, bewirkt. „Was einbricht, bleibt unfaßbar, undeutbar, impersonal!“ Abgrund, Spuk, Grauen, Dämonen sind die Kayserschen Epitheta für jene Welt des „Es“.

Kayser siedelt hier die Verwandtschaft des Grotesken mit dem Absurden an. In der Tragödie werde gerade durch das „sinnlos Absurde“ noch Sinn- und Lösungsmöglichkeit eröffnet. „Der Gestalter des Grotesken darf und kann keine Sinngebung versuchen.“ Für Kayser bleibt das Groteske die Kunst der „Verrätselung“, der existentiellen Verunsicherung.

Dem Gesagten steht nun die auch Kayser nicht verborgen gebliebene Dimension des Lächerlichen und Komischen im Grotesken entgegen, und er findet, getreu seinem Ausgangspunkt, dafür eine Erklärung, die aus den literarischen Bezirken der 'schwarzen Romantik' stammt. Die Groteskgestalten E. T. A. Hoffmanns und die *Nachtwachen des Bonaventura* illustrieren am besten Kaysers Verständnis des Lächerlichen im Grotesken.

Man erfaßt eine Möglichkeit dazu am leichtesten bei der aus der satirischen Weltschau erwachsenen Groteske. Das Lachen stammt schon aus den komischen, karikaturistischen Vorbezirken. Selber schon mit Bitterkeit gemischt, nimmt es beim Übergang ins Groteske Züge des höhnischen, zynischen, schließlich des satanischen Gelächters an. (K., S. 201)

Von hier aus wird ersichtlich, warum Kayser in Verbindung mit seinem Verständnis der Entfremdung von den Gestaltungen des Grotesken als Spiel mit dem Absurden zu sprechen vermag. Er sieht dabei eine Skala, die von einem Beginn in Heiterkeit bis zu einem ausweglosen Grauen reichen kann. Da Kunst jedoch allemal Bewältigung und Überwindung von — mindestens formalen — Schwierigkeiten und Problemen darstellt, kommt auch Kayser dazu, in den echten künstlerischen Gestaltungen des Grotesken eine „heimliche Befreiung" von in und hinter unserer Welt liegenden dämonischen Mächten zu sehen. „Das Dunkle ist gesichtet, das Unheimliche entdeckt, das Unfaßbare zur Rede gestellt." Das Groteske gerät Kayser somit in seiner abschließenden Definition zum künstlerischen Exorzismus, dem Versuch, das Dämonische zu bannen und zu beschwören.

Gegen diese Position ist nun aus heutiger Sicht eine Fülle von Detail- und Grundsatzkritik anzumelden. Bevor dies unternommen wird, sei jedoch nochmals auf Kaysers Selektionsprinzipien und seine Werkinterpretationen, insbesondere mit dem im gegenwärtigen Zusammenhang interessierenden anglistischen Aspekt rekurriert. Es liegt in der Natur der Selektion, Kritik hervorzurufen. Kayser ist Germanist, und so ist ihm nicht zu verübeln, daß er sich auf dem Boden der deutschen Literatur am sichersten fühlt. Seine Definitionen sind aus der intensiven Beschäftigung mit den Malern und Grafikern Bosch, Bruegel, Callot und Goya, der modernen Phantastik sowie aus literarischen Werken der Romantik und einzelnen Werken des 20. Jahrhunderts, vor allem denen Kafkas, erwachsen. Obwohl zeitlich fixierbar, beanspruchen sie doch überzeitliche Geltung, zumal Kayser den Veränderungen der Wortgeschichte nur vom 16. bis zum 18. Jahrhundert einen gewissen Korrektivwert zumißt.

Zweifellos gelingt es Kayser mit seiner zwar angreifbaren aber in sich geschlossenen Groteskentheorie eine Fülle von hochinteressanten Einzelbeobachtungen, Detail- und Überblicksinterpretationen zu gewinnen, die ihre Höhepunkte bei Jean

Paul, E. T. A. Hoffmann, Poe, Gogol und Kafka hat. Hält man sich die in den letzten Jahren beträchtlich verkürzte Verfallszeit auch literaturwissenschaftlicher Werke vor Augen, so ist Kaysers Buch nach zwei Jahrzehnten noch immer eine glänzend geschriebene, voller Anregungen steckende Arbeit, die, gleichsam aus dem vollen schöpfend, nie ein Steckenpferd zu Tode reitet, sondern auch dem fachlich versierten Leser immer wieder Lichter aufsteckt, Perspektiven eröffnet, und sei es im Anreiz zur Kritik.

Was den anglistischen Aspekt angeht, so setzt Kayer hier mit Shakespeare ein. Eine Dimension des Grotesken bei Shakespeare ist ihm sehr wohl bewußt, doch trotz der Kenntnis von Knights *Lear*-Interpretation widmet er Shakespeare kein eigenes Kapitel, was zu den Merkwürdigkeiten des Kayserschen Konzepts gehört. Shakespeare, und hier insbesondere *As You Like It*, rückt in Zusammenhang mit dem romantischen Drama Arnims, Brentanos und Büchners in sein Blickfeld. Der Melancholiker Jacques und die Shakespeare verwandten Wortspiele Leonces eröffnen ihm jene bis zum Zerreißen gedehnte Spannung des Hugoschen Gegensatzes von sublim und grotesk,[11] in der sich zeitlos gültige Wahrheiten über menschliche Existenz im Paradox fassen lassen. In der englischen Literatur des 18. Jahrhunderts bezeichnet Kayser zwar Sterne, den er Jean Paul benachbart, als Dichter des Grotesken, spart ihn aber von einer Detailinterpretation aus. An der Behandlung Sternes läßt sich nachweisen, in welchem Maße Kayser seine Groteskthorie überzeitlich verstanden wissen will.

In der Unordnung des Erzählens, die vor uns geschieht, in der scheinbaren Willkür des Erzählers scheint uns die Unheimlichkeit eines Fremden zu liegen, von dem der Erzähler besessen wird und das in einem geheimen Bündnis mit den Fatalitäten des Gegenständlichen und der Fremdheit zwischen den Menschen steht. (K., S. 53)

Das Kaysersche „Es" also, angeblich unheimlich und unbenennbar, sei es, das in Sterne und aus Sterne heraus schreibe.

[11] Vgl. den Abschnitt über Hugo.

Warum aber wird dieses „Es" nicht als Un- und Unterbewußtes beschrieben, als verdrängte Sexualität, als in der Tradition der "oddity" stehende Stileigentümlichkeit in Zusammenhang mit Komik, Ironie und Satire näher analysiert? Kayser bleibt hier und an anderen Beispielen Antworten schuldig, flüchtet sich in „Dunkel", „Dämonie" und „Verrätselung", wo man sehr wohl angeblich geheimnisvoll im Dunkel lauernde Mächte dingfest machen und benennen könnte, ohne daß sich Groteskwirkung verflüchtigt. Die englischen Spielarten des Grotesken meist eigene Komik und der schwarze Humor bleiben dabei, soweit sie sich nicht dämonisieren lassen, weithin auf der Strecke.

Fielding wie Swift werden von Kayser kurz erwähnt, mit dem Grotesken aber nicht in nähere Verbindung gebracht; Smollett ist ihm keine Erwähnung wert. An Kaysers Behandlung Hogarths jedoch läßt sich abermals grundsätzliche Kritik formulieren. Das aus heutiger Sicht vielleicht entscheidende Versäumnis Kaysers besteht in seinem fast völligen Übersehen einer soziologischen Dimension und einer sozialkritischen Komponente in vielen Werken, die sich teilweise oder durchgängig des Grotesken bedienen.

Andrerseits [im Vergleich zu Goya, d. Verf.] scheint uns bei Hogarths graphischen Zyklen durchweg so bestimmend zu sein, daß sich das Groteske nur hier und da entfalten kann. Man kann auf dem berühmten Blatt *Die Schnapsgasse* die menschlichen Darstellungen und selbst den im Fenster Erhenkten noch als eindringliche Warnungen und Belehrungen deuten. Wenn aber im Hintergrund die Häuser einzustürzen beginnen, dann zeigt sich, daß hier eine Perspektive am Werk ist, die die Welt überhaupt als zerbrechend erschaut. (K., S. 20, Fn. 15)

Tatsächlich ist Hogarths Technik weitgehend realistisch, dabei satirisch-karikierend überhöht. Was Kayser jedoch „tendenziös" nennt, sollte man besser als die bittere Kritik an einer korrupten Regierung deuten, welche das Brennen von lebensgefährlichem Fusel, an dem Tausende erblindeten und Zehntausende zugrunde gingen, unterstützte, weil die Kornsteuer eine ihrer besten Einnahmequellen war. Und der Einsturz der Häuser in den Elendsvierteln vollzog sich beileibe nicht nur symbolisch;

die auch von Kayser zugestandene Groteskwirkung hat einen sehr realen Hintergrund.

Der deutsche Schauerroman oder sein englisches Gegenstück, die "gothic novel", wird von detaillierter Erörterung bei Kayser ausgeklammert.[12] Allerdings führt die Kenntnis der Theoriediskussion ihn zu der Feststellung:

> Mit seiner nachdrücklich gestalteten Entfremdung zwischen Natur und Mensch (und der Entfremdung des Ichs selbst) bereitet der Schauerroman die Gestaltung des Grotesken bei J. Paul, E. T. A. Hoffmann, E. A. Poe usf. vor. (K., S. 223, Fn. 28)

In seinem Element ist Kayser, wenn er die Beiträge Scotts und Poes zur Etablierung des Grotesken als „dichterische Kategorie" und zur Bedeutungsverschiebung des Wortes 'grotesk' würdigt. Scott und Poe müssen hier in engem Zusammenhang gesehen werden, da der Aufsatz Scotts über Romane E. T. A. Hoffmanns in der *Foreign Review* (1827)[13] höchstwahrscheinlich das Mittlerglied zwischen Hoffmann und Poe darstellt. Beider Groteskbegriff ist zentral für Kaysers eigenen Groteskbegriff. Er kommt seinen Definitionen sehr nahe und läßt sich auch losgelöst von soziologischen oder historischen Komponenten verwenden. Zu Recht verweist Kayser auf das in den meisten englischen Ausgaben unterschlagene Vorwort Poes zu den *Tales of the Grotesque and Arabesque* (1840) in dem es heißt: "If in many productions terror has been the thesis, I maintain that terror is not of Germany but of the Soul."[14] Damit wird das Groteske entscheidend zu einer Kategorie seelischen Erlebens umgeprägt.[15]

[12] Zur Entwicklung der Zusammenhänge zwischen Groteskbegriff und gothic novel vgl. Barasch, a. a. O., S. 110—115; 129—134. Thomsen, a. a. O., S. 287—324 und Jürgen Klein, *Der Gotische Roman und die Ästhetik des Bösen* (Darmstadt, 1975), S. 11—13, 21—56, 277—300, 370—376.

[13] Vgl. den Abschnitt über Scott.

[14] Zitiert bei Kayser, a. a. O., S. 214, Fn. 26.

[15] Vgl. Thomsen, a. a. O., S. 287—294.

Scott, so argumentiert Kayser, führe das Groteske vom Arabesken der Malerei her als literarische Kategorie in die englische Sprache ein. Weiterhin löse er "grotesque" von der Bindung an eine bestimmte Gegenständlichkeit (Ornamentik, Figur, Landschaft), und mache es zu einer allgemeinen Kategorie. Scott verwende schließlich "grotesque" „nicht nur als Eindruckswort, sondern als Bezeichnung für eine genau angegebene Struktur der dichterischen (bzw. malerischen) Realität". (K., S. 83)

Wenn bei Kayser auch die Begriffe „ästhetische", „dichterische" und „allgemeine Kategorie" terminologisch nicht sauber voneinander geschieden sind, so wird doch deutlich, wie Poe auf Scott aufbaut und in welchem Maße hier ein psychologisches Groteskverständnis Platz gegriffen hat. Poe nun gebrauche "grotesque" nicht mehr pejorativ, sondern er verwende das Wort 'grotesk' auf zwei Ebenen:

... als Bezeichnung für eine konkrete Situation, in der die Ordnung der Welt aus den Fugen geraten ist, und als Bezeichnung für den 'Tenor' ganzer Geschichten, in denen von dem Erschreckend-Unfaßbaren, dem Unerklärlich-Nächtlichen, gelegentlich auch dem Phantastisch-Bizarren erzählt wird. (K., S. 84)

Als Beispiel interpretiert Kayser Poes Geschichte *The Masque of the Red Death* (1842), der er höchstes Lob zollt, sie sei „vielleicht die vollständigste und treffendste Bestimmung, die das Wort 'grotesk' je bei einem Schriftsteller bekommen hat". (K., S. 84)

Die Verzerrung in den Elementen, die Mischung der Bereiche, die Gleichzeitigkeit von Schönem, Bizarrem, Schaurigem und Eklem, die Verschmelzung zu einem turbulenten Ganzen, die Entfremdung ins Phantastisch-Traumhafte (Poe pflegte von seinen 'Wachträumen' zu sprechen), alles ist hier in den Begriff des Grotesken eingegangen. Die Welt ist vorbereitet für den Einbruch des Nächtlichen, das als rot maskierter Tod den Untergang bringen wird. (K., S. 84)

Kaysers Interpretation wird so ausführlich zitiert, weil ihm damit das Verdienst gebührt, die Poesche Groteskkonzeption prägnanter als irgend jemand zuvor herausgearbeitet zu haben, und weil sie zum anderen die Einseitigkeit und ästhetische Gebundenheit des Kayserschen Groteskbegriffs unter Beweis stellt. Der « danse macabre » auf dem Fest des Prinzen Prospero wird mit exquisiter ästhetischer Sensibilität dargestellt. Der Tod trifft die untergangsbereite, wehrlose Decadence in ihrer äußersten Schönheit. Die Umwandlung des Groteskbegriffs, die der gotische Roman bewirkt hatte, erreicht hier einen ästhetischen Gipfelpunkt, aber die alleinige, überzeitliche Bestimmung des Grotesken ist dies keineswegs. So weit ist Kayser auch nicht gegangen, doch die Ausgrenzung des Komischen aus seinem Groteskverständnis wird an kaum einer anderen Stelle seines Buches deutlicher und plausibler vorgeführt.

Auf Aspekte des Grotesken in der englischen Literatur des 19. Jahrhunderts geht Kayser in seinem Kapitel „Das Groteske im Realismus des Auslandes“ (S. 131—139) kurz ein. Er schickt voraus, daß Spanier und Engländer schon von Jean Paul als diejenigen europäischen Völker benannt worden seien, denen die Neigung zum Grotesken eingeboren sei. Leider läßt er es jedoch bei einigen stimulierenden Hinweisen bewenden. Kayser erkennt, welche Fundgrube Dickens' Werk für Interpretationen unter dem Signum des Grotesken wäre, schließt jedoch auch ihn von eingehender Analyse aus, „... so verlockend es an sich und im Vergleich mit der realistischen Groteske in Deutschland wäre“. (K., S. 133)

Bei der Erörterung Edward Lears und Lewis Carrolls gibt Kayser wenigstens Fingerzeige für weitere Nachforschungen. Er zieht Parallelen zu Wilhelm Busch, rühmt beider „reizbare Wortphantasie und sprachliche Schöpferkraft“ (K., S. 132) und rechnet ihr Werk den phantastischen Grotesken zu, in denen vertraute Formen unserer Umwelt verfremdet und so in ihrer erschreckenden Doppelbödigkeit sichtbar gemacht würden.

Englische und amerikanische Literatur des 20. Jahrhunderts findet mit Ausnahme von Joyce, der mehrmals als Fixpunkt moderner Groteskgestaltung angesprochen, aber nie näher untersucht wird, keine Erwähnung bei Kayser. Auch hier klaffen

Lücken, die eine Geschichte des Grotesken in der Literatur ausfüllen müßte.[16] Ungeachtet aller anglistischen Desiderata ging Kayser komparatistisch genug vor, um der anglo-amerikanischen Groteskforschung neuen Auftrieb zu verleihen.

Auf die Germanistik hat Kaysers Buch derart dominierend eingewirkt, daß die meisten Arbeiten zum Grotesken noch bis in die unmittelbare Gegenwart unter seinem Bann stehen und sein terminologisches Repertoire höchstens geringfügig variieren.[17] Die internationale Kritik an Kayser konzentriert sich auf die Punkte: historischer Einsatz mit Wortgeschichte ab dem 16. Jahrhundert und Werksanalyse eigentlich erst ab dem 18. Jahrhundert, Kaysers Definitionen und die sie begleitenden terminologischen und sprachlichen Unschärfen, Unterbetonung des komischen Moments bei Überbewertung der düsteren, grauenerregenden Komponenten und fehlender gesellschaftlicher Einbindung grotesker Kunst.

Unter den zahlreichen Rezensionen zu Kaysers Buch erlangte insbesondere die Leo Spitzers einen Ruf als eigenständige, anregungsreiche Arbeit zum Grotesken.[18] Spitzer würdigt Kayser insgesamt sehr positiv. Obwohl er feststellt, daß sich an den Resultaten von Kaysers Begriffsklärung vorderhand nicht werde rütteln lassen, weist er nachdrücklich auf eine wesentliche Schwachstelle bei Kayser hin:

Nicht nur enthielt das Wort *grotesque,* als es in romanischen Landen auftauchte, noch nicht gleich den Begriff dessen, was wir heute 'grotesk'

[16] Vgl. hierzu die Ausführungen in der Einleitung.

[17] Hierzu zählen u. a.:

Thomas Cramer, *Das Groteske bei E. T. A. Hoffmann* (München, 1966, ^{2}1970);

Rolf Hackenbracht, *Die Groteske in Jean Pauls Dichtungen* (Diss., Bonn, 1970);

Gerhard Mensching, *Das Groteske im modernen Drama. Dargestellt an ausgewählten Beispielen* (Diss., Bonn, 1961);

Hannes Leopoldseder, *Groteske Welt* (Bonn, 1973).

[18] Leo Spitzer „Wolfgang Kayser, *Das Groteske*", in: *GGA* (1958), S. 95—111.

nennen, sondern es gab auch Groteskes, bevor dieser Name erfunden war, d. h. vor der Renaissance.[19]

Flögel und zahlreiche andere Autoren hatten durchaus — allerdings wenig differenziert — auf antike und mittelalterliche Groteskkunst hingewiesen, bei Kayser fallen darüber höchstens gelegentliche Andeutungen. Spitzer nun versucht, einige Wegemarkierungen für die Untersuchung mittelalterlicher Grotesken aufzustellen. Er verweist mit Nachdruck darauf, daß Dante und das Mittelalter die Requisitenkammer grotesker Formen für die abendländische Groteskkunst bereitgestellt hätten. Er skizziert mögliche Untersuchungen über Fastnachtsbräuche, Teufels- und Höllendarstellungen, Apokalypse oder die bekannten Versuchungen des hl. Antonius im Kontext des Grotesken. Von C. S. Lewis berühmtem Buch *Allegory of Love* her argumentierend, stellt Spitzer die These auf, daß die allegorische Groteske des Mittelalters sich von der unseres modernen Weltbildes in einem wichtigen Strukturzug unterscheide, den man durch den Gegensatz Verfremdetheit—Verfremdung formulieren könnte. Weiterhin weist Spitzer künftigen Arbeiten über mittelalterliche Groteskkunst den Weg, wenn er betont, daß groteske Kunst durchaus nicht etwa als „einzelner gotischer Wasserspeier" existiere, sondern inmitten eines Systems oder einer Architektur selbst systematisch eingeordnet sei. Spitzer verweist außerdem noch darauf, daß die „Sprachgroteske" bei Kayser unterrepräsentiert sei.

In der anglo-amerikanischen Groteskforschung und Kritik ist Jennings nahezu gleichzeitig mit Kayser zu ähnlichen Ergebnissen gelangt,[20] sind Gleeson [21] und Hopkins [22] ihm gefolgt und

[19] Spitzer, a. a. O., S. 98.

[20] Lee Byron Jennings, *The Ludicrous Demon,* University of California Publications in Modern Philology, vol. 71 (Berkeley, 1963). Dieser Studie voraus ging Jennings Dissertation *The Grotesque Element in Post-romantic German Prose: 1832—1887* (Diss., Univ. of Illinois, 1955).

[21] Vgl. Gleeson, a. a. O.

[22] Vgl. Hopkins, a. a. O.

bauten Clayborough, Steig und Stevick[23] die psychologisch-psychoanalytische Komponente der Grotesktheorie aus. Der Jung-Schüler Clayborough als der bislang ausführlichste unter ihnen bemängelt Kaysers Auswahlkriterien, ohne freilich eine wirkliche Alternative anzubieten.[24] Er kritisiert überdies eine Reihe von Inkonsistenzen der Kayserschen Theorie, stützt sich in seinem eigenen theoretischen Ausgangspunkt allerdings auf Kaysers zweite Definition vom Einbruch eines impersonalen *Es*, unbewußter und unterbewußter Kräfte, die groteske Gestaltung hervorriefen. Massive Kritik übt Clayborough an Kaysers vierter Definition, an der ihm die Termini des Exorzistischen eine zu starke Betonung des dämonischen, düsteren und irrationalen Aspekts im Grotesken darstellen. Kayser bleibe die Antwort auf die Frage, was da so geheimnisvoll faszinierend-abstoßend sei ebenso schuldig wie die Frage, durch wen oder was der Exorzismus bewirkt werde.

Für Philip Thomson ist Kayser ebenfalls der einzige Großmeister der Groteskforschung,[25] aber er verweist mit einer gewissen amüsierten Distanz auf des Deutschen „somewhat melodramatic overemphasis on the demonic" [26] und darauf, daß Kayser die furcht- und grauenerregenden Seiten des Grotesken völlig ins Irrationale verschoben habe.

Die marxistische Schulästhetik hat mit dem Grotesken seiner subversiven Ambiguität und seiner Zubilligung eines Freiraums

[23] Vgl. Clayborough und Steig, a. a. O. und Philip Stevick, "The Augustan Nose", in: *The University of Toronto Quarterly* (1965), S. 110—117. Insbesondere Steig deckt in "Defining the Grotesque" die psychologischen Schwächen von Kaysers Theorie auf: "The central weakness of Kayser's study is that it does not follow through on the psychological implications of its approach, does not attempt to analyze what actually goes on between the work and its perceiver, does not unambiguously locate the demonic within man himself." S. 254.

[24] Vgl. Clayborough, a. a. O., S. 63—69.

[25] Vgl. Thomson, a. a. O., S. 11.

[26] Thomson, a. a. O., S. 18.

gestalterischer Phantasie und Autonomie wegen beträchtliche Schwierigkeiten.[27] Die Arbeiten des in der Provinz lehrenden und lange Zeit infolge seiner antistalinistischen Ideologiekritik totgeschwiegenen Michail Bachtin stellen jedoch einen Sonder-

[27] Illustrieren läßt sich dies vorzüglich an den Arbeiten von Kuczynski und Kühne zum Grotesken.

Erich Kühne, „Satire und groteske Dramatik. Über weltanschauliche und künstlerische Probleme bei Dürrenmatt", in: *Weimarer Beiträge* (1966), H. 4, S. 539—65, argumentiert in strammer Dogmatik, die weiß, wie ein Kunstwerk auszusehen und was es zu beinhalten habe. Ambiguität und potentielle Subversität des Grotesken müssen daher zwangsläufig abelehnt werden. Im Fazit lautet das Urteil über Dürrenmatt dann folgendermaßen:
„Die groteske Dramatik, gestaltet auf einer weltanschaulichen Position wie der Dürrenmatts, gibt in ihrem deutlich ausgeprägten komödischen Ansatz eine teilweise Widerspiegelung der geschichtlich revolutionierenden Prozesse einer kapitalistischen Gesellschaftsepoche. Dieser Ansatz wird aber überdeckt oder abgebogen durch eine der komödischen Realistik entgegengesetzte groteske Aussage, die zwar eine Form des Komödischen ist, die der realistischen Komödie eigene geschichtlich wahrheitsgemäße Tendenz durch eine eigenartige künstlerisch-weltanschauliche Verabsolutierung aber verläßt. Der im Ansatz richtig widergespiegelte Charakter der Geschichtsepoche wird in sein Gegenteil umgekehrt." (S. 565)

Jürgen Kuczynski dagegen in „Victor Hugos *Cromwell* und das Problem des Grotesken", in: *Gestalten und Werke. Soziologische Studien zur englischsprachigen und französischen Literatur* (Berlin, 1971, S. 327—363), rettet das Groteske für den Sozialismus, indem er es mit etwas zweifelhafter Dialektik der realistischen Kunst zuzählt. „Nur ist das Groteske nicht ein Symbol für das Zwiespältige, sondern wird durch die Zwiespältigkeit erst geboren und ist etwas sehr Reales. Ohne Groteske keine Realität, keine Realität ohne Groteske." (S. 348)

Immerhin weist Kuczynski damit einen Weg, der der Vielfalt moderner grotesker Literatur in den Staaten des Ostblocks eine Möglichkeit zur Billigung durch die offiziellen Kunstrichter eröffnet. Wie schwierig dies ist, kann daran demonstriert werden, daß noch 1975 einem rumänischen Freund des Schreibenden die Promotion mit einer Arbeit über das *Groteske in den modernen darstellenden Kün-*

fall dar.[28] Bachtins Kritik an Kayser ist grundsätzlicher Natur. Er wirft Kayser vor, keine allgemeine Theorie des Grotesken geschaffen zu haben, sondern eine Theorie der romantischen und modernistischen Groteske. Durch die Brille einer modernistischen Groteske sehe er sogar noch die Romantik; auf die Jahrtausende grotesker Kunst vor der Romantik sei Kaysers Theorie nicht anwendbar. In Übereinstimmung mit der angloamerikanischen Kritik rügt Bachtin den düsteren, Furcht und Entsetzen erregenden Gesamtton der grotesken Welt bei Kayser. In Wirklichkeit sei dieser Ton der Entwicklung des Grotesken bis zur Romantik völlig fremd. Kayser spreche wiederholt von der für das Groteske charakteristischen Freiheit der Phantasie, seine Groteskwelt werde aber von der impersonalen, fremden, dämonischen Macht eines *Es* beherrscht. Den daraus resultierenden Widerspruch vermöge er nicht aufzulösen. Bachtin selbst leitet das Groteske aus einer volkstümlichen Lachkultur und karnevalistischem Weltempfinden her. Für Rabelais, Bachtins Hauptuntersuchungsgegenstand, bietet seine Theorie geradezu geniale Einsichtmöglichkeiten; Züge des Zutreffens der Bachtinschen Theorie sind auch an grotesker Kunst des Klassizismus, der Romantik und der Moderne häufig unverkennbar. Unfreiwillig ironischerweise wertet Bachtin die Moderne jedoch mißdeutend und ohne tiefere Kenntnis als „modernistisch" ab und stellt einen wohl nur unter politischen Implikationen zu verstehenden Zweckoptimismus bezüglich der Vitalität, Fröhlichkeit und konstruktiv kritischen Weltsicht des Grotesken zur Schau. Seine eigene Theorie besitzt dort Anspruch auf überzeitliche Aspekte, wo sie jene, die Grenzen von Leib und Welt, Leben und Tod

sten verweigert wurde, weil seine Thesen zum Grotesken der offiziellen Kunstdogmatik allzusehr zuwiderliefen.

[28] Bachtin, a. a. O., Neben Bachtins Rabelais-Buch entwickelt vor allem sein Buch über Dostojewski, *Problemy poetiki Dostojewskowo (Probleme der Poetik Dostojewskis)* (Moskau, ²1963) mit einer Theorie über karnevalistisches Weltempfinden Ansätze zu einer Grotesktheorie.

überschreitende Tendenz des Grotesken in den Vordergrund schiebt. Von Rabelais herkommend, neigt Bachtin jedoch ähnlich wie seinerzeit Schneegans zur Verabsolutierung einer bestimmten Ausprägung grotesker Kunst, und man kann seiner Theorie eben jenen Vorwurf nicht ersparen, den er Kayser macht. Kombiniert man die Theorien Kaysers und Bachtins, erhält man in der Tat eine wesentlich umfassendere Übersicht über Ausfaltungen und Tiefendimensionen grotesker Kunst.

Die radikalste Kritik an Kayser jedoch stammt aus der neueren Germanistik, nämlich von Arnold Heidsieck, der als einziger Kritiker Kayser vorwirft, er habe seinen thematischen Gegenstand überhaupt verfehlt, und zwar deshalb, weil er den Begriff nicht aus dem ästhetischen Inhalt, sondern am Faden der Wortgeschichte und als reine Stilkategorie entwickele.[29] Dies führe zu einer Verwirrung, in der alles Strukturelle untergehe. Weitere wesentliche Kritikpunkte Heidsiecks lauten, Kayser habe seinen Groteskbegriff nicht klar strukturiert, er enthalte unterschiedslos zu vieles, das Spezifische des Grotesken sei nicht klar genug herausgearbeitet, Kaysers Zentralbegriff der „entfremdeten Welt" werde nicht in Abstimmung mit seinem philosophischen Gehalt (Hegel, Marx, Freud) verwendet und zudem unpräzise mit „fremd" und „verfremdet" vermengt. Im Gegensatz zu Bachtin, aber mit besserer Kenntnis moderner Kunstentwicklungen, behauptet Heidsieck, daß moderne Groteskkunst ganz andere Inhalte und Formen zeige als die von Kayser verabsolutierte romantische. Weder könne Kayser die wichtige Frage nach Ursprung und Bedeutung des Lachens im Grotesken beantworten, noch beziehe er das Groteske genügend auf gesellschaftliche Realität. Heidsieck grenzt das Groteske gegen das Phantastische ab und widersetzt sich auch Kaysers Bemühungen, den Surrealismus in das Groteske einzugemeinden. Insbesondere zieht Heidsieck auch gegen Kaysers verschwommene, mythologische, aber ihres mythologischen Gehalts entkleidete Sprache zu Felde. Nach Heidsiecks Überzeugung können die vorgeblich

[29] Heidsieck, a. a. O., S. 28.

dunklen Mächte, die nach Kayser das Wesen des Grotesken ausmachen, benannt, rationalisiert und dingfest gemacht werden, ohne daß die Wirkung grotesker Kunst verlorengehe. Heidsiecks Kritik gilt in gleichem Maße Hockes Manierismusbegriff, der all das umfasse, was Kayser spezifisch grotesk nenne.[30]

In der Tat ist Hockes Manierismusbegriff von der Porosität eines überaus saugfähigen Schwammes, und Heidsieck gehört zu jener jüngeren Germanistengeneration, der das durch ältere geisteswissenschaftliche Tradition geprägte Sprachgebaren vieler ihrer Kollegen als unsachliches Raunen erscheint, in dessen Schwingungen allenfalls emotionale Annäherungen an Sachverhalte, aber nicht präzis feststellbare Tatsachen eingefangen werden können.

Zweifellos überzieht Heidsieck seine Polemik gegen Kayser. Viele seiner eigenen Thesen und Definitionsansätze sind, vor allem unter historischem Blickwinkel, ebenfalls angreifbar. Spezifische Wissenschaftssprache, ja sogar Wissenschaftsjargon, sind zudem bekanntlich jeder Zeit zu eigen. Die Schlagworte von gestern wandern in immer schnellerem modischen Wechsel auf den Phrasenmüll. Dennoch muß wohl eingestanden werden, daß kein Kritiker die Schwächen der Kayserschen Groteskheorie so deutlich bloßgelegt hat wie Heidsieck. Und indem Heidsieck nicht in der Demutsgebärde des ehrfürchtigen Kniefalls vor Kaysers Meisterleistung verharrt, bringt er in erfrischender Weise die wissenschaftliche Diskussion um das Groteske voran und auf einen Stand, von dem aus sich gerade die gesellschaftlichen Bezüge grotesker Kunst diskutieren lassen.

[30] Vgl. Gustav René Hocke, *Die Welt als Labyrinth. Manier und Manie in der europäischen Kunst*, rde, Bd. 50/51 (Hamburg, 1957); ders., *Manierismus in der Literatur*. Sprach-Alchimie und esoterische Kombinationskunst. Beiträge zur vergleichenden europäischen Literaturgeschichte, rde, Bd. 82/83 (Hamburg, 1959).

IV. DIE ENTWICKLUNG DER GROTESK-FORSCHUNG NACH WOLFGANG KAYSER

A. Neuansätze der Theorie

1. Lee Byron Jennings, *The Ludicrous Demon* (1963) [1]

Der amerikanische Germanist Jennings arbeitete parallel zu Kayser über das Groteske und gelangte zunächst 1955 in seiner unpublizierten Dissertation *The Grotesque Element in Post-Romantic German Prose 1832—1882* [2] auch auf theoretischem Gebiet zu ähnlichen Ergebnissen, was sachlich und historisch bedingt sein mag; sowohl der theorieprägende Hauptforschungsgegenstand wie auch das wissenschaftliche Zeitklima liegen eng beieinander. Jennings vertiefte in den Folgejahren in einer Reihe von Aufsätzen über Keller, Mörike und Storm seine Ansätze zum Grotesken [3] und veröffentlichte dann 1963 seine Dissertation in überarbeiteter Form, wobei er sich in seinem einleitenden theoretischen und begriffsgeschichtlichen Essay "The Term

[1] Lee Byron Jennings, "*The Ludicrous Demon.* Aspects of the Grotesque in German Post Romantic Prose", University of California Publications, in: *Modern Philology*, vol. 71 (Berkeley and Los Angeles, 1963).

[2] Ders., *The Grotesque Element in Post Romantic German Prose, 1832—1882* (Unpubl. Diss., Univ. of Illinois, 1955).

[3] Ders., "Gottfried Keller and the Grotesque", in: *Monatshefte*, IL (1958), S. 9—20.

Ders., "Mörike's Grotesquery: a Post Romantic Phenomenon", in: *JEGP*, LIX (1960), S. 600—616.

Ders., "'Shadows from the Void' in Theodor Storm's Novellen", in: *GR*, XXXVII (1962), S. 174—189.

Grotesque"[4] mit Kayser auseinandersetzt und differenzierte Positionen bezieht.

Jennings geht von einer empirischen, jedoch statistisch nicht näher dokumentierten Untersuchung des gegenwärtigen Wortgebrauchs von "grotesque" in den Vereinigten Staaten aus und belegt, daß die Spannbreite des umgangssprachlichen Gebrauchs dieses Begriffs von "eccentric" über "fantastic", "absurd" bis zu "morbid", "monstrous", "ugly" und "deformed" reiche, sich mithin wissenschaftssprachlicher Verwendung weitgehend entziehe, da der Begriff zu diffus sei. Eine umgangssprachliche Definition lasse sich in einer Vielzahl von Fällen mit "grossly out of keeping with the circumstances or their reasonable interpretation" umschreiben.[5] Jennings erkennt zwar die Möglichkeit an, Unterkategorien des Grotesken aufzustellen, sucht aber nach einem Bedeutungskern, "a single pole about which the various concepts may revolve",[6] um sich des Grotesken mit hinreichender Präzision als wissenschaftlich verwendbarer ästhetischer und literaturwissenschaftlicher Kategorie bedienen zu können. Auf deskriptiver Ebene wird zunächst "distortion" als solcher Pol festgestellt, "the standard form that undergoes change is that of the human body and face".[7] Hierbei übersieht Jennings, daß seit alters (Lear!) auch der menschliche Verstand den Distortionsprinzipien des Grotesken unterworfen sein kann. Die Verzerrung tendiere in Richtung auf Chaos und Formauflösung, Normen würden durch Anti-Normen ersetzt.

Bis hier können Jennings' Gedankengänge noch kaum Anspruch auf Originalität erheben, und auch die These, Groteskes repräsentiere "in a sense, an organic whole, in that a living creature is represented, an 'organism' made up of parts that should not function together, but plainly do so",[8] teilt er zu-

[4] Jennings, *The Ludicrous Demon*, S. 1—27.

[5] Jennings, a. a. O., S. 4.

[6] Jennings, a. a. O., S. 6.

[7] Jennings, a. a. O., S. 8.

[8] Jennings, a. a. O., S. 10.

mindest mit Kayser. Zum Kernbereich des Grotesken gehört laut Jennings "always a combination of fearful and ludicrous qualities".[9] Diesen Standpunkt hatte bereits die Theorie des 18. und frühen 19. Jahrhunderts vertreten; Jennings gewinnt ihm allerdings Vertiefung ab, indem er im folgenden seine Argumentationsebene auf wirkungsästhetische und psychologische Aspekte verlagert. Das Groteske entspringe psychologischen Beziehungen und Spannungszuständen, in denen "fear and amusement" ein Gleichgewichtsgefüge eingingen, die stärkste Groteskwirkung werde erzielt, wenn lächerliche und furchterregende Elemente annähernd gleich ausgeprägt vorhanden seien. Das Auftreten des Grotesken in Träumen, in der Kunst und Mythologie primitiver Volksstämme und in den Visionen Geisteskranker verweise auf elementare, psychologische Zusammenhänge und Ursprünge, das Groteske könnte hier als "disarming mechanism" verstanden werden.

The formation of fear images is intercepted, at its very onset, by the comic tendency, and the resulting object reflects this interaction of opposing forces.

The embodiment of fear is at the same time a product of playfulness, the demonic menace of the figures is balanced by the trivial and droll, and the demon evolves into a clown or fool.[10]

In einer seiner Anmerkungen postuliert Jennings auch eine besondere künstlerische Begabung für das Groteske, die Destruktionsfähigkeit und eine Fähigkeit zur überraschenden Neuzusammensetzung der Teilbereiche normaler Realität miteinander verbinde und auf einer "image-forming activity deep within the mind" beruhen müsse.[11]

Jennings spricht damit lediglich aus, was ohne die Kenntnis moderner psychologischer Theorien und Terminologie schon zahlreiche frühere Theoretiker des Grotesken von Jean Paul bis zu Karl Rosenkranz auf ihre Weise formuliert oder zumindest ver-

[9] Jennings, a. a. O., S. 10.

[10] Jennings, a. a. O., S. 14—15.

[11] Jennings, a. a. O., S. 15, Anm. 58.

mutet hatten. Er geht aber über sie und auch über Kayser hinaus, indem er bemüht ist, die psychologischen Mechanismen und Prozesse aufzuzeigen, die hinter Kaysers „ES“, der Terminologie von der Entfremdung und Bannung des Dämonischen im Grotesken stecken mögen. Jennings argumentiert, das Furchtbare trete im Grotesken in harmloser Verkleidung auf, bei seinen spielerischen Seiten bestünde ständig die Gefahr eines Absinkens in bodenlose Abgründe und Horror. Diese Gedankengänge gehören ebenfalls dem traditionellen Fundus theoretischen Gedankenguts zum Grotesken an, die Einschränkung jedoch, das Groteske sei das trivialisierte Dämonische, "the demonic made trivial", ist seine eigene Zutat und überdies durchaus anzweifelbar. Von hier aber gelangt Jennings zu seiner Definition,

> ... it (the grotesque) essentially consists in the imposing of ludicrous and trivial features on an element of demonic fear in order to disarm it, that the grotesque is thus the demonic made ludicrous.[12]

Näher betrachtet stellt diese Definition weitgehend eine Kombination der zweiten und vierten Definition Kaysers dar,[13] wobei er von dem psychologischen Prozeß ausgeht, der im Künstler oder dem jeweiligen Groteskproduzenten abläuft und dann zur Gestaltung des Grotesken in einem Werk führt. Kayser würde in Rechnung stellen, daß derartige Prozesse überhaupt erst als Reaktion auf Dämonisches in der Außenwelt zustande kommen können, ein alter Streit, der von keinem der beiden Kontrahenten entschieden wird.

Jennings bindet groteske Gestaltung zunächst an bestimmte Objekte und Figuren, weitet seine Definition dann aber auch auf groteske Situationen aus, die von gleichartigen psychologischen Prozessen hervorgerufen würden. Diese Situationen beschränkt er nicht auf literarische oder sonstige künstlerische Gestaltung, sondern versteht sie als "violation of the basic norms of experience ... creation of an entirely new ordering

[12] Jennings, a. a. O., S. 2, Anm. 6.

[13] Vgl. den vorausgegangenen Abschnitt über Kayser, S. 147.

principle, an 'anti-norm'".[14] Insgesamt jedoch möchte Jennings das Groteske auf konkrete Objekte und Situationen primär visueller Natur beschränkt sehen, grotesken Stil schließt er aus.

Interessant und überdenkenswert sind die abschließenden Überlegungen, die Jennings zur psychologischen Struktur groteske Werke schreibender Autoren anstellt. Er ortet mit seiner psychoanalytischen Sonde diese Autoren in der Mehrzahl als Menschen, die allem äußeren Anschein zum Trotz eine optimistische Lebenseinstellung hätten, deren Welt "essentially ordered and harmonious" sei. Im Grotesken nun biete sich den Autoren ein Focus für die Gestaltung all dessen an, was sie fürchteten und verabscheuten, es öffne andrerseits dem Interpreten Zugang zu dunklen, meist verborgenen Seiten im Weltverständnis dieser Autoren. Die Vorliebe für das Groteske nehme also die Funktion wahr, "of protecting the author's mental equilibrium against the forces which would destroy it".[15]

Im Dienst von Satire und Karikatur würden dagegen die komischen und spielerischen Seiten des Grotesken zu Angriffswaffen umfunktioniert. Jennings erhält damit eine Theorie, deren praktische Anwendbarkeit in der Interpretationsarbeit überprüfbar ist. Sie ist der Kayserschen verwandt, präzisiert manche der vagen psychologischen Ansätze Kaysers schärfer und betont nicht so einseitig die dunklen, Furcht und Grauen erregenden Seiten des Grotesken wie die deutsche Theorie. Sie vernachlässigt allerdings historische und soziologische Komponenten und läßt das Groteske als stilistisches Phänomen bewußt außer acht.

14 Jennings, a. a. O., S. 18.
15 Jennings, a. a. O., S. 24.

2. Michail Bachtin, „Die groteske Gestalt des Leibes" (1965)[1]

Bachtins Kritik an Kayser wurde bereits referiert.[2] Seine eigene Theorie des Grotesken, die aus der Beschäftigung mit literarischen Werken des Mittelalters und der Renaissance erwachsen ist, soll im folgenden kurz vorgestellt werden, weil sie sich einerseits dazu eignet, an englischen mittelalterlichen und elisabethanischen Dramen erprobt zu werden und ihr andrerseits auch in der modernen Dramen- und Romanliteratur erneut Bedeutung zukommt.

Bachtin wendet sich dem originären Kernbereich grotesker Kunst, nämlich der Darstellung des menschlichen Körpers zu, wobei er sehr schnell von der Bildkunst zur Literatur überwechselt. Er geht davon aus, daß grotesken Gestalten eine besondere Vorstellung vom körperlichen Ganzen und von dessen Grenzen zugrunde liege. „Die Grenzen zwischen Leib und Welt und zwischen Leib und Leib verlaufen in der grotesken Kunst ganz anders als in der klassischen oder naturalistischen."[3] Dies impliziert, daß groteske Kunst wohl realistisch, aber nicht naturalistisch sei und daß überdies bestimmte antiklassische Zeiten in besonderem Maße das Groteske pflegen, bzw. groteske Kunst als permanente Unterströmung in jeder Zeit vorhanden sei.

Jeder Kenner mittelalterlicher Dramatik oder Rabelais' wird bestätigen, daß Bachtin wesentliche Aussagen zur grotesken Körperlichkeit der Figuren in diesen Werken zu machen weiß. Gesicht und Leib sind die markanten Darstellungsbereiche des Grotesken, wobei vom Gesicht nur Mund und Nase — die

[1] Michail Bachtin, „Die groteske Gestalt des Leibes", in: *Literatur und Karneval. Zur Romantheorie und Lachkultur* (München, 1969), S. 15—23. Aus: Twortschestwo Franşua Rabele i narodnaja kultura srednewekowja i renessansa (Moskau, 1965).

[2] S. o. im Abschnitt über Kayser, S. 158—160.

[3] Bachtin, a. a. O., S. 15.

außerdem den Phallus vertritt — zählen, während die Augen mehr das individuelle innere Leben des Menschen ausdrücken und für groteske Gestaltung nur dann in Frage kommen, wenn sie unter Anspannung hervorquellen. „Für das Groteske gewinnen allerlei Auswüchse und Abzweigungen besondere Bedeutung, die den Leib außerhalb des Leibes fortsetzen, die ihn mit anderen Leibern oder mit der nichtleiblichen Welt verbinden.“ [4] Zentrum des grotesken Gesichts sei der aufgerissene Mund, ein klaffender und verschlingender leiblicher Abgrund.

Der groteske Leib ist ein werdender Leib. Er ist niemals fertig, niemals abgeschlossen. Er ist immer im Aufbau begriffen, im Erschaffenwerden. Und er baut und erschafft selbst den anderen Leib. Außerdem schlingt dieser Leib die Welt in sich hinein und wird selber von der Welt verschlungen. Die wesentliche Rolle im grotesken Leib spielen deshalb jene Teile, jene Stellen, wo der Leib über sich hinauswächst, wo er seine Grenzen überschreitet, wo er einen neuen (zweiten) Leib zeugt: der Unterleib und der Phallus.[5]

Damit evoziert Bachtin die vitalprotzende Sündhaftigkeit der "Vices" wie gleichermaßen die hyperbolische, wahrhaft weltverschlingende Freßsucht Gargantuas, dem schon als Säugling „siebzehntausend neunhundert und dreizehn Küh' verschrieben wurden, für gewöhnlich ihn zu säugen“ [6] und der als erwachsener Mann zu jedem Essen gigantische Mengen von Braten, Wein, Würsten, Schinken etc. in sich hineinfraß, wobei ihm „vier seiner Leute ohn' Unterlaß einer nach dem anderen Mustrich mit vollen Schaufeln ins Maul warfen“.[7] Die Unbefangenheit bei der Darstellung geschlechtlicher Dinge in diesen Werken spielt ebenfalls eine wichtige Rolle in Bachtins Groteskkonzept. Das Groteske repräsentiert für ihn eine zutiefst menschliche, weltliche und letztlich optimistische Kunst und damit grund-

[4] Bachtin, a. a. O., S. 16.

[5] Bachtin, a. a. O., S. 16—17.

[6] François Rabelais, *Gargantua und Pantagruel,* übersetzt von Gottlob Regis, Ludwig Schrader (Hrsg.), (München, 1964), Bd. I, Kap. VII, S. 26.

[7] Rabelais, *Gargantua,* Bd. I, Kap. XXI, S. 59.

sätzliche Zielsetzungen von Kunst überhaupt; es ist Ausdruck menschlichen Selbstbehauptungswillens noch unter den widrigsten Umständen. Der groteske Leib überwindet immer wieder die Grenzen von Leib und Leib und Leib und Welt im Zuge eines Austausches und gegenseitiger Orientierung. Für die künstlerische Logik der grotesken Gestalt zählen laut Bachtin nur hervorstehende Körperteile und Körperöffnungen, keine Flächen, welche Individualität nach außen abschließen. Groteske Logik künstlerischer Darstellung bleibe denn auch nicht bei der Gestaltung von menschlichen Körpern stehen, sondern übertrage ihre Prinzipien auch auf Natur und Dingwelt, „wo gleichfalls die Vertiefungen, die Löcher und die hervorragenden Stellen fixiert werden. Berge und Abgründe bilden das Relief des grotesken Leibes. Oder, architektonisch gesprochen: Türme und Kellergewölbe.“ [8]

Auf die englische Literatur bezogen, wären wir damit unversehens beim gotischen Roman gelandet, und die Phallussymbolik von Beckfords Turm in Fonthill und in *Vathek* läßt sich denn auch ebensowenig bezweifeln wie die untergründigen, psychologischen Zusammenhänge von gotischem Gruselfundus, “persecuted maiden in distress” und grotesker Darbietungsweise unter allerdings erheblich veränderten Vorzeichen: Vitalität und Potenzprahlerei schlagen um in Neurose und Potenzfurcht. Schon an der Rolle des Grotesken in Sternes *Tristram Shandy* läßt sich dies trefflich demonstrieren.[9] Bachtins Theorie trägt dem Rechnung, indem er im Zuge gesellschaftlicher Veränderungen vom späten 16. Jahrhundert an einen neuen Leibeskanon bürgerlicher Wohlanständigkeit ansetzt, bei dem Puritanismus, Prüderie, Individualitätsbewußtsein, immer weitere Zurückdrängung kollektiver Lebenssphären in die Privatheit bürgerlicher Existenz auch eine neue literarische Gestaltung des menschlichen Leibes bedingen. „Die taube Fläche, die Ebene des Leibes

[8] Bachtin, a. a. O., S. 17.

[9] Vgl. Christian W. Thomsen, *Das Groteske im englischen Roman des 18. Jahrhunderts* (Darmstadt, 1974), S. 224—269.

gewinnt entscheidende Bedeutung, als Grenze der in sich geschlossenen, gegen andere Leiber und gegen die Welt abgeschirmten Individualität." [10] Damit erlangt aber auch der Tod veränderte Bedeutung; er wird die eindeutige Grenze. Leben und Tod gehen nicht mehr länger organisch ineinander über. Latent, so darf man aus Bachtins Theorie folgern, bleibt die „groteske Gestalt des Leibes", verbunden mit einer kollektiven Lachkultur des Volkes, als oppositionelle Unterströmung stets vorhanden und wartet nur darauf, abermals dominant werden zu können. Tatsächlich vermag Bachtins Theorie eine Fülle von Figuren moderner Literatur, die von einer historisch modifizierten Wiedergeburt alter Groteskgestalten zeugen, interpretatorisch aufzuhellen. Man denke nur an Jarrys *Ubu Roi,* an Joyces *Ulysses,* an die Romane Henry Millers oder Donleavys oder auch an Romane und Dramen Becketts und eine kaum zu zählende Schar moderner Dramengestalten. Und im Bereich der modernen Phantastik hat die Malerei sich seit Beginn des 20. Jahrhunderts in immer stärkerem Maße der Darstellung grotesker Leiblichkeit zugewandt.

Die Grenzen von Bachtins Theorie werden jedoch ebenfalls evident. Auch er deduziert seine Theorie von einem abgrenzbaren, historisch fixierbaren Fundus an Personen und neigt dazu, diese für das Phänomen selbst zu halten. Was Kayser zu düster zeichnet, so kann man behaupten, malt Bachtin zu heiter. Ins Psychologische transponiert stellt das Groteske bei Bachtin einen Schutzmechanismus dar, mit Hilfe dessen das Volk sich gegen Unfreiheit, Unterdrückung und Ausbeutung zu wehren vermag — ihnen unverwüstliche Lebenskraft entgegensetzt. Schon seit alters zeigt die Komödientheorie derartige Funktionen auf. Dennoch muß man konstatieren, daß Bachtin die festtagsfröhliche Komponente von Groteske, Karneval und Lachkultur, welche die Schranken der Feudalherrschaft vorübergehend abschüttelt, wohl überbetont und das Groteske unangemessen harmonisiert. Zu Recht hebt Alexander Kaempfe hervor, daß auch

[10] Bachtin, a. a. O., S. 20.

die Unterdrücker lachen,[11] und vielleicht wird in ideologischem Wunschdenken von Bachtin das kollektive Moment über Gebühr strapaziert.

Seine Theorie übersieht zudem weithin Destruktivität und anarchische Tendenz des Grotesken. Und sie berücksichtigt auch nicht, daß im Zuge der — durchaus richtig interpretierten — bürgerlichen Verinnerlichung das Groteske nun nicht mehr so sehr das Körperäußere wie vielmehr die exzentrische Individualität von Charakteren wie Walter Shandy oder Matthew Bramble oder, um im Bereich der russischen Literatur zu bleiben, die in die Abgründe geistiger Verwirrung reichende gefährdete Individualexistenz von Gogols Akakij Akakjewitsch oder Major Kowalioff prägt. Der Dominanz individualpsychologischer Theorien im Westen wird von Bachtin die Theorie einer kollektiven Karnevals- und Lachkultur entgegengesetzt, in welcher das Volk mit Hilfe des Grotesken die sehr handgreiflichen Dämonen politischer und religiöser Unterdrückungsmechanismen besiegt.

3. Arthur Clayborough, *The Grotesque in English Literature* (1965)[1]

Für Clayborough, der jahrelang in Tübingen als englischer Lektor unterrichtete, ist Kaysers Buch zweifellos ein wesentlicher Anstoß für seine Beschäftigung mit dem Grotesken gewesen. Zum Ausgangspunkt nimmt er Kaysers erste und zweite Definition von der „Entfremdung der Welt“ im Grotesken und des Grotesken als „Gestaltung des Es“. Im Unterschied zu Kayser bemüht sich Clayborough jedoch, die Theorien einer Haupt-

[11] Alexander Kaempfe, „Nachwort“ zu Bachtin, *Literatur und Karneval*, a. a. O., S. 140, 146—147.

[1] Text: Arthur Clayborough, *The Grotesque in English Literature* (Oxford, 1965, ²1967), Ch. V, “An Approach through Psychology”, S. 70—111.

richtung der modernen Psychologie, nämlich die C. G. Jungs,[2] auf die entstehungsgeschichtlichen und wirkungsästhetischen Aspekte literarischer Werke anzuwenden und das Groteske in ihnen ausschließlich von der psychologischen Theorie her zu analysieren. Generell geht Clayborough davon aus,

that the chief idea involved in the various senses of the term grotesque is that of incongruity, of a conflict between some phenomenon and an existing conception of what is natural, fitting, etc.[3]

An grotesker Kunst interessieren ihn deren gleichermaßen abstoßende wie anziehende Qualitäten, was er mit Jungs Theorie der Polarisierung des Verstandes und der menschlichen Persönlichkeit überhaupt in progressive und regressive Bewegungen der Libido und korrespondierender Opposition von "directed thinking and dream or fantasy thinking" in Analogie setzt. 'Progression' drückt dabei die Vorwärtsbewegung der Libido, die aktive Aneignung der Umwelt, die Befriedigung der Belange des Bewußten aus, während 'Regression' die Rückwärtsbewegung der Libido zum Unbewußten hin, die Adaption an die inneren Bedürfnisse der Persönlichkeit, bezeichnet. Was immer jene sein mögen, wird von Clayborough nicht näher ausgeführt. Seine Theorie, die Kaysers Vagheit und vor allem dessen Überbetonung des Dämonischen ausschalten möchte, begibt sich hier gleich

[2] Clayborough stützt sich insbesondere auf:

C. G. Jung, *The Psychology of the Unconscious*, trans. B. M. Hinkle (London, 1933);

ders., *The Archetypes of the Collective Unconscious*, trans. R. F. C. Hull (New York, 1959);

ders., *Contributions to Analytical Psychology*, trans. H. G. and C. F. Baynes (London, 1928).

Hauptquellen der Sekundärliteratur sind für ihn:

Frieda Fordham, *An Introduction to Jung's Psychology*, Pelican Book No. A 273 (rev. ed. 1959) und

Jolande Jacobi, *Complex/Archetype/Symbol in the Psychology of C. G. Jung*, trans. Ralph Mannheim (New York, 1959).

[3] Clayborough, a. a. O., S. 70.

zu Anfang selbst in die Unschärfe. Er konstatiert, daß die beiden Hauptrichtungen des Wortgebrauchs von 'grotesque', jeweils mit positiver oder pejorativer Komponente versehen, weithin den beiden beschriebenen, in Opposition stehenden Verstandes- und Persönlichkeitsfaltungen entsprächen. Gegenüber der traditionellen Antithetik "soul and body", "head and heart", "reason and intuition", "fancy and imagination" usw. nehme die moderne Psychologie eine Haltung ein, "regarding neither the conscious nor the subconscious (or unconscious) as being malignant of itself, ..."[4]. Schon von hier ist eine Entdämonisierung des Grotesken zu erwarten.

Aufgrund der skizzierten "polarization of the mind" kommt Clayborough vor dem Hintergrund von Jungs Untersuchungen zum „Normalen", zum „Komplexen", „Archetypischen" und „Symbolischen" zu vier unterschiedlichen Arten von Kunst, eigentlich zu vier, unterschiedlichen Denk- und Schaffenshaltungen entspringenden, Kunstformen:

a) regressive-positive art
b) regressive-negative art
c) progressive-negative art
d) progressive-positive art.

Die Übergänge und Grenzlinien zwischen diesen Formen versteht Clayborough als fließend. Es ist jedoch einsichtig, daß er groteske Kunst den beiden mittleren Gruppen zuordnet.

Regressiv-positive Kunst könne höchstens in Unkenntnis der historischen oder psychologischen Entstehungsbedingungen als grotesk interpretiert werden. Sie ist nach Clayborough Kunst des Traumhaften, Visionären, Mythischen, Archetypischen (z. B. "witch", "vampire") ausgezeichnet durch "highly evocative and symbolic imagery".[5] Verbindungslinien zum Begriff des Sublimen, wie ihn die Ästhetik des 18. und 19. Jahrhunderts ausgefaltet hat, sind nicht zu übersehen.

Regressiv-negative Kunst finde häufig zu grotesker Gestal-

[4] Clayborough, a. a. O., S. 74.
[5] Clayborough, a. a. O., S. 81.

tung, da sie durch Konfliktbewußtsein gegenüber Alltagsnormen, durch anarchische, unheimliche, auf Schockwirkung bedachte Bilder ausgezeichnet sei. Ihr ist jedoch in hohem Maße ein eskapistisches Moment zu eigen, daneben Zynismus, resultierend aus intellektueller Einsicht in die Vergeblichkeit der Absicht, die Welt durch Kunst zu verändern. Clayborough zählt hierzu jegliche romantische Kunst, Dadaismus und Surrealismus, die allesamt im Gegensatz zu landläufiger Ansicht und zu Bretons Thesen vom automatischen Denken durch hohen, intellektuellen Bewußtheitsgrad gekennzeichnet seien. In regressiv-negativer Kunst konzentriere sich das Groteske auf negative Aspekte der Darstellung und Wirkungsintention.

Progressiv-negative Kunst begreift Clayborough als jene Formen, in denen Phantasie zur Erreichung praktischer Ziele eingesetzt wird. Die Nonsense-Geschichte, Burleske und Karikatur, sowie die phantastische Allegorie vertreten für ihn den Bezirk des Grotesken innerhalb solcher Kunst. Hier steht insbesondere das lächerliche Moment im Vordergrund.

Whatever is incongruous with accepted standards of behaviour or with directed thinking, all that is absurd by the canons of common sense, is utilized to further the ends of progressive thought.[6]

Dem Eskapismus der regressiv-negativen Kunst wird der zwar oft ironische, intellektuell-distanzierte, dennoch aber ungebrochene Wille zur Veränderung bestehender Normen und Zustände auf dem Weg über ihre Lächerlichmachung und Verzerrung entgegengestellt. Repräsentiert Coleridge für Clayborough die erstgenannte Spielart des grotesken Künstlers, so erscheint ihm Swift als Prototyp letzterer Gattung.

Progressiv-positive Kunst bezeichnet für Clayborough folgerichtig all jene Richtungen, denen es auf faktisch richtige, realistische Umsetzung der Objektwelt ankommt. Im Bereich der Literatur fallen darunter historische, biographische, philosophische, literarkritische oder naturwissenschaftliche Werke. Das

[6] Clayborough, a. a. O., S. 101.

Groteske tritt hier nicht auf, da es auch zu keinerlei Konflikt innerhalb der mentalen Antithetik von regressiv und progressiv kommt.

Clayborough schreibt abschließend nochmals die ambige Faszination grotesker "imagery" der besprochenen Polarisierung zu, in welcher sich die Kräfte des Bewußten (progressiv) und Unterbewußten (regressiv) diametral gegenüberstünden. Er gelangt dann allerdings zu einer völligen Relativierung, wenn er, psychologisch überzeugend, das Groteske jedoch gegen seinen Willen literatur- und kunstwissenschaftlich entwertend, feststellt:

Grotesqueness may appear in anything which is found to be in sufficiently grave conflict with accepted standards to arouse emotion. In theory, therefore, there is nothing which might not be regarded as grotesque from some standpoint.[7]

Clayboroughs Theorie hat in der Kritik nur wenig Gegenliebe gefunden.[8] Bei Nachprüfung des Sachverhalts läßt sich eruieren, daß dies weniger in etwaiger mangelnder Stimmigkeit seiner auf Jung aufbauenden psychologischen Theorie als vielmehr in deren komplizierter Schwerfälligkeit begründet ist. Zumal anglo-amerikanische Literaturkritiker denken sich nicht gern in ein theoretisches System hinein, bei dem die Analyse eines Werkes erst über die vermittelnde Zwischenstufe einer Einordnung in die antithetischen Kategorien regressiv und progressiv vorgenommen werden kann, die durch negative oder positive Vorzeichen zusätzlich differenziert werden. Grundsätzlich wird an dieser Verfahrensweise die nur begrenzte Übertragbarkeit einer psychologischen Theorie, die zwar geisteswissenschaftliche Wurzeln hat, primär aber auf die Analyse seelischer Krankheitsbilder zugeschnitten ist, auf die Literatur ersichtlich. Zusätzlich wird die ursprünglich strikte Trennung der vier

[7] Clayborough, a. a. O., S. 109.

[8] Vgl. hierzu: Michael Steig, "Defining the Grotesque: An Attempt at Synthesis", *Journal of Aesthetics and Art Criticism*, Summer 1970, S. 255 und Philip Thomson, *The Grotesque* (London, 1972), S. 17—18, 71.

Klassen von Kunst durch die Postulierung fließender Grenzübergänge und die Relativierung der Schlußfeststellung aufgebrochen, was darauf hinweist, daß die vier Klassen theoretische Hilfskonstruktionen sind, die in der menschlichen Psyche wie in der Kunst kaum in reiner Form anzutreffen sind. Kaysers Dämonen werden hier mit dem Beelzebub der alles beherrschenden Libido ausgetrieben und dem Leser, der einmal die Arbeitsfähigkeit von Clayboroughs Theorie untersucht hat, wird deutlich, daß sie der differenzierenden Ergebnisse weiterer Forschungen bedarf. Vieles an dieser Theorie leuchtet dennoch ein, bestätigt frühere Ergebnisse der Groteskforschung.

Clayborough hat zwar in extremer, jedoch für die nachkaysersche westliche Groteskforschung typischer Weise das Groteske ganz in psychologischen Entstehungszusammenhängen gedeutet, wobei auch ihm der Vorwurf zu machen wäre, daß er unberücksichtigt läßt, welche Faktoren der realen und historischen Umwelt die Psyche von Autoren prägen und mit ihr in eine Wechselwirkung treten, aus der letztlich das groteske Werk entspringt. Clayboroughs Beispiele können nicht immer überzeugen; es wird unten noch zu besprechen sein, inwieweit ihm die Anwendbarkeit seiner Theorie auf das Werk von Swift, Coleridge und Dickens gelingt.

4. Arnold Heidsieck, *Das Groteske und das Absurde im modernen Drama* (1969)[1]

Ursprünglich in den Jahren 1964/65 als Dissertation geschrieben, aber erst 1969 leicht überarbeitet erschienen, stellt Heidsiecks Buch wohl den ersten gewichtigen Versuch dar, das Groteske nicht primär als Stilphänomen, sondern zugleich als Kategorie der Literatur wie der gesellschaftlichen Realität zu

[1] Text: Arnold Heidsieck, *Das Groteske und das Absurde im modernen Drama* (Stuttgart, 1969), darin u. a. „Die neue Gestalt des Grotesken. Eine Theorie", S. 16—27.

begreifen. Das Hauptkennzeichen des Grotesken für Heidsieck ist Deformation, aber er möchte den formalen Deformationscharakter grotesker Kunst auf bestimmte Inhalte zurückführen, die in dieser kritisch dargestellt werden. Es geht Heidsieck nicht darum, eine überzeitliche Groteskheorie aufzustellen oder seine Theorie auf den historischen Wandel der Begriffsgeschichte abzustimmen, sondern er postuliert den Primat des Inhalts über den Stil. Neue Inhalte schaffen neue Stile. Gesellschaftliche Entwicklungen und Probleme der Moderne führen zu neuen Ausprägungen grotesker Kunst, die frühere Stilepochen so noch nicht kannten. „Das groteske Bild der Welt, . . ., stellt sich als das Bild einer grotesken Welt dar.“ [2] Heidsieck grenzt an Beispielen aus Werken Brechts, Frischs und Dürrenmatts und in der Auseinandersetzung mit Hocke und Kayser das Groteske gegen das Manieristische, das Absurde und das Tragikomische ab. Mit Hauptstoßrichtung gegen Kayser und Camus behauptet Heidsieck die Rationalisierbarkeit des Grotesken und damit einen wesentlichen Unterschied zum Absurden. Kaysers grundlegendes Mißverständnis sei es zu glauben, „die Gestaltung des Grotesken sind der lauteste und sinnfälligste Widerspruch gegen jeden Rationalismus“.[3] Im Gegenzug dazu nimmt Heidsieck die marxistische Lehre von der Dominanz des Seins über das Bewußtsein auf und sucht überdies nach konkreten, nicht ideologisch fixierten Erklärungszusammenhängen für die unbestrittene Tendenz moderner Kunst, sich seit Ende des vergangenen Jahrhunderts immer wieder mit Hilfe des Grotesken zu artikulieren, wobei dem modernen Drama (seit Jarry) eine Führungsrolle zukommt. Die Gründe hierfür scheinen Heidsieck eindeutig in der gesellschaftlichen Realität und nicht etwa in der psychologischen Struktur eines bestimmten Künstlertypus' zu liegen. Dabei setzt er sich sowohl gegen jene Theoretiker ab, die den zeitgenössischen Deformationsstil als positive Ausdrucksleistung der abendländischen Kunsttradition, aus der Formtradition des

[2] Heidsieck, a. a. O., S. 15.

[3] Heidsieck, a. a. O., S. 27.

Manierismus oder der Gehaltstradition des Absurden herleiten — Hocke, Kayser, Esslin u. a. — wie auch gegen die von Lukács und Kofler vertretene Linie eines idealistischen Marxismus, der im Grotesken „wider einen mißverstandenen Realismus" [4] zu Felde zieht und im avantgardistischen Deformationsstil eine Entartung der klassisch-realistischen Kunsttradition zum nihilistischen 'Antirealismus' erblickt.[5] Heidsieck kann aber auch die theoretische Position Adornos nicht teilen, der die zeitgenössische Deformations-Form aus ihrem geschichtlichen Ursprung als Aporie zu deuten versuche.[6]

Heidsieck selbst will mit seiner Theorie a) eine deskriptive Unterscheidung zwischen absurd und grotesk und b) eine richtende Unterscheidung, nämlich die Kritik des Absurden durch das Groteske, leisten. Er ist sich bewußt, daß seine größte Schwierigkeit darin liegt, „das Groteske primär als ein Phänomen der Wirklichkeit zu fassen und die ästhetische Form allererst aus diesem ihrem bestimmten Inhalt zu entwickeln".[7] Im folgenden stellt er im wesentlichen darauf ab, daß das Groteske vordringlich die Entstellung des Menschen durch den Menschen, die vom Menschen verübte Unmenschlichkeit gestalte, womit sich in grotesker Kunst Kritik an einer Grundbefindlichkeit moderner Gesellschaftsentwicklungen manifestiere. Das Groteske wolle „zeitgemäße Darstellung dessen sein, was ist".[8]

So überzeugend zunächst auch Heidsiecks Beispiele aus Malaparte, Brecht, Jarry, Apollinaire, Frisch, Dürrenmatt und schließlich Swift klingen, so gibt er sich doch bereits in der Einleitung eine Blöße, die zu grundsätzlichen Einwänden berechtigt. Er behauptet nämlich:

Das Groteske hat noch nie ein Allgemeines, wie etwa Sinnlosigkeit, sondern immer konkrete Entstellung, ein durchaus Bestimmtes dar-

[4] Vgl. Georg Lukács, *Wider den mißverstandenen Realismus* (Hamburg, 1958), S. 11.

[5] Heidsieck, a. a. O., S. 112.

[6] Heidsieck, a. a. O., S. 113.

[7] Heidsieck, a. a. O., S. 8.

[8] Heidsieck, a. a. O., S. 15.

gestellt. Und die neue Gestalt des Grotesken, wie sie in der Moderne immer stärker hervortritt, ist nun vollends so beschaffen, daß sie das Absurde ausschließt.[9]

Diese These hält historischer Überprüfung nicht stand und widerspricht auch Heidsiecks eigener Einsicht, daß in der bekannten Tendenz des Grotesken zur Verdinglichung des Menschen — sie ist keineswegs neu, sondern geht bis auf die Antike zurück — ein radikal ethischer Widerspruch zutage tritt. Man kann Shakespeare oder Jean Paul hier genauso zu Rate ziehen wie Brecht oder Dürrenmatt. Lengelers, vor Heidsiecks Buch geschriebene und publizierte Arbeit z. B. belegt sehr genau, wie erheblich die Verbindungen von neuplatonischer Ideenlehre und Chaosvorstellungen zu den Gestaltungen des Grotesken in Shakespeares großen Tragödien sind.[10] Daß dabei in der grotesken Gestaltung die allgemeine Idee jeweils plastisch konkretisiert wird, ist bei der Herkunft des Grotesken aus den bildenden Künsten eine Selbstverständlichkeit, die den oft allegorischen oder parabolischen Charakter der Darstellung nicht überdeckt.

Grotesk ist für Heidsieck

> zunächst nicht ein Begriff der Ästhetik, sondern des Erkennens, der über eine bestimmte Beschaffenheit von Wirklichkeit aussagt. Und zwar bezeichnet er spezifisch deren Entstellung — von einer Art, die den Betrachter entsetzt und zugleich lachen macht, die grauenvoll und lächerlich in eins ist.[11]

Als grotesk gilt ihm dabei solche Entstellung,

> die das Schreckliche und Lächerliche auf die Spitze, zum unerträglichen Widerspruch treibt: die produzierte Entstellung des Menschen, die von Menschen verübte Unmenschlichkeit.[12]

[9] Heidsieck, a. a. O., S. 13.

[10] Vgl. Rainer Lengeler, *Tragische Wirklichkeit als groteske Verfremdung bei Shakespeare* (Köln, Graz, 1964), *passim*.

[11] Heidsieck, a. a. O., S. 17.

[12] Ebda.

Heidsiecks groteske Welt wäre demnach eine Welt, in der die grauenvoll lächerliche Entstellung des Menschen zur Norm geworden ist. Nach Verdun, Auschwitz und Vietnam hat Heidsieck sicher nicht unrecht, wenn er konstatiert, daß sich im 20. Jahrhundert solche Zustände häufen. Völkermord und Sklaverei als äußerste Verdinglichung des Menschen sind aber weiß Gott keine Erfindung unseres Jahrhunderts. Die Formulierung von Heidsiecks Definition des Grotesken betont denn auch konsequent, aber wider den Willen des Verfassers, einen überzeitlich-allgemeinen Anspruch:

> Das Groteske als Kategorie der Wirklichkeit oder — im Hinblick auf das Ästhetische — als Kategorie des Inhalts bezeichnet die zugelassene oder ins Werk gesetzte Verunstaltung des Menschen, d. h. jeden Fall der gesellschaftlichen Verhältnisse, der ein ethischer und zugleich anschaulicher logischer Widerspruch ist: der Mensch als ein bloßes Mittel für Menschen.[13]

Eine solche Definition beruht bereits auf einem ethisch-moralischen Normensystem, welches allgemeine Aussagen über 'den Menschen' zuläßt.

Die positive Leistung von Heidsiecks Theorie liegt darin, daß er sich überhaupt auf die Analyse der Zusammenhänge von Groteskem und gesellschaftlicher Realität einläßt und das Groteske nicht länger als binnenliterarische Stilmonade seine Bahnen durch die Literarhistorie ziehen läßt. Auch kümmern sich neuere psychologische Groteskthеorien erst nach Heidsieck intensiver darum, durch welche gesellschaftlich vermittelten Bedingungen eine psychologisch oder psychoanalytisch deutbare groteske Weltsicht und künstlerische Darbietungsform zustande kommen könnten.

Insgesamt liegt aber bei Heidsieck wohl noch ein zu simples Widerspiegelungsmodell zugrunde. Die These, groteske Kunst sei die letztlich realistische Abbildung grotesker Welt, vernachlässigt völlig die Psyche des Autors. Faßt man die Dialektik der Wechselbeziehungen von Realität, Künstler und Werk kom-

[13] Heidsieck, a. a. O., S. 18.

plexer, so wird der alte Streit, ob denn nun Sein oder Bewußtsein zuerst dagewesen und dominant seien, müßig. Daß das Groteske immer stärker zu einem Hauptkennzeichen der Moderne wird, hängt u. a. damit zusammen, daß unter der stürmischen gesellschaftspolitischen, wirtschaftlichen und wissenschaftlichen Entwicklung tradierte Normen nicht mehr greifen oder gar zusammenbrechen, Orientierungslosigkeit entsteht oder auch ehemals heterogene Bereiche neue, ungewohnte Beziehungen eingehen. Es hängt weiterhin wesentlich mit der Ambiguität all dieser Entwicklungen zusammen, die janusgesichtig zum Nutzen oder Schaden des Menschen gereichen können. Wichtig bleibt aber auch die Tatsache, daß es einen Künstlertypus gibt, der sich zu grotesker Gestaltung besonders hingezogen fühlt. Dies wird vor allem dort ersichtlich, wo man die satirischen Intentionen grotesker Literatur ins Blickfeld nimmt. Hier hat Heidsieck die Unterschiede von Groteske und Satire in ihrer gesellschaftskritischen Zielsetzung vortrefflich gesehen. Die groteske Form gehe über die bloße Satire hinaus, indem sie die Wirklichkeit nicht mehr als mangelhaft, sondern als restlos pervertiert vorstelle und doch gleichzeitig diese Perversion als das Normale vorgebe. Das Groteske gelte dem Zustand, dem bloße Satire nicht mehr beizukommen vermöge, in dem mit Ironie nichts mehr auszurichten sei. Als schlagendstes Beispiel für den Unterschied von satirischer und grotesker Form führt Heidsieck Swifts *Modest Proposal* an, das die Realität der wahren Groteske demonstriere:

> Dies alles mit höchst seriösem ökonomischen Verstand wie etwas Selbstverständliches vorgetragen, das offensichtlich Perverse, das geschieht, als wohlberechnete, quasi lautere Absicht unterschoben, das ist das wahre Groteske der Form, das den gesellschaftlichen Zustand denunziert, dem bloße Satire nicht mehr beikommt, der „allen Spottes spottet“ (Adorno)[14] und der dennoch zum Gespött gemacht werden muß — weil es nicht schlechthin gegeben, sondern produziert ist.[15]

[14] Vgl. Theodor W. Adorno, *Minima Moralia* (Frankfurt, 1962), S. 280.

[15] Heidsieck, a. a. O., S. 26.

Abgesehen davon, daß mit Swift als Paradebeispiel Heidsieck seine These von der spezifischen Modernität der „neuen Gestalt des Grotesken" stillschweigend zu den Akten legt, darf man eben nicht übersehen, daß ohne die Persönlichkeit Swifts, ohne die zynisch-kalte Schwärze seines Humors auch eine Kampfschrift wie *A Modest Proposal* nicht entstanden wäre. Die gesellschaftlichen Verhältnisse schreiben Literatur nun mal nicht aus sich heraus, und das Groteske bedarf eines Blickes, der es in der Realität aufspürt und eines besonderen Stilempfindens, welche es in das literarische Werk umsetzt. Heidsiecks Theorie vermag denn auch dem grundsätzlichen Einwand Pietzckers nicht zu begegnen, der vom Standpunkt der Wirkungsästhetik einwendet:

> Der entstellte Mensch ist nicht grotesk, er kann lediglich so wirken, falls ihm ein Bewußtsein begegnet, das seine Verfassung als Entstellung wahrnimmt und nicht bewältigen kann, weil sie mit seinem Bild vom Menschen nicht übereinstimmt.[16]

Heidsieck stellt hohe Ansprüche an das Groteske. Er faßt es als eine Grenzkunst vor dem Verstummen oder dem Abstürzen in Wahnsinn und Chaos auf. „Das Groteske als Darstellung der äußersten Möglichkeit eines Realen, eines gerade noch Faßbaren, verfolgt eine realistische Stilintention." [17] Es zeigt groteske Strukturen der Wirklichkeit, stellt und benennt die Schuldigen. Es wird als expressive Warnung und Mahnung vor einem Weg begriffen, auf dem die Menschheit eines Tages vielleicht keine Umkehr mehr findet. Daß Naturwissenschaften und Waffentechnik das Potential in sich bergen, in die groteske Perversion der Selbstvernichtung umzuschlagen, wird niemand bestreiten. Es bleibt aber auch zu fragen, ob Heidsieck mit Kayser nicht zu hart ins Gericht geht, ob seine berechtigte Furcht vor der Apokalypse nicht doch eine abermalige Evozierung der in neue Gewänder gekleideten Kayserschen Dämonen bedeutet. Zwar

[16] Carl Pietzcker, „Das Groteske", *DVjS* (1971), H. 2. S. 201.
[17] Heidsieck, a. a. O., S. 114.

werden die ehemals für übernatürlich gehaltenen Kräfte säkularisiert, aber es bleiben die exorzistischen Qualitäten des Grotesken, und letztlich muß man die Frage nach dem Anteil des Individuums doch beantworten. Was man einstmals vage das Dämonische oder das Böse nannte, dem Teufel oder Verbrecher-Helden vom Schlage Richards III. anlastete, kann als apriorisches Prinzip der Negation und Destruktion immer nur partiell Systemen o. ä. aufgebürdet werden. Solange man, wie Heidsieck es ebenfalls tut, an gewissen normativen ethischen Wertsystemen festhält, muß man auch die Frage nach der Beschaffenheit des Individuums stellen, und spätestens hier kommt die Psychologie zu ihrem Recht und hat neben die soziologische und ästhetische Analyse zu treten.

5. Michael Steig, "*The Grotesque and the Aesthetic Response in Shakespeare, Dickens, and Günter Grass*" (1969); "*Defining the Grotesque: An Attempt at Synthesis*" (1970); Lee Byron Jennings, "*Klein Zaches and his Kin: The Grotesque Revisited*" (1970)[1]

Die Arbeiten von Jennings, Kayser und Clayborough haben die Diskussion um das Groteske im angelsächsischen Sprachraum, insbesondere in den USA, stimuliert, und gegen Ende der sechziger Jahre sind hier verstärkt theoretische Bemühungen feststellbar, die überwiegend unter dem Bann Kaysers und der Psychologie stehen.

Michael Steig geht im ersten seiner beiden Aufsätze zum Gro-

[1] Texte: Michael Steig$_1$, "The Grotesque and the Aesthetic Response in Shakespeare, Dickens, and Günter Grass", *Comparative Literature Studies,* vol. 6, No. 2 (June 1969), S. 167—181;

ders.$_2$, "Defining the Grotesque: An Attempt at Synthesis", *Journal of Aesthetics and Art Criticism* (Summer 1970), S. 253—260. Lee Byron Jennings, "Klein Zaches and his Kin: the Grotesque Revisited", *DVjS*, Bd. 44 (1970), S. 687—703.

tesken davon aus, daß auch nach Kayser breite Bereiche des Grotesken definitorisch unklar seien und zahlreiche kritische Zugänge offenließen. Das Zentralproblem der Kayserschen Theorie, an dem er ansetzt, ist ihm das des „Dämonischen". Sein Diskussionsbeitrag sucht mit Hilfe dreier literarischer Groteskcharaktere aus verschiedenen Epochen einer Lösung dieses Problems näherzukommen. Shakespeares Richard III., Dickens' Daniel Quilp aus *The Old Curiosity Shop* und Oskar Matzerath aus Günter Grass' *Blechtrommel* werden auf die Validität eines Ansatzes hin geprüft, in dem Kaysers Definitionen psychologisch und tiefenpsychologisch erweitert und auf Fakten des "cultural context" bezogen werden. Während letzteres höchstens ansatzweise und skizzierend geleistet wird, sieht Steig bei der definitorischen Bestimmung des Dämonischen zwei Wege:

One may see the process [der Bekämpfung und Besiegung des Dämonischen], as Kayser does, as a matter of invoking and experiencing the terror in order to master it.
On the other hand, the demonic elements may be seen as subdued by their own nature; that is, the distorted qualities of grotesque characters may serve to distance and sometimes to ridicule and debase these figures, thus diminishing the threat and allaying anxiety.[2]

Die wirkungsästhetische Dimension der "ambiguities" des Grotesken sieht Steig sowohl mit der psychologisch unterschiedlichen Individualität der Autoren wie mit dem entstehungsgeschichtlichen "cultural context" verbunden. Für den kontinentaleuropäischen Leser erscheint dies allerdings um diese Zeit als Selbstverständlichkeit, die ein gewisses Theoriedefizit angloamerikanischer Literaturwissenschaft unterstreicht.

Die Interpretationsergebnisse bei der Analyse der drei Charaktere sind vielversprechend. Es gelingt Steig, sowohl überzeitliche Gemeinsamkeiten in der grotesken Konzeption der Figuren aufzuzeigen, wie auch individuelle Unterschiede und Zusammenhänge mit gesellschaftlich begründeten Norm-

[2] Steig$_1$, a. a. O., S. 169.

verschiebungen moralischer Wertsysteme zumindest anzuleuchten, die jedoch detaillierter und differenzierter abgestützt werden müßten, wollte man wirklich die Tragfähigkeit einer im Steigschen Sinne vertieften und präzisierten Kayserschen Theorie erproben.

In seinem zweiten Aufsatz versucht Steig, die Ansätze zu einer eigenen Theorie auszubauen und abzurunden. Eine Synthese strebt er dabei insofern an, als er zunächst Ergebnisse von Kayser, Jennings, Clayborough und Lawson referiert und kritisiert.[3] Kayser apostrophiert er, nicht ohne Untertreibung, als Beginn wirklich theoretisch-kritischer Beschäftigung mit dem Grotesken, "but the necessary elaboration is lacking".[4] Jennings wird lobend als "first modern theorist to approach the required concreteness" bezeichnet,[5] sein Konzept des Grotesken als "disarming mechanism" möchte Steig in Übereinstimmung mit den Psychologen jedoch lieber "defense mechanism" genannt wissen. Er selbst stützt sich in seiner Definition auf die Vorarbeit von Thomas Cramer, der 1966 definiert hatte, „grotesk ist das durch übersteigerte Komik ausgelöste Gefühl der Angst, wobei sich die Gleichung ... umkehren läßt: grotesk ist die durch Komik bekämpfte Angst vor dem Unerklärbaren".[6] Diese Definition erlaube es, über die rein mechanische Theorie vom Komischen als "defense mechanism" gegenüber Angst hinauszugehen. Als Hauptfragestellungen sieht er die Entscheidung über die typischen Quellen vom Grotesken ausgelöster Angst, die Analyse der Rolle des Komischen beim Erregen oder Beschwichtigen von Angst und Unterscheidungskriterien von Groteske gegenüber

[3] Lewis A. Lawson, "The Grotesque-Comic in the Snopes-Trilogy", *Literature and Psychology*, vol. XV (1965), S. 107—119.

Die Arbeit interpretiert Faulkner mit dem theoretischen Inventar Kaysers.

[4] $Steig_2$, a. a. O., S. 254, vgl. auch das Zitat in Anm. 23 zum Abschnitt über Wolfgang Kayser.

[5] $Steig_2$, a. a. O., S. 255.

[6] Thomas Cramer, *Das Groteske bei E. T. A. Hoffmann* (München, 1966), S. 26.

"tale of terror or horror" einerseits und "comedy" andrerseits.[7] Die Beispielanalyse führt Steig an E. T. A. Hoffmanns Erzählung *Der Sandmann* durch, die zu den beliebtesten Exempla der Groteskforschung gehört. Er kommt zu dem Befund:

The grotesque involves the arousing of anxiety by giving expression to infantile fears, fantasies and impulses; what distinguishes it from the purely uncanny is that in the latter defenses against anxiety are weak, while in the grotesque the threatening material is distorted in the direction of harmlessness without completely attaining it.[8]

Dabei sei die Grundparadoxie des Grotesken:

... it is double edged, it at once allays and intensifies the effect of the uncanny; in pure comedy, at the other end of the spectrum from the uncanny the defense is complete, and detachment is achieved.[9]

Steig betont die, psychoanalytisch gesehen, aus infantilem Material und infantiler Sphäre stammenden Komponenten des Grotesken, die er wesentlich für die angsterregenden Aspekte verantwortlich macht. Befreiung von Furcht und Komplexen sei daher Grundintention des Grotesken. Sie würden jedoch meist nicht erreicht, und als Resultat käme "a state of unresolved tension"[10] zustande. So lautet dann seine eigene Definition:

The grotesque involves the managing of the uncanny by the comic. More specifically said. When the infantile material is primarily threatening, comic techniques, including caricature, diminish the threat through degradation or ridicule; but at the same time they may also enhance anxiety through their aggressive implications and through the strangeness they lend to the threatening figure.[11]

Es fällt auf, daß gegenüber der früheren Veröffentlichung der sozio-kulturelle Bezug fallengelassen und die Theorie nur noch

[7] Steig$_2$, a. a. O., S. 256.

[8] Steig$_2$, a. a. O., S. 258.

[9] Ebda.

[10] Steig$_2$, a. a. O., S. 260.

[11] Steig$_2$, a. a. O., S. 258.

von der Psychologie her begründet wird. Bereits an der E. T. A. Hoffmann-Interpretation läßt sich feststellen, daß dies ein Nachteil ist, da Hoffmann hier aus den zeitgeschichtlichen Bezügen herausgenommen gedeutet wird, wodurch die biographischen und gesellschaftsbedingten Ebenen seiner Groteskgestalten unberücksichtigt bleiben. Genau an diesem Punkt aber setzt die Arbeit Jennings' ein und kommt zu umfassenderen Interpretationsergebnissen. Man müßte Steigs Theorie einmal an modernen Beispielen wie Miller, Beckett oder Dürrenmatt überprüfen, um ihre Solidität zu erweisen. Ohne Zweifel gelingt es ihm, wissenschaftliche Erklärungszusammenhänge für von Kayser noch aphoristisch-poetisch definierte Phänomene zu liefern. Sein Anspruch, damit die Quellen des Dämonischen lokalisiert, die Rolle des Unheimlichen, der Karikatur und des Komischen spezifiziert und außerdem detaillierte Erklärungen für jene Prozesse gegeben zu haben, die an unseren intrapsychischen Reaktionen auf das Groteske beteiligt sind,[12] klingt einstweilen noch zu hoch gegriffen.

Lee Byron Jennings greift 1970 ebenfalls erneut in die Groteskdebatte ein und versucht Klarheit in eine inzwischen kontroverse Diskussion zu bringen: "When everyone feels free to invent special usages, only confusion can result." [13] Seine Theorie aus den fünfziger Jahren schätzt er, mit geringen Modifikationen, immer noch als weithin zutreffend ein.

> The theory is psychological, the assumption being that the grotesque, like humour is primarily a psychological matter and had best be recognized as such.[14]

Er stellt eine Reihe von Thesen auf, die er zur Einschränkung ausufernder Groteskbegriffe für notwendig erachtet. Grotesk ist demnach "not a world, not a genre, but a field of imagery".[15]

[12] Vgl. Steig$_2$, a. a. O., S. 259—260.
[13] Jennings, a. a. O., S. 690.
[14] Jennings, a. a. O., S. 691.
[15] Jennings, a. a. O., S. 692.

Die der Produktion grotesker Werke zugrundeliegenden Mechanismen hält er in der Tat für "preconscious" und "preartistic faculties". Kurz darauf widerspricht er sich jedoch scheinbar und fordert:

There is a world of grotesque—a world with a vitality of its own, not that of man's consciousness, nor that of biological nature, ... a world of arid inventiveness ... where the leer and the gargoyle fuses horror and humor in a way both below and beyond our ordinary understanding ...[16]

Dieses Reich der Träume, Phantasien und Visionen eines Autors existiere lediglich in dessen imaginativem Verstand. Bei der Frage nach Umsetzung, Konkretisierung und Deutung dieser Welt in einem spezifischen Werk müßten autobiographische Zeugnisse ebenso herangezogen werden wie das soziokulturelle Milieu des Autors und "the cultural atmosphere of the time".[17]

Er exemplifiziert seine Thesen ebenfalls an E. T. A. Hoffmann, insbesondere an Bruder Medardus und Klein Zaches. Dabei spannt er den Bogen von der deskriptiv psychologischen Figureninterpretation über gesellschaftskritische Schichten bis zur "drastic self-caricature with erotic implications"[18] und zu beabsichtigten Schockwirkungen auf den Leser, womit er zu wesentlich abgerundeteren Ergebnissen gelangt als Steig. Vom Ansatz der Priorität der individuellen psychologischen Struktur und Imaginationswelt des Autors her repräsentiert Jennings die Gegenposition zu Heidsieck, dessen Buch ihm offensichtlich noch unbekannt war.

Mit den Beiträgen der beiden Amerikaner, so muß konstatiert werden, ist die psychologische Groteskthеorie zum erstenmal beträchtlich über Kayser hinausgelangt.

[16] Jennings, a. a. O., S. 693.

[17] Jennings, a. a. O., S. 694.

[18] Jennings, a. a. O., S. 703.

6. Arieh Sachs, *The English Grotesque* (1969)[1]

Eine bislang kaum beachtete, jedoch wesentliche Arbeit zum Grotesken stellt die Einleitung des Israeli Arieh Sachs zu seiner Anthologie grotesker Texte von Langland bis Joyce dar. Sachs' Ansatzpunkt ist die westliche Ästhetik des Bösen in Verbindung mit Religionspsychologie. Die Porträtierung des Bösen oder moralischer Verkommenheit durch physische Deformation sei ein abendländischer Kunst gemeinsames Erkennungszeichen. "Animal imagery" und "ambiguous sexual nature" gingen dabei eine Symbiose in der satirischen Darstellung menschlicher Bosheit und Niedrigkeit ein. Sachs deduziert aus seinem Überblick über die Gesamtheit englischer Literatur, daß das Groteske jeweils durch Qualitäten wie "the deformed, the monstrous, the repulsively ill-proportioned or frighteningly protean in shape or spirit"[2] als diametraler Gegensatz künstlerischer Gestaltung des Idealen anzusehen sei.

Als Archetyp grotesker Figuren benennt Sachs den Umwerter aller Werte, den physisch und psychisch durch Abnormalität gekennzeichneten Widersacher des Harmonischen, Schönen und Guten, den Teufel. Die Antithetik des Grotesken zur christlichen Moral wie zur klassischen Ästhetik ist von hier aus offensichtlich. So wie das Groteske die klassische Trennung in hohen und niedrigen Stil aufsprengt, so delektiert es sich an der Darstellung des Obszönen; zu Recht verweist Sachs in diesem Zusammenhang auf Swift.

Eine der schwierigen Fragen aller Groteskforschung ist immer wieder die der gattungsmäßigen Zuordnung. Bildet das Groteske eine eigene literarische Gattung, gehört es bestimmten Gattungen bevorzugt an, oder gehorcht das Groteske keinerlei Gattungsprinzipien und ist überall anzutreffen? Sachs löst diese

[1] Text: Arieh Sachs, *The English Grotesque.* An Anthology from Langland to Joyce (Jerusalem, 1969), "Introduction", S. XIX bis XXXIII.

[2] Sachs, a. a. O., S. xx.

Frage, indem er auf überzeitliche und gattungsunabhängige Inhalte und Stilphänomene abstellt:

One might say therefore that if satire is a literary genre, the grotesque is a mode that cuts across all genres, just as it cuts across all ages.[3]

In jedem literarischen Genre sind Grotesken anzutreffen,

for it is one of the primary modes at the disposal of artists and writers out to create works of truly multiple effect.[4]

Es stellt sich heraus, daß gegen Ende der sechziger Jahre über Grenzen und Nationalliteraturen hinweg weitgehende Übereinstimmung bezüglich der zeitunabhängigen Komponenten des Grotesken besteht: Inkongruität, Distortionsprinzipien, Verschmelzung disparater Formen, Zerstörung von Erwartungshorizonten sind allen theoretischen Ansätzen gemeinsame Gesichtspunkte.

Sachs unterscheidet sich von anderen Theoretikern durch seine Bindungen an religiöse Moralvorstellungen und die Betonung der entwicklungsgeschichtlichen Abhängigkeit grotesker Figuren von literarischen Teufelsdarstellungen. In der Tat kann man in Mittelalter und Renaissance die Zusammenhänge zwischen Teufel, "vices", "fools" und "villain heroes" nicht übersehen. Sachs' Feststellungen hierzu sind unbestreitbar. "Lucifer and all his progeny are great entertainers as well as terrifiers."[5] Die ästhetische und nervliche Faszination des Bösen übt von jeher, zumindest aber seit der griechischen Tragödie, erheblichen Reiz auf Autoren und ihr Publikum aus. Der Kitzel des Verbotenen, Abnormalen, die ambivalente Lust am Leiden und Leiden-Machen bis zum Untergang läßt sich mit den Heterogenes verbindenden Mitteln des Grotesken besonders intensiv darstellen.

[3] Sachs, a. a. O., S. xxiii.

[4] Ebda.

[5] Sachs, a. a. O., S. xxvi.

Sachs vermag denn auch mit seinem Ansatz dazu beizutragen, daß über Kaysers Verhaftetsein an die wort- und begriffsgeschichtliche Entwicklung des Grotesken seit der Renaissance mit modernem begrifflichen Instrumentarium literarische Extremgestalten einsichtig werden, die vor das Aufkommen des Wortes „grotesk" zurückreichen: "Madness of one kind or another is a perennial concomitant of the grotesque, and it is always good theatre, because it is comic." [6]

Daß in diesem Zusammenhang der Teufel als "the original madman" apostrophiert wird, ist einsichtig. In der Moderne kommen Aspekte hinzu, denen Sachs' Theorie nicht in gleichem Maße Rechnung zu tragen vermag wie vorbürgerlichen Groteskgestaltungen, selbst wenn seine eigene Definition hinreichend abstrakt formuliert ist, um zahlreiche Ausprägungen neuerer Grotesken zu erfassen:

> The grotesque is the inverse of the ideal. It is evil or baseness or abnormality, portrayed in incongruously compounded human and non human images, that are in various degrees both disturbing and absurd.[7]

Den säkulären, gesellschaftskritischen Intentionen vieler grotesker Kunst wird Sachs' Theorie nicht genügend gerecht, metaphysische Implikationen verdrängen teilweise die diesseitsbezogene Kritik moderner wie älterer literarischer Grotesken. Auch die Ausweitung des Grotesken von Personendarstellung auf Gestaltung von Szenen, Situationen, "settings", vollzieht Sachs nicht mit. Die Dominanz der Psychologie in den modernen neueren Theorien ersetzt Sachs durch eine mehr philosophische Betrachtungsweise.

> Essentially the writer or painter of grotesque is inflicting metaphysical wounds upon reality. His startling operations can make all impossibilities jarringly possible.[8]

[6] Sachs, a. a. O., S. xxviii.

[7] Sachs, a. a. O., S. xxxii.

[8] Ebda.

Trotz dieser Einschränkungen erlaubt der theoretische Ansatz von Arieh Sachs den interpretatorischen Zugriff auf die literarische Groteske vom Mittelalter bis zur Moderne und rechtfertigt somit seine Textauswahl von Langland bis Joyce.

7. Carl Pietzcker, „Das Groteske" (1971)[1]

Unter den Theorien der Kayser-Nachfolge kann die Pietzckers wahrscheinlich das höchste Maß an Geschlossenheit und innovatorischem Charakter beanspruchen. Pietzcker sucht die überbordende Vielfalt, die das Groteske nach Kayser gewonnen hat, auf ein praktikables Maß zurückzuschneiden. Kaysers Theorien sollen dabei nicht grundsätzlich widerlegt, sondern weiterentwickelt, ergänzt und korrigiert werden.

Pietzcker verbindet psychologische und strukturalistische Ansätze mit einem an der Jauss/Iser-Schule orientierten wirkungsästhetischen Zugang. Seine erste wesentliche Korrektur an Kaysers Theorie entspringt denn auch folgerichtig einer wirkungsästhetischen Position. Nach Pietzckers Ansicht ist es unvereinbar, wenn Kayser einerseits behauptet, es gehöre zur Struktur des Grotesken, daß die Kategorien unserer Weltorientierung versagen, er aber andrerseits definiere, das Groteske sei die entfremdete Welt, die sich verwandelt habe. Das Versagen der Weltorientierung stelle schließlich einen Bewußtseinsakt dar. Die Welt zeige sich dem Bewußtsein, die Orientierung versage lediglich angesichts der entfremdeten Welt.

> Soll jenes Versagen zur Struktur des Grotesken gehören, so ist das Groteske nicht die 'entfremdete Welt', sondern die Struktur, in der die Kategorien unserer Weltorientierung angesichts der 'entfremdeten' Welt versagen. Es ist dann die Struktur einer Weltbegegnung, nicht die einer Welt.[2]

[1] Text: Carl Pietzcker, „Das Groteske", *DVjS* (1971), H. 2, S. 197—211.

[2] Vgl. Pietzcker, a. a. O., S. 198—199.

Die Frontstellung dieser Korrektur ist vor allem gegen Heidsieck gerichtet, mit dem Pietzcker sich intensiv auseinandersetzt.[3] Pietzcker definiert weiter:

> Das Groteske ist die Struktur, in der die Erwartung, ein Sachverhalt werde in einer bereits bekannten Weise gedeutet, enttäuscht wird, ohne daß eine weitere, angemessene Deutungsweise bereitsteht.[4]

Nach Pietzcker kann es also keine Dinge, Bereiche oder Kunstwerke geben, die für sich grotesk sind, sondern nur Werke, deren Intention es ist, die spezifisch groteske Struktur eines Bewußtseinsaktes auszulösen. Bei der Analyse des Grotesken werden dann jeweils drei Momente wichtig, die untersucht und in Zusammenhang gebracht werden müssen:

1. Der Erwartungshorizont und seine Bedeutung für das Subjekt,
2. das, was sich der Erwartung widersetzt,
3. das Bewußtsein des Lesers und des Autors.

Im Klartext bedeutet dies den Einbezug einer gesellschaftlichen und einer psychologischen Perspektive. Wenn Pietzcker allerdings beansprucht, durch seine Definition einige andere aufheben zu können, in denen psychologisch-wirkungsästhetische und immanent-werkästhetische Kategorien miteinander verknüpft werden und weiterhin beansprucht, mit seiner Theorie begriffliche Klarheit zu schaffen, muß man ihm entgegenhalten, daß durch die vollkommene Verlagerung des Grotesken ins erkennende Bewußtsein einem Subjektivismus Tür und Tor geöffnet wird, der die intendierte begriffliche Schärfe sofort wieder unterläuft. Bereits Clayborough hatte von der Psychologie her diese Position vertreten,[5] und Pietzcker verleiht ihr wenigstens die Andeutung einer historischen Perspektive:

[3] Vgl. den vorausgegangenen Abschnitt über Arnold Heidsieck, *Das Groteske und das Absurde im modernen Drama.*

[4] Pietzcker, a. a. O., S. 199.

[5] Vgl. Arthur Clayborough, *The Grotesque in English Literature* (London, 1965), S. 109.

Das Werk muß die Erwartung und ihr Scheitern zwar partiell in sich tragen, bleibt aber abhängig vom Leser. Wechselt sein Publikum, braucht es nicht mehr grotesk zu wirken.[6]

Die synchrone Sicht überwiegt jedoch bei Pietzcker, und er versucht, den Subjektivismus dadurch abzumildern, daß er dem Grotesken als notwendiges Gegenbild einen gesicherten Bereich von Kategorien des Normalen an die Seite stellt.

Um Kaysers, Cramers und anderer Theoretiker Unklarheiten und Kategorienmischung zu beseitigen, unterscheidet Pietzcker nun *das Groteske* als Bewußtseinsakt und *die Groteske* als ein literarisches Werk, das grotesk ist, d. h., welches den Bewußtseinsakt des Grotesken intendiert. Das Groteske ist also weder ein Stil, noch ein sichtbares und objektiv beschreibbares Werk, „sondern die intendierte Wirkung eines Stils, den wir nur von seiner Intention her verstehen können".[7] M. E. ist diese Position nicht haltbar und bedeutet geradezu die mit scholastischer Gehirnakrobatik betriebene esoterische Einschränkung einer Historisches miteinbeziehenden Wirkungsästhetik. Warum ein Stil und ein bestimmtes Werk zu einem bestimmten Zeitpunkt nicht als grotesk definiert werden können, leuchtet nicht ein. Kaysers Ansatz wird um seine weitgefaßte Dimension von 'Welt' verkürzt, die nur noch abstrakt als existential-ontologische Struktur in Pietzckers Theorie eingeht. Es muß gefragt werden, was denn eigentlich ein auf seine Intention reduzierter Stil ist? Von der Wirkungsästhetik her wäre einzuwenden, daß Pietzcker insofern ahistorisch bleibt, als er der literaturtraditionalen Herkunft eines Stils, gegenüber der sich ein künstlerisch individueller Stil erst definieren kann, und die den Erwartungshorizont eines Lesers maßgeblich konstituiert, nicht nachgeht. In ihren

[6] Pietzcker, a. a. O., S. 199.

Von der Psychologie her kann diese These u. U. durchaus zutreffen; man denke nur an die unterschiedliche Rezeption von absurden Theaterstücken in kapitalistischen und sozialistischen Ländern und die Bemühungen östlicher Zensoren, ihnen die subversive Ambiguität zu nehmen.

[7] Pietzcker, a. a. O., S. 202.

etwaigen sozialgeschichtlichen Bindungen, die mit Wirkungsbedingungen eng verwoben sind, werden die Intentionen grotesken Stils höchstens sehr abstrakt gesehen. Was das Bewußtsein von Autor und Leser konditioniert — es muß ja wohl der von Pietzcker immerhin erwähnte Gesellschaftsbezug[8] sein —, bleibt unklar.

Sieht man von diesen eklatanten Nachteilen der Pietzckerschen Theorie ab, so bleiben dennoch eine Reihe von wesentlichen Gesichtspunkten, insbesondere bei der Abgrenzung des Grotesken gegenüber dem Absurden.

Jean Pauls poetische Bestimmung der „vernichtenden oder unendlichen Idee des Humors" [9] wird mit moderner Terminologie wieder aufgegriffen, wenn Pietzcker davon spricht, daß das Groteske einem mit absolutem Anspruch auftretenden Sinn entgegentritt, ihn relativiert oder vernichtet und dem, was sich ihm widersetzt, diesem Sinn gegenüber zu seinem Recht verhilft, ohne eine eigene Deutung zu evozieren.

> Das Groteske enthält in sich den Einspruch gegen eine bestimmte Wirklichkeit, das Absurde dagegen das verzweifelte Einverständnis mit Wirklichkeit überhaupt, mit einer sinnlosen Wirklichkeit.[10]

Von hier betont dann auch Pietzcker die gesellschaftskritische Intention des Grotesken, stellt es dem Metaphysischen des Absurden als säkuläres und letztlich realistisches Gestaltungsprinzip entgegen. Das Absurde kann allerdings im Medium des Grotesken sichtbar gemacht werden. Pietzcker stellt damit einen Interpretationsansatz für Teilbereiche des sogenannten „Theater des Absurden" bereit, der nicht nur auf eine im Grunde affirmative und resignierende Gesellschaftsdeutung in diesen Stücken hinausläuft. Deutlicher als Kayser postuliert Pietzcker schließlich die untrennbare Verbindung von Grauen und Lachen im Grotesken.

[8] Vgl. Pietzcker, a. a. O., S. 205—206.
[9] Vgl. den vorausgegangenen Abschnitt über Jean Paul.
[10] Pietzcker, a. a. O., S. 207.

Eine abschließende Bestimmung des Grotesken hat Pietzcker m. E. nicht gefunden. Im Verhau seiner Begriffsbildung bleibt die notwendige Vermittlung zwischen Wirkungsästhetik und deskriptiver Werkästhetik, zwischen den Ebenen Autor, Werk und Leser, zwischen Psychologie, Intention und Stil stecken.

8. Philip Thomson, *The Grotesque* (1972)[1]

Der australische Germanist Philip Thomson versucht in seinem schmalen Bändchen über das Groteske in der Reihe *The Critical Idiom* eine Einführung in Erscheinungsformen literarischer Groteskgestaltung in englischer, amerikanischer und deutscher Literatur zu vermitteln, einen Überblick sowohl über die historische Entwicklung des Groteskbegriffs zu geben als auch eine eigene theoretische Konzeption zu entwerfen und das Groteske gegen verwandte ästhetische Kategorien abzugrenzen. Dies ist ihm insgesamt trotz einiger Fehleinschätzungen gut gelungen.[2] Was Theorie und Definition des Grotesken betrifft, geht Thomson davon aus, daß literarische Termini ständiger Neuorientierung und Umdefinierung bedürfen. Obwohl er Kayser gegenüber kritisch eingestellt ist, erkennt doch auch Thomson ihn als Vater der modernen Groteskforschung an und leugnet nicht den Einfluß der Kayserschen Theorie auf seine eigenen Überlegungen. Ambivalenz des Grotesken und der Zusammenprall gegensätzlicher Elemente bilden für ihn den Kern seiner theoretischen Bestimmung, die "a certain pattern peculiar to the grotesque, a certain fundamental structure" zu eruieren sucht.[3]

Thomson geht von wirkungsästhetischen und deskriptiv werkästhetischen Gesichtspunkten aus und stellt zunächst die Dis-

[1] Text: Philip Thomson, *The Grotesque*. The Critical Idiom No. 2 (London, 1972).

[2] Vgl. hierzu die Rezension des Schreibenden in *Notes and Queries*, New Series, vol. 22, No. 5 (May, 1975), S. 215—217.

[3] Thomson, a. a. O., S. 19.

harmonie in Gestaltung und Respons in den Vordergrund. Auch er betont die Gleichzeitigkeit von komischen und grauenerregenden Komponenten und stellt dabei auf den dadurch ausgelösten Konflikt ab. Essentiell für sein Groteskverständnis wird dann "the unresolved nature of the grotesque conflict".[4] Im Gegensatz zu Kayser versucht Thomson allerdings das Unheimliche und das Phantastische weitgehend aus seinem Groteskkonzept auszugliedern. Seine "basic definition" lautet dann: "the grotesque is the unresolved clash of incompatibles in work and response", und er ergänzt sie durch eine Sekundärdefinition, "the grotesque is the ambivalently abnormal".[5] Das Groteske wird damit als abstrakte und formale, kaum aber als inhaltliche Kategorie definiert, wobei seine substantielle und darstellerische Radikalität wichtige Unterscheidungskriterein zu ästhetischen Nachbarkategorien abgeben.

Weitere Trennlinien und Unterscheidungsdaten zu solchen Kategorien sucht Thomson im folgenden zu bestimmen. Er grenzt das Groteske zunächst gegen *das Absurde* ab, dem er häufige Simultaneität mit dem Grotesken bescheinigt, das jedoch nicht auf ein bestimmtes "formal pattern" reduziert werden könne. *Das Bizarre* unterscheide sich vom Grotesken durch geringere Aggressivität und ein geringeres Moment der Beunruhigung. *Das Makabere* überschneide sich häufig mit dem Grotesken — schwarzer Humor —, zeichne sich durch eine spezifische, das Schauerliche verstärkende Komik aus. *Karikatur* gewinne lediglich in Extremformen karikaturistischer Übertreibung groteske Qualität, ebenso vermöge *Parodie, Satire* und *das Komische* ins Groteske hineinzureichen, sei jedoch für sich allein nicht grotesk. Thomson steckt sorgfältig und sehr sachlich das Umfeld des Grotesken ab und ist damit einer literaturwissenschaftlichen Verwendbarkeit der ästhetischen Kategorie 'grotesk' dienlich. Überdies kommt er am Schluß auf die Subjektivitätsproblematik zurück, mit der das Groteske noch stärker behaftet ist als andere

[4] Thomson, a. a. O., S. 21.
[5] Thomson, a. a. O., S. 27.

Kategorien und rundet seine für Studenten wie Forscher gleichermaßen praktische Einführung mit dem sympathischen Geständnis ab, daß er keine absolut hieb- und stichfeste Theorie, sondern eben nur "guidelines" zur Bestimmung eines so vielschichtigen Phänomens liefern könne.

Durch die Formalbezogenheit seiner Definition weicht Thomson dem Schlagabtausch mit engagierten Vertretern der einen oder anderen Couleur aus, findet aber andrerseits einen Boden, auf dem ihm kaum widersprochen werden kann. Denn daß Form und Stil die Aspekte des Grotesken sind, auf die man sich international am weitesten zu einigen vermag, unterstreicht die fast weltweite Verbreitung grotesker Kunst und ihre von Autoren wie Wissenschaftlern de facto vollzogene Anerkennung als ästhetische Kategorie, die in besonderem Maße geeignet ist, zeitgenössische Probleme künstlerisch darzustellen.

9. Christian W. Thomsen, *Das Groteske im englischen Roman des 18. Jahrhunderts* (1974) [1]

In seinem 1974 erschienenen Band geht der Schreibende im theoretischen Ansatz von der Erkenntnis aus, daß eine Theorie des Grotesken nur dann sinnvoll ist, wenn sie brauchbare Unterstützung bei der Interpretationsarbeit liefert. Die bis dato vorliegenden Theorien aber versagen sich weithin diachronischer Betrachtungsweise, wie sie hier gattungsgeschichtlich vorgenommen wird. Eine prägnante, das Phänomen jedoch aphoristisch verkürzende Definition erschien deshalb ungeeignet, Erscheinungsformen und Funktionen des Grotesken über einen längeren Zeitraum hinweg sachgerecht zu bestimmen. Zudem sollte versucht werden, eine formalisierte, überzeitliche Theorie, welche die stilistischen und inhaltlichen, die psychologischen und wir-

[1] Text: Christian W. Thomsen, *Das Groteske im englischen Roman des 18. Jahrhunderts.* Erscheinungsformen und Funktionen (Darmstadt, 1974), bes. S. 1—14, 207—209, 324—329 und die theoretisch-begriffsgeschichtlichen Erörterungen zu den einzelnen Kapiteln.

kungsästhetischen Hauptkomponenten des Grotesken einbegreift, mit dem jeweiligen historischen Stand der theoretischen und begriffsgeschichtlichen Erörterung zu kombinieren. Es sollte in der Untersuchung darum gehen, neben dem deskriptiven, faktischen Aufzeigen des jeweiligen, historisch belegbaren Groteskverständnisses im einzelnen Roman durch Interpretation grotesker Elemente sinnvolle Ansatzpunkte im literarischen Prozeß zu finden, die in eine produktive und reflektierte Spannung zum 'hic et nunc' treten.

So wird auf der Basis vorhandener Theorieansätze, wobei insbesondere eine Verpflichtung gegenüber Kayser, Jennings und Pietzcker anzuerkennen ist, nach einer Feldbeschreibung des Grotesken gesucht, welche gleichsam als theoretisch justiertes Methodenraster die Interpretation von Erscheinungsformen und Funktionen des Grotesken gestattet. Ein solcher synthetischer Ansatz sollte jedoch keineswegs als Alibi dazu dienen, alles und jedes, was im Untersuchungszeitraum gewisse Merkmale des Grotesken zeigt, nun gleich für das Phänomen insgesamt zu vereinnahmen. Gewisse essentielle Konstituenten müssen erfüllt sein, wollen Charaktere, Situationen oder Szenen, Intentionen eines Autors, die Wirkung von Teilen eines Werkes oder von ganzen Werken als grotesk verstanden werden. Hierzu erfolgt zunächst eine Abklärung des Sprachgebrauchs der Untersuchung. Neben dem Adjektiv *grotesk* wird das Substantiv *das Groteske* zur Bezeichnung einer psychologischen und wirkungsästhetischen Kategorie des Erlebens, des Bewußtseins, der partiellen oder totalen Weltsicht von Autor, Romancharakteren und Leser, sowie als Kategorie der deskriptiven Werkanalyse verwendet. Der Begriff *die Groteske* dient als Gattungsbezeichnung, wobei allerdings davon ausgegangen wird, daß 'die Groteske' selten rein auftritt, viel häufiger groteske Elemente innerhalb eines Werkes anzutreffen sind.

Als unveräußerliche Konstituente, jedoch in graduell verschiedener Variabilität, postuliert der Schreibende für das Groteske ein Spannungsverhältnis von gleichzeitig komischen und grauenerregenden Komponenten, innerhalb derer es sich als

Distortions- und Verfremdungsprinzip definiert, das Proportionen und Dimensionen verzerrt.

Es verfremdet Bekanntes durch das Zusammenspiel und Verschmelzen heterogener Teile zu neuen, selbständigen Einheiten (Pflanzenhaftes — Tierisches — Menschliches — Mechanisches — Maschinelles). Es setzt anerkannte Normen ganz oder teilweise außer Kraft oder kehrt sie um und enttäuscht bewußt Erwartungshorizonte. Der Betrachter/ Leser soll hierdurch verblüfft, verunsichert, geschockt und zu eigenem (kritischem) Denkprozeß angeregt werden.[2]

Auf dieser formalen Grundlage werden sodann in einer Feldbeschreibung die Umrisse einer Ästhetik des Grotesken abgesteckt, welche die Unterscheidung zahlreicher Gestaltungsmittel, Erscheinungsformen und Funktionen zuläßt. Hierbei wird insbesondere Wert auf das Erfassen des Wechselspiels der Ebenen 'Autor'—'Werk'—'Wirkung' gelegt.[3] So können die Erscheinungsformen des Grotesken als Spiel mit psychologisch-philosophischen Elementen sichtbar gemacht, die dahinterstehenden künstlerischen Schaffenshaltungen und sie begründende psychologische Faktoren ebenso gedeutet werden, wie die Zusammenhänge zwischen Welt und Autor, konkreter, zwischen Zuständen der Realität, die im Autor groteske Weltsicht und Gestaltungsweise auslösen. Im Vordergrund stehen dabei sozialsatirische Intentionen und Funktionen. Von hier lassen sich dann auch Gemeinsamkeiten und Unterschiede zwischen Groteskem und Absurdem erläutern, und schließlich kann der Fächer abgestufter Groteskwirkungen beschrieben werden.

Mit Hilfe einer derart skizzierten Ästhetik des Grotesken vermag im Rahmen der eigentlichen Untersuchung zum englischen Roman des 18. Jahrhunderts das Groteske immer wieder als Prisma benutzt zu werden, mit dem komplexe interpretatorische Bezüge sichtbar gemacht, gebrochen und ausgespiegelt werden und als Katalysator, mit dem sich Tendenzen des ästhetischen Bewußtseins der Zeit scheiden lassen.

[2] Thomsen, a. a. O., S. 11.
[3] Vgl. Thomsen, a. a. O., S. 11—13.

In dem Verlauf der Untersuchung von Romanen Smolletts[4] wird anhand der Auseinandersetzung mit den Positionen Kurt Schlüters[5] noch ein theoretischer Exkurs zur Abgrenzung der Kategorien des Kuriosen und Grotesken eingeblendet. Schlüter definiert das Groteske existentialontologisch in einseitig das Negative und Grauenerregende akzentuierender Kayser-Nachfolge als

> die Extremform der künstlerischen Verwirklichung äußerster Disharmonie, die Gestaltung des Erlebnisses der radikalen Bedrohung der menschlichen Existenz in einer von Grund auf unverstehbar gewordenen Welt.[6]

Er klammert die Elemente des Komischen nahezu völlig aus dem Grotesken aus und spricht ihm obendrein ein Element positiver Sinndeutung der Welt ab. Schlüter definiert das Groteske wohl deshalb so radikal, weil er seinem eigentlichen Anliegen, der Kategorie des Kuriosen, genügend Spielraum zubilligen möchte. Dabei geht er jedoch unscharf und ahistorisch vor, indem er den historischen Wandel ästhetischer Kategorien unterberücksichtigt. Beide Kategorien werden zudem vermischt, so daß das Kuriose schließlich vom Standpunkt des Grotesken her als harmlose, verniedlichte und verwaschene Unterkategorie aufgefaßt werden kann.

Wenn auch das Kuriose theoretisch viel weniger abgesichert ist als das Groteske, so vermag man die Kernbereiche beider Kategorien dennoch deutlich voneinander zu trennen. In diesem Zentrum würden wir das Kuriose auf Gefühlswerte des Gemütlichen, Altmodisch-Eskapistischen, Kauzig-Komischen, Schrulligen beschränken, die sich an Gegenständen und Personen konkretisieren, welche aus Normen des Alltags zwar herausfallen, aber nicht in einem schweren Konflikt oder gar unlösbaren Wider-

[4] Thomsen, a. a. O., S. 207—209.

[5] Kurt Schlüter, *Kuriose Welt im modernen englischen Roman* (Berlin, 1969).

[6] Schlüter, a. a. O., S. 222.

spruch mit der Realität geraten. Im Gegensatz zu den meisten gerade der modernen Spielarten des Grotesken fördert und spiegelt das Kuriose eine Haltung der Weltfremdheit, des Eskapismus und der Resignation. Das Aggressive, Anarchische, Verunsichernde, gleichzeitig Komische und Grauenerregende des Grotesken geht ihm ab.

Im Schlußkapitel der eigenen Arbeit werden nochmals die wirkungsästhetische Dimension und die positiv kritischen Funktionen des Grotesken hervorgehoben, welche diese Kategorie zu einem wichtigen künstlerischen Gestaltungsmittel des 18. Jahrhunderts wie der Moderne machen, und die mit Hilfe einer differenzierten Theorie einen wesentlichen Beitrag zur Interpretation einer großen Anzahl von Romanen erlauben.

Überblickt man die zwei Jahrzehnte theoriebezogener Groteskforschung nach Kayser, so kann man folgende Schlußfolgerungen ziehen [7]:

1. Die theoretischen Vorstellungen Kaysers dominieren nach wie vor die internationale Groteskdiskussion. Ein Großteil der Theoretiker sucht sich zwar in Gegenpositionen oder Weiterentwicklung Kayserscher Ansätze zu profilieren; eine grundsätzliche Widerlegung Kaysers ist bisher nicht gelungen. Alle deutschen Theorien betonen das grauenerregende, existentiell verunsichernde Element wesentlich stärker als das Komische. Neben der Vorbildwirkung Kaysers dürfte hierfür die gegenüber England und den USA unterschiedliche Literaturtradition und die historische Erfahrungswelt des 20. Jahrhunderts verantwortlich zeichnen.
2. Englische und amerikanische Theorien bemühen sich um ein ausbalanciertes Spannungsverhältnis im Zugleich der Darstellung von Komik und Grauen.
3. Die Hinwendung zu einer psychologischen Deutung des Grotesken als existentieller oder wirkungsästhetischer Kategorie überwiegt. Abgesehen von der Erkenntnis, daß das Groteske

[7] Vgl. Thomsen, a. a. O., S. 10.

in seinem Kernbereich mit psychologischen Strukturen und Prozessen zusammenhängt, läßt sich die Voraussage wagen, daß die anhaltende Hausse an psychologischen Definitionen einem Nachholbedarf entspringt und daß künftige Theorien die strukturalistisch-formalästhetische Komponente in den Vordergrund stellen werden und daneben eine Erforschung der historisch-gesellschaftlichen Bezüge des Grotesken anstreben werden. Auch das neue theoretische Instrumentarium der Rezeptionsästhetik und der literaturwissenschaftlichen Kommunikationsforschung eignet sich zur Anwendung auf das Groteske.

4. Über Grenzen und Nationalliteraturen hinweg besteht bereits weitgehende Übereinstimmung über Komponenten und Wirkungsspektrum des Grotesken. Es wird allgemein anerkannt, daß das Groteske ein dominanter Ausdrucksbereich der Gegenwartskunst ist und daß es eine nützliche Kategorie literaturwissenschaftlicher Interpretationsarbeit abgibt.

B. Neuansätze der Wort- und Begriffsforschung zum Grotesken

Wolfgang Kayser, Arthur Clayborough, Rainer Lengeler, Francis K. Barasch.

Vor Kayser hat es in verschiedenen Arbeiten meist skizzenhafte Abhandlungen zur Wort- und Begriffsgeschichte des Grotesken gegeben, den Versuch eingehender, systematischer Darstellung aber unternimmt niemand.

Kayser nun setzt zunächst mit einer tastenden, vorläufigen Bestimmung des Grotesken anhand literarischer (Keller, Hoffmann, Poe, Sterne), ästhetischer (Möser, Flögel, Hartmann) und malerischer (Bosch, Bruegel d. Ä., Goya) Beispiele ein, verweist auf Internationalität, Sprengung der Gattungsgrenzen, Spannweite grotesker Gestaltung und gemeinsame zeitunabhängige Komponenten des Grotesken, bevor er im ersten Kapitel daran geht, „Die Groteske. Sache und Wort" historisch herzuleiten. Dabei schlägt er den Bogen in einem essayistischen Überblick von den italienischen Wortableitungen *la grottesca* und *grottesco* (von grotta = Grotte) des späten 15. und frühen 16. Jahrhunderts über die Spielwelt der Raffaelschen Grotesken, die Ornamentik-Differenzierungen der Kunstwissenschaft im 16. und 17. Jahrhundert zu frühen literarischen Beispielen in Italien, Frankreich, England und Deutschland. Er verweist auf die französischen Wörterbücher des 17.—19. Jahrhunderts und darauf, daß der eigene Sinnkern des Grotesken bereits im letzten Drittel des 18. Jahrhunderts in den Dictionnaires ausgelaugt und diffus geworden zu sein scheine.[1] Die Bezeichnung von einer Ornamentik des Bizarren, Extravaganten, Monströsen als Wortgrundlage des Grotesken weitet Kayser in einem zweiten Arbeitsschritt über Bosch, den „Höllenbruegel", die englische Karikatur des 18. Jahrhunderts zur Transformation grotesker Stileigentümlichkeiten ins Literarische (Cervantes, Swift, Fielding) und bis zu den frühen Theoretikern Möser und Wieland aus. Der Einbruch des Unheimlichen, des Bösen, der Triebkräfte des Unterbewußten in die malerische und literarische Darstellung spielt dabei eine dominierende Rolle. Über Callots Tänze und seine bedrückende Schilderung der Greuel und Unmenschlichkeiten des Dreißigjährigen Krieges in zahlreichen Stichen und Radierungen schreitet Kayser dann bis zur Bestimmung des Grotesken im 'Sturm und Drang' fort. Vielleicht etwas zu generalisierend konstatiert er dann im 19. Jahrhundert eine Abflachung des Groteskbegriffs, wobei er die Theorie entlang der auch im vorliegenden Band beschrittenen Linien umreißt, jedoch meist schnell zur Beispielinterpretation aus der erzählenden und dramatischen Literatur übergeht. Malerei, Graphik und Lyrik läßt Kayser erst wieder im 20. Jahrhundert zu Worte kommen.

Kaysers Werk darf weniger als Wort- und Begriffsgeschichte denn als theoretisch fundierter, historischer Überblick über die Spielarten der ästhetischen Kategorie des Grotesken verstanden

[1] Wolfgang Kayser, *Das Groteske* (Oldenburg, 1957), S. 29.

werden, die der literaturwissenschaftlichen Interpretationsarbeit erst wirklich erschlossen werden soll.

Für England hat Clayborough die Umrißlinien der semantischen Entwicklung des Wortes "grotesque" abgesteckt und dabei über die Parallelen zu Kayser im 15.—17. Jahrhundert insbesondere eine Reihe von Belegen aufgewiesen, welche die Differenzierung des englischen Wortgebrauchs im 18. Jahrhundert unterstreichen.[2] Hilfreich ist Clayboroughs Buch auch dadurch, daß in einem Appendix die N. E. D.-Definitionen des Wortfeldes 'grotesque' aufgelistet werden.[3] Eine wirkliche Begriffsgeschichte jedoch gibt Clayborough nicht.

Wie bereits an früherer Stelle erwähnt, hatte Leo Spitzer als erster der Kayser-Rezensenten von Rang gefordert,[4] daß das Phänomen des Grotesken über das Aufkommen des Wortes hinaus zu seinen Wurzeln in Antike und Mittelalter zurückverfolgt werden müsse. Diesem Postulat kommt für den Bereich der Anglistik Rainer Lengeler nach,[5] der für seine Untersuchung des Grotesken in den Tragödien Shakespeares jegliche 'interpretatio moderna' ablehnt, den Weg über die historische Annäherung zu gehen bemüht ist und in das semantische Umfeld von "grotesque" insbesondere eine Untersuchung des Wortes "antic" einbezieht, welches in vieler Hinsicht der direkte Vorläufer von "grotesque" ist. Lengeler geht davon aus, daß das Groteske in der Kunsttheorie des 16. Jahrhunderts noch nicht behandelt wird, und zwar schon deshalb, weil das Groteske als „Unnatur" außerhalb einer Theorie liege, die die Kunst als „imitatio naturae" begreife. Für eine Zeit, die zwar das Phänomen, nicht aber den Begriff kennt, weist Lengeler auf die

[2] Vgl. Arthur Clayborough, *The Grotesque in English Literature* (Oxford, [2]1967), S. 2—20.

[3] Clayborough, a a. O., S. 252—256.

[4] Vgl. Leo Spitzer, „Rezension von Wolfgang Kayser, *Das Groteske*", *GGA* (1958), S. 95—111.

[5] Vgl. Rainer Lengeler, *Tragische Wirklichkeit als groteske Verfremdung bei Shakespeare* (Köln, Graz, 1964), S. 4—24.

Bedeutung der Topik als wesentlichem Hilfsmittel bei der Entscheidung, ob eine bestimmte Szene oder Figur grotesk sei, hin.

Der Wort- und Begriffsuntersuchung von "antic" und "grotesque" korrespondiert bei Lengeler eine Darstellung der neoplatonischen Chaosvorstellungen und ihrer Bezüge zum Grotesken als Ausdruck dämonischer Unwirklichkeit. Von den ersten Belegen aus den Inventarverzeichnissen der königlichen Haushaltungen (1561) ausgehend bis zum gelehrten Ben Jonson, der als einziger großer Dichter seiner Zeit in seinen Schriften das Wort "grotesque" verwendet, zeigt Lengeler, wie im 16. und 17. Jahrhundert "grotesque" in England nicht zuletzt aufgrund der direkten Konkurrenz von "antic" nur sehr langsam vordringt. In der Bedeutung „grotesk" läßt sich "antic" laut N. E. D. bis auf das Jahr 1529 zurückverfolgen, und Lengeler hat Belegmaterial für "antic" in vier Bereichen gesammelt, die alle auch ins Zentrum der gemeineuropäisch tradierten Groteskvorstellungen zielen:

1. antic als Terminus technicus der bildenden Künste;
2. antic im Bereich der mimisch-szenischen Künste;
3. antic als Bezeichnung der Einbildungskraft;
4. der Tod als antic.

Während in den Bereichen 1, 2 und 4 das bildlich-körperliche Element im Vordergrund steht, kann Lengeler im dritten Bereich schon frühe Beweise für Auffassungen vom Grotesken als psychischer Dimension anführen; die Darstellungen vorrationaler Wahnsinnsstufen, der Einbildungskraft, die sich gleichsam als Verkörperung des Fiktiven in visionärer Schau und dichterischem Wahn darbiete.

In den bildlichen und szenischen Bezirken unterstreichen Lengelers Untersuchungsergebnisse die antiklassischen und manieristischen Tendenzen grotesker Darstellungen, wenn etwa die Auflösung der Einheit des Körpers in eine Vielfalt von Bewegungen der verselbständigten Glieder demonstriert wird und darauf hingewiesen wird, daß das Ergebnis dieses Widerstreits zwischen Einheit und Vielfalt als absurd, irrational und „unmenschlich“ angesehen werde.[6] Von hier aus werden magisch-teuflische Implikationen des Grotesken ebenso einsichtig wie kultursoziologische, etwa der bekannten Theaterfeindlichkeit puritanischer Stadtväter, welche in den "antics", den Clowns, nicht nur die verachtete Pantomime der Commedia dell'arte erblickten, sondern damit zusammenhängend, durchaus zu Recht, die anarchisch-vitalen, gegen tradierte Moral-, Rechts- und Ordnungsnormen gerichteten Tendenzen grotesker Kunst verspürten und aus ihrer Sicht anprangerten. Der Kreis schließt sich, wenn Lengeler auf die Verbindungen von antiken Chaosvorstellungen und Teufelslehren im frühen Christentum eingeht. „Der Abgrund, in den Satan verstoßen wird, ist mit dem Nichts des Chaos identisch.“[7] Die Schlange gerät zum Prototyp des "antic image", und damit wird die teuflisch-dämonische Verstellung als künstlerische Gegenwelt zu den Ideen des Schönen, Wahren und Guten, von der dennoch ästhetische Faszination ausgeht, in vielen Werken immer von neuem in Szene gesetzt. Der Begriff "antic", so kann Lengeler zeigen, wird im 16. Jahrhundert auch für Incubi, Succubi, Nachtmahre und das ganze Panoptikum dämonischen Hexen- und Volksglaubens verwendet. Aus der Gleichsetzung des Proteischen mit dem Teuflischen werden zusätzlich seit den Tagen der Kirchenväter Argumente gegen das Schauspielwesen gemünzt, die geeignet sind, Groteskes zur Zeit Shakespeares gründlich zu diskreditieren.[8]

Nimmt man noch die zahlreichen Gestaltungen der Traummetapher in der Kunst des 16. und 17. Jahrhunderts als, wie Lengeler nachzuweisen bemüht ist, zweiten großen Topos der Darstellung chaotischer Unwirklichkeit in ihren Bezügen zu "antic" und "grotesque" hinzu, so wird in dieser Arbeit mit modernen literaturwissenschaftlichen Methoden ansatzweise der Umfang und die ästhetische Bedeutung der Fusion antiker und

[6] Vgl. Lengeler, a. a. O., S. 13 f.

[7] Lengeler, a. a. O., S. 25.

[8] Vgl. Lengeler, a. a. O., S. 12, 25—27.

christlicher mittelalterlicher Komponenten von Religion, Philosophie und Kunsttheorie in den Konzeptionen von Kategorien sichtbar, die das zeitgenössische Groteskverständnis ausdrücken. Es wird aber ebenfalls evident, wie sehr sich dieser von Lengeler umrissene ästhetische Kernbezirk des Grotesken über alle historischen Wandlungen hinweg bis in die Gegenwart erhalten hat, auch wenn psychologische und soziologische Konnotationen heute weithin an die Stelle von Religion und Philosophie getreten sind. Vorbehalte würde ich allerdings gegen die m. E. bei Lengeler zu einseitig dominante Bindung des Grotesken in der Kunst an die Terminologie des Neuplatonismus anmelden, die mir auch die anschließenden Interpretationen der vier großen Shakespeare-Tragödien zu belasten scheinen.

Die bisher materialreichsten und umfassendsten Arbeiten zur Wort- und Begriffsgeschichte des Grotesken stammen von Frances K. Barasch, die zunächst 1968 eine Einleitung zum Nachdruck von Thomas Wrights *A History of Caricature and Grotesque* verfaßte[9] und diese dann in den beiden folgenden Jahren zu ihrer 1971 erschienenen Dissertation *The Grotesque. A Study in Meanings* ausweitete.[10] Wie kaum anders zu erwarten, ist die zweite Publikation flüssiger geschrieben, hat das Phänomen des Grotesken fester im Griff als die weithin noch als Materialsammlung angelegte erste Studie, welche aber ihrerseits schon einen vorzüglichen Überblick über die kunst- und literaturgeschichtlichen Implikationen und den Wandel des Groteskbegriffs vom 16. bis zum 18. Jahrhundert erlaubt, während das 19. Jahrhundert hier noch sehr kursorisch-skizzenhaft behandelt wird und das 20. Jahrhundert lediglich mit Beispielen aus Henry Miller und Thomas Mann, mit Verweisen auf Conrad, Kafka,

[9] Frances K. Barasch, "Introduction: The Meaning of the Grotesque", in: Thomas Wright, *A History of Caricature and Grotesque in Literature and Art* (1865) (repr. New York, 1968).

[10] Frances K. Barasch, *The Grotesque. A Study in Meanings* (The Hague, Paris, 1971).

Joyce, Cary und die Dramatiker des Absurden als Aufhänger und Rechtfertigung für die Notwendigkeit einer derartigen, historisch angelegten Untersuchung dient.

In der Dissertation erfährt das 19. Jahrhundert geringfügig erweiterte Aufmerksamkeit, und eine Ausblicksskizze im Schlußkapitel umreißt einige Entwicklungslinien der Groteskheorie und -forschung im späten 19. und 20. Jahrhundert. Das Schwergewicht beider Publikationen liegt eindeutig auf der Darstellung der Entwicklungsgeschichte des Grotesken vom 16. bis zum 18. Jahrhundert, zentriert sich nach dem Aufzeigen der romanischen Einflüsse auf die englische Szene und bezieht am Rande die Entwicklung in Deutschland und die Querverbindungen zu England, vornehmlich im 18. und frühen 19. Jahrhundert, mit ein.

Da die Argumentationslinien höchstens in Details voneinander abweichen, ist es nur für diejenigen Adepten des Grotesken notwendig, beide Schriften Baraschs zu lesen, die das gesamte darin ausgebreitete Beispielmaterial studieren möchten. Die Dissertation allerdings ist inzwischen zum unerläßlichen Hilfsmittel historisch interessierter Groteskforschung geworden. Sie ist wegen des mehr als doppelten Umfangs und ihrer guten Bibliographie auch bei weitem vorzuziehen. Will man die bei Lengeler untersuchten Aspekte der Parallelität von "antic" und "grotesque" weiterverfolgen, so ist die erste Arbeit Baraschs ebenfalls noch lohnend. Allerdings läßt Barasch den philosophisch-geistesgeschichtlichen Kontext, der bei Lengeler eine erhebliche Rolle spielt, weitgehend außer acht. Obwohl die Verfasserin des Deutschen mächtig ist, blieb ihr die Arbeit Lengelers anscheinend unbekannt, und beider Autoren Schriften stellen in dieser Hinsicht Komplementärstudien dar. Hier wird auch schon ein Nachteil in der Konzeption Mrs. Baraschs sichtbar: Begriffsgeschichten, die nur ein enges semantisches Umfeld des zu untersuchenden Begriffs wählen und wie hier die geistesgeschichtliche Entwicklung hinter der kunstgeschichtlichen zurücktreten lassen, neigen dazu, den Begriff für das Phänomen selbst zu halten. Bei Lengeler wird diese Gefahr in bezug auf das geistesgeschichtliche Moment vermieden, dafür aber kümmert er sich weniger um den kunstgeschichtlichen Aspekt. Allerdings würde, auf den Untersuchungszeitraum Mrs. Baraschs angewandt, ein Komplementärverfahren, welches beide Traditionsstränge voll berücksichtigt, einen ungleich höheren Arbeitsaufwand bedingen.

Der grundsätzliche Wert der Dissertation von Frau Barasch wird durch diesen Einwand nur unwesentlich geschmälert. Ihre Vorzüge liegen darin, im 15. und 16. Jahrhundert die Beispiele grotesken Ornamentalstils, vornehmlich der Architekturmalerei, gesammelt und den Wandel der Auffassungen von der Renaissance bis zum Klassizismus des 18. Jahrhunderts nachgezeichnet zu haben. Fernerhin gelingt es ihr, auf knappem Raum, von Michelangelos revolutionärer Durchbrechung humanistischer Regeln und Theorien ausgehend, die Verbreitung des grotesken Genres auf alle dekorativen Künste in Frankreich (z. B. Tapeten, Vasen, Gläser, Schmuck) zu belegen und so das ornamental Groteske als bestimmendes Moment des ästhetischen Zeitgeschmacks nachzuweisen.

In Frankreich wird im 16. Jahrhundert das Wort grotesk auch zum erstenmal in literarischen Werken von Rabelais, Montaigne, Ronsard, Du Bartas u. a. verwendet. In der deutschen Tradition schenkt sie vor allem den Diablerien (z. B. Schongauer, Cranach, Brueghel) ihre Aufmerksamkeit, welche sie, vermittelt über Holbein, in die englische Tradition des 16. und 17. Jahrhunderts einmünden läßt, die ihrerseits schon vorher aus volkstümlichen Elementen der eigenen mittelalterlichen Überlieferung und aus romanischen Importen gespeist wird. Hier werden über die Synonymität von "grotesque" und "antic" auch Verbindungslinien zum elisabethanischen Drama und daneben zu Davenant, Ben Jonson und Roger Boyle gezogen.

Bei der Darstellung des Grotesken im England des 17. Jahrhunderts legt Barasch Nachdruck auf die Dominanz des Terminus "grotesque" in der Kunstdiskussion, zeigt aber auch die Verflechtungen zur Literatur hin auf, wenn nun, insbesondere über den prägenden Einfluß Callots, vom zunächst rein figurativen Gebrauch dieser Terminus auf phantastische, komische, extravagant mißgestaltete Charaktere übertragen wird. Als nach der Restauration "grotesque" schließlich "antic" völlig ersetzt hat, ist es zur Bezeichnung aller zugleich niederen und komischen Charaktere in Kunst und Literatur geworden, schließt Typen der Komödie ebenso ein wie des "mock heroic epic" und später des komischen Romans. Milton (vgl. PL, IV, ii, 131 bis 137) fällt mit seinem Gebrauch des Wortes "grottesque" ganz aus dem Rahmen des nun Üblichen heraus.

It is indeed a part of irregular nature, but it is never pleasing. It is plainly the horrific antithesis of a classical, ideal landscape. Milton's word means "full of grots, caverns or dens, hollow, cavernous" with connotations of fearsome and horrid.[11]

Indem hier der Bezugsrahmen des Komischen, Verzerrten, Monströsen aber ästhetisch noch Erfreulichen durch einen des Schaurigen und Grauenerregenden überlagert wird, weist Miltons Verwendung voraus auf die ästhetischen Konstituenten des Gotischen, innerhalb derer das Groteske im 18. Jahrhundert ein Wandlungsprozeß durchläuft.

Die Darstellung der Entwicklungsgeschichte des Groteskbegriffs im 18. Jahrhundert ist Mrs. Barasch sehr ausgewogen und vielseitig differenziert gelungen. Sie überspannt die Diskussion von allgemeinem Zeitgeschmack und Kunstgeschmack, von Malerei (besonders der Landschaftsmalerei) und Karikatur über literarische Ausformungen des Grotesken in Oper, Burleske, Farce, komischem Epos und Roman und bezieht hier auch die geistesgeschichtliche Traditionskette von Dryden über Shaftesbury zu Burke und schließlich Coleridge mit ein. Wichtig ist die ganz dezidierte Herausarbeitung zweier unterschiedlicher Stränge grotesker Gestaltungsweisen: einmal des Grotesk-Komischen und zum anderen die des "Gothic Grotesque".

Sehr schön zeigt die Verfasserin, wie "comedy the leading genre of the age" wird, ". . . essentially, its humor was based on

[11] Barasch, a. a. O., S. 89.

'deviations from nature', the ridiculous, the incongruous, and, especially, the deformed".[11] Nach Eingehen auf Butlers *Hudibras* kommt sie auf die Strömungen des Burlesken und der Karikatur (Hogarth/Fielding) und ihrer gegenseitigen Verflechtungen ebenso zu sprechen wie auf die nach der Jahrhundertwende unter dem Einfluß Shaftesburys verstärkt einsetzende Assimilierung der "odd characters" an die führenden Richtungen eines humanistisch-optimistischen Menschenbildes, welches dann bei Smollett und Sterne wieder spezifisch grotesk aufgeladen wird.

Daneben werden im späten 17. und frühen 18. Jahrhundert die Ingredienzien eines gotischen Zeitgeschmacks aufgedeckt, der über das Chimärische, über Shakespeares und Spensers "grotesqueries" Brücken zum Grotesken schlägt und nach einem rationalistischen Interregnum in der zweiten Jahrhunderthälfte im Gefolge von Burkes *Enquiry* abermals voll erblüht. So kann Mrs. Barasch für das 18. Jahrhundert eine weitgespannte Ästhetik des Grotesken konstatieren, in welche sie dann auch die deutschen Theoretiker Möser, Wieland und Flögel mit einbezieht.

Zahlreiche der von Barasch entrollten Fäden werden dann vom Schreibenden in seiner Studie über *das Groteske im englischen Roman des 18. Jahrhunderts* aufgegriffen,[12] und es wird die begriffsgeschichtlich-kunsttheoretische Diskussion mit der Entwicklungsgeschichte des Romans verknüpft, es werden Parallelen aufgewiesen und Phasenverschiebungen zwischen Romanpraxis und theoretisch-ästhetischer Ausformulierung grotesker Gestaltungsprinzipien demonstriert.

Für die Zeit bis zum Beginn des 19. Jahrhunderts kann mit den Arbeiten Baraschs die Wort- und Begriffsgeschichte des Grotesken als gelöstes Forschungsproblem gelten. Was zu tun bliebe, wäre einmal die sehr diffizile Aufarbeitung jener Begriffsfelder, die das mittelalterlich Groteske konstatieren und zum anderen eine Darstellung der Ästhetik des Grotesken in der

[12] Vgl. Christian W. Thomsen, *Das Groteske im englischen Roman des 18. Jahrhunderts* (Darmstadt, 1974), *passim*.

Moderne seit dem Ende des 19. Jahrhunderts, die sich als reizvolle, aber ebenfalls überaus schwierige Aufgabe erweisen würde.

C. Neuere interpretatorische Studien zum Grotesken in der englischen Literatur

1. Studien zu Chaucer und Shakespeare: D. W. Robertson, Jr., Rainer Lengeler, Willard Farnham

Die von Kayser vernachlässigten Vorläufer der Renaissance-Groteske werden von D. W. Robertson[1] im Umkreis spätmittelalterlichen Stils und der Prinzipien mittelalterlicher Ästhetik vor dem umfassenden Hintergrund des Welt- und Kunstverständnisses im 13. und 14. Jahrhundert interpretiert. Dabei setzt er literarische Figuren Chaucers und dessen ironisch-distanzierte Grundhaltung in Beziehung zur überwiegend romanisch geprägten Ästhetik dieser Zeit.

Robertson geht davon aus, daß die seit dem frühen 19. Jahrhundert entwickelten "pure aesthetics" keinen richtigen Zugang zu einer Epoche böten, deren Kunst vornehmlich wirkungsästhetisch ausgerichtet sei.[2] Ästhetik wird dabei als eine Lehre vom Schönen, von der "ordered beauty of the whole" verstanden,[3] zu der letztlich auch nicht-schöne Elemente wie "the demons and monsters of Romanesque Churches, the grotesque which appear among the Gothic saints, on miseriocords or roofs bosses, or in the margins of psalters" durch ihre Kontrastwirkung beitrügen.[4] Dem topischen, allegorischen und symbolischen Charakter mittelalterlicher Groteskkunst komme besondere Be-

[1] D. W. Robertson Jr., *A Preface to Chaucer: Studies in Medieval Perspectives* (Princeton, 1962).

[2] Vgl. Robertson, a. a. O., S. 136.

[3] Robertson, ebda.

[4] Robertson, ebda.

deutung bei, und hierin nähmen die zahlreichen Gestaltungen von Monstren einen wesentlichen Platz ein, da gerade Mischungen von Tieren und Menschen sich nach klassischer und christlicher Überlieferung eigneten, den der Sünde und dem Laster verfallenen Menschen darzustellen, der aufhört, Mensch zu sein und tierische Züge annimmt.

Bei Robertson wird sichtbar, in welchem Maße die Verschmelzung von antiken und christlich mittelalterlichen geistes- und kunstgeschichtlichen Strukturen vor allem in der Metamorphosenlehre groteske Darstellungsweise fördert. Ovid und Boethius nehmen in ihrer großen Popularität Schlüsselstellungen ein. Robertsons Interpretation trifft sich mit den Analysen Lengelers, wenn er konstatiert:

There were, ..., intellectual currents prominent during the period which made monsters and grotesques—"metamorphosed" men—reasonable media for the communication of ideas.[5]

Der Bildcharakter des Grotesken eignet sich laut Robertson hervorragend, das Sinnliche der Todsünden drastisch vor Augen zu führen. Enigmatische Monstren seien dabei in aller ihrer sinnlichen Einprägsamkeit figurativer Ausdruck von Kunstprinzipien, die sich auf moralische Abstraktionen zurückführen ließen. Teufelsbeschreibungen oder der Minotaurus als Konkretisationen schlimmster Sünden, "a man by nature, a demon through pride, and a bull through lechery",[6] werden von Robertson in anschaulicher Plastizität als Demonstrationsobjekte aufgeboten. Den Grotesken von Architektur bis zu Buchillustrationen und Literatur komme somit in hohem Maße die Funktion von moralischen Exempla zu.

Robertson hebt auch die Internationalität dieses grotesken Kunststils hervor und leitet sie u. a. aus vielen, von Mäzenen finanzierten Reisen der Künstler ab, wobei er Literaten wie Chaucer ausdrücklich einschließt. Dessen "prioress" kennzeichnet

[5] Robertson, a. a. O., S. 154.
[6] Robertson, a. a. O., S. 156.

er als Paradebeispiel einer humorvoll-ambigen Groteskfigur. Im *Nun's Priest's Tale,* wo der Hauptcharakter zugleich Hahn und Mensch sei, trete die skizzierte figurative Grotesktechnik am deutlichsten zutage. An "Prioress" und "Monk" zeigt Robertson auf, wie das Groteske "pretends to be one thing but is actually something else".[7] Äußeres Habit und innere Natur stehen in scharfem, aber auch komisch-akzentuiertem Kontrast. Den 'Wolf im Schafspelz' als eines der beliebtesten mittelalterlichen Beispiele grotesker Darbietungsweise deckt Robertson in vielen Abwandlungen und Anklängen auch bei Chaucer als bevorzugtes Medium humorvoll-ironischer Gestaltungsweise auf. Dabei sei es häufig schwierig zwischen "personified abstractions, iconographically described characters, and grotesques" zu unterscheiden, "but it is not a real difficulty since the divisions are purely arbitrary".[8] Die Funktion solcher Darstellungen bleibe sich jedoch immer gleich. Infolge der zugrundeliegenden abstrakten Prinzipien sei ungeachtet realistischer Details Chaucers Groteskkunst "not essentially realistic". Das Groteske verleihe seiner Kunst eine tiefere Dimension gleichzeitiger Belustigung, Betroffen- und Erschrockenseins; die sich darin enthüllende Weltsicht mute erstaunlich modern an. Seine ironische Distanz grenze an eine absurde Weltsicht, deren Erkenntnis weitgehender Irrationalität der Welt humorvoll aufgefangen werde durch den Glauben an eine ordnende, christlich bestimmte Providentia.[9]

Robertson hat mit seinem Buch die Bahn bereitet für eine Studie, die sich speziell dem Grotesken bei Chaucer widmen und mit Sicherheit ins Zentrum von Chaucers Kunst führen könnte. Sie könnte seine zeitlose Modernität sichtbar machen, ohne auf eine historisch angemessene Interpretation zu verzichten.

[7] Robertson, a. a. O., S. 253.

[8] Robertson, a. a. O., S. 257.

[9] Vgl. hierzu auch Frances K. Barasch, *The Grotesque* (The Hague, Paris, 1971), S. 162 f.

Rainer Lengeler, *Tragische Wirklichkeit als groteske Verfremdung bei Shakespeare*[10] (1964)

Lengelers theoretischer und begriffsgeschichtlicher Ansatz ist bereits erörtert worden, hier sollen nun kurz noch die Hauptergebnisse seiner Interpretation der vier großen Tragödien *Hamlet, Othello, King Lear* und *Macbeth* referiert werden. Auf der Basis der neoplatonischen Chaosvorstellungen und im theoretischen Kielwasser Kaysers kommt Lengeler für Shakespeare zu der Einsicht, daß das Groteske das Fehlen von Ordnung, die Verdunklung der platonischen Ideen repräsentiere. Seiner Definition nach wird im Grotesken die „Dämonie des Unwirklichen" dargestellt.

Übertragen auf *Hamlet*, aber auch auf *Macbeth*, bedeutet dies, daß mit dem Geist, bzw. den Hexen, dämonische Mächte einbrechen, welche die gestörte Weltordnung zum Ausdruck bringen. Die Frage nach dem Grotesken in *Hamlet* sieht Lengeler auf dem umfassenden Hintergrund der Problematik von Sein und Nichtsein, von der in Hamlets Monolog im dritten Akt die Rede ist. Hamlet, wie Edgar in *King Lear*, greife zu der grotesken Maske des Wahnsinns, um sich dahinter in Sicherheit zu bringen. Letztlich aber verberge sich hinter dem "to put an antic disposition on" der Versuch, die "antique disposition", die ursprüngliche Ordnung im Sinne der platonischen Idee, wiederherzustellen.

In *Hamlet* und *Lear* bringt Lengeler insbesondere auch die Narrenfiguren in Verbindung mit dem Grotesken, mit der Problematik von Einbildung und Wirklichkeit und der verdunkelten Idee. Das Wesen der grotesken Wahrheit des Narren liege in deren Ambiguität. Nach Lengelers Interpretation wird in jeder der vier Tragödien am Schluß durch den Tod der Protagonisten die Weltordnung von neuem konstituiert. Der Tod bedeutet einen Akt wirklicher Selbstwerdung, den Hamlet mit der Aus-

[10] Rainer Lengeler, *Tragische Wirklichkeit als groteske Verfremdung bei Shakespeare* (Köln, Graz, 1964).

führung seines Racheauftrages ebenso auf sich nimmt wie Macbeth im letztlichen Abstreifen seiner Abhängigkeit von den dämonischen Mächten und dem Zurückfinden zu seiner soldatischen Kämpfernatur.

Zentralfigur des Grotesken in *Othello* ist natürlich Jago, hinter dessen menschlichen Zügen die allegorischen Merkmale des hybriden "Vice" sichtbar werden. Gerade in der *Othello*-Analyse Lengelers läßt sich jedoch verfolgen, wie die einseitige Fixierung auf Kaysers Groteskdefinition mit ihrer Überbetonung des Schaurig-Unheimlichen und auf die neo-platonische Chaoslehre zu einer Unterberücksichtigung des grotesk-komischen Moments führt, die sicher nicht im Sinne Shakespeares und der englischen Theatertradition liegt. Dem Grotesken in *Othello* z. B. käme viel größerer Stellenwert zu, bezöge Lengeler auch die makabre Komik des "Vice", die unfreiwillig-unheimliche Komik in den Reden Othellos mit ein.

Die Verfremdungsmetapher spielte in der deutschen literaturwissenschaftlichen Diskussion der sechziger Jahre eine zentrale Rolle, die ihr inzwischen nicht mehr zukommt. Dennoch behalten viele Aspekte von Lengelers Interpretationen bleibenden Wert, etwa wenn er herausarbeitet, daß sich immer dort in *Othello* groteske Verfremdung findet, wo phantastische Fiktionen gleichzeitig als unheimliche Realitäten wirken und menschliches Handeln zum Ausdruck überpersönlicher Dämonie gerät. Diese Verfremdung laufe auf die Bedrohung des Menschen durch das Un-menschliche, auf die seines Bewußtseins und seiner Handlungsfreiheit durch ein irrationales Fatum hinaus.

In Zusammenhang mit der Metaphorik und Topik von Traum, Magie und Wahnsinn erhält das Groteske für Lengeler auch in *King Lear* wesentlichen Rang. Seine Interpretation gewinnt den Ergebnissen Knights durchaus neue Erkenntnis hinzu. Im Sinn des Platonismus ist die reale Wirklichkeit Unwirklichkeit. Im Grotesken sieht Lengeler einen Schlüssel, das Wesen Lears, der blind ist für jede Realität, die sich außerhalb

[11] Lengeler, a. a. O., S. 55.

seiner Wunschvorstellungen befindet, aufzuschließen, auszuspiegeln und darüber hinaus zum Kern einer Wirklichkeitsvorstellung zu dringen, in der sich antike und christlich gebundene Vorstellungen komplex mischen, wo das phantastische Bild einer „verkehrten Welt" in den Songs des Narren letztlich tiefe Hoffnungslosigkeit verrät, wo aber auch die Dämonie des Bösen, der grotesken Weltverfremdung, schließlich im tragischen Untergang des Helden überwunden wird.

Lengelers Auffassung, daß das Groteske in *Macbeth* zentral mit der Übernahme der Geschehensregie durch Selbstauslieferung der Hauptcharaktere an die Mächte des Dämonischen zusammenhänge, fand Ende der sechziger Jahre in Charles Marowitz' Konzeption seines Stückes *a macbeth* eine erstaunlich konsequente Parallele.[12]

Das Buch Lengelers hat in der Groteskdiskussion nur verhältnismäßig geringe Aufmerksamkeit gefunden. Die Thematik des Grotesken bei Shakespeare ist mit dieser Arbeit ebensowenig ausdiskutiert wie mit dem anschließend zu besprechenden Buch Farnhams. An den Anregungen und Ergebnissen Lengelers vorbeizugehen wäre aber eine Unterlassungssünde, der sich die Groteskforschung zur englischen Literatur des Mittelalters und der elisabethanischen Zeit nicht zeihen lassen sollte. Auch diese Schrift macht evident, daß insbesondere auf dem Gebiet des mittelalterlichen und vorshakespeareschen Dramas mit Fragestellungen des Grotesken noch wesentliche Erkenntnisse zu erzielen sind.

Willard Farnham, *The Shakespearean Grotesque*[13] (1971)

Farnhams Buch ist in seinem kunstgeschichtlichen Eingangskapitel eine Komplementärstudie zu Robertson; im geistes-

[12] Vgl. Charles Marowitz, *a macbeth.* Freely adapted from Shakespeares Tragedy, Playscript 45 (London, 1971). Erstaufführung 1968.

[13] Willard Farnham, *The Shakespearean Grotesque.* Its Genesis and Transformations (Oxford, 1971).

geschichtlichen Teil auch zu Lengeler. Als hervorragender Kenner des Mittelalters weiß er die Verästelungen und ohne Anleitung heute weitgehend nicht mehr nachvollziehbaren allegorischen und symbolischen Bezüge jenes kreativen mittelalterlichen Geistes aufzudecken, dessen Transformation im 16. Jahrhundert die Renaissancegroteske der Shakespearezeit hervorbringt. Auch Farnham geht von der romanesken Dekorativkunst in Kirchen, auf Sarkophagen, auf Bucheinbänden oder in Buchillustrationen aus, gelangt zur Metamorphosenlehre der verschlungenen und fließenden gegenseitigen Übergänge von Pflanzen, Tieren, Menschen, Monstren, die Voraussetzungen für ein historisch fundiertes Verständnis des Grotesken im Drama Shakespeares schaffen. Schon sein Einsatz mit einer Belegstelle aus Bernard von Clairvaux' (ca. 1125) *Patrologia Latina* zeigt, daß sich der Moral- und Kunstkritiker des Mittelalters Gedanken wirkungsästhetischer Art über die "ridiculous monstrosity, a marvellous kind of deformed beauty and beautiful deformity" [14] exzessiver Kirchenausschmückung macht und dabei die ästhetisch ambige Faszination typischer Groteskwirkung beschreibt.

An umfangreichem Belegmaterial schildert Farnham jene Mischung von Realistik und Phantastik, die das Wesen mittelalterlicher Groteskkunst in den architektonischen und sonstigen Dekorativkünsten wie in der Literatur prägt. Er vermag zu zeigen, wie das Monströse den Kernbezirk dieser Kunst bildet, gekennzeichnet durch oppositionelle Kräfte, die innerhalb einer Figur wirken und durch heftige Bewegungen, gegenläufige Linien, unausgeglichene Kontraste stets für einen dramatischen Eindruck sorgen. Er versteht diese Grotesken als künstlerische Sichtbarmachung psychologischer Prozesse, die ein von der Natur und übernatürlichen, dämonischen Kräften gleichermaßen bedrohtes menschliches Dasein abbilden. Farnham stellt, anders als Lengeler, auch den Einbruch des Komischen in die Tabu-

[14] Bernard v. Clairvaux, *Patrologia Latina,* ed. J. P. Migne, (Paris, 1844—55), S. CLXXXII, col. 916, zitiert und übersetzt bei Farnham, a. a. O., S. 1.

bezirke dar, welche die mittelalterliche Groteske zunächst vordringlich gestaltet.

When comedy and realism enter the medieval grotesque, they do not completely conquer the forbidding, imaginative quality that we have found to be characteristic of it for centuries.[15]

Wie Lengeler zeigt er, daß in den Monstren der Mensch vom Tier in sich überwunden werden kann. Darüber hinaus aber belegt er, wie schon in den Buchillustrationen des Hochmittelalters Drachen und Monstren nach und nach das Bedrohliche verlieren und als unterhaltsame Sonderbarkeiten der Natur dargestellt und aufgefaßt werden, die nur noch von fern das alte dämonische Grauen ahnen lassen.

Farnhams kunstgeschichtliches Eingangskapitel "Beautiful Deformity" stellt den für eine weitere Forschung wesentlichen Bereich seines Buches dar, demgegenüber die Interpretationsteile oft abfallen, da sie für den kontinentaleuropäischen Geschmack zu textimmanent vorgehen und zudem die bisherige Forschung zum Grotesken insgesamt ignorieren. Dennoch werden viele Details glänzend gesehen und in Zusammenhänge gestellt, welche die Shakespeare-Forschung bisher nur wenig berücksichtigte.

In seine beiden Kapitel über Falstaff, "Falstaff and the Monstrous" und "Falstaff and the Codes of High Endeavour" bezieht Farnham auch Elemente des Grotesken in *A Midsummer-Night's Dream* und *Romeo and Juliet* mit ein. In physischer und intellektueller Hinsicht wird Falstaff als ambivalentes, groteskes Monstrum gedeutet, dessen animalische Qualitäten bei allen abstoßenden Zügen auch Attraktivität besitzen und ihn in all seiner Sinnlichkeit bei gleichzeitiger Feigheit zu einer der komischsten, komplexesten und vitalsten Gestalten Shakespeares werden lassen. Die Kenntnis von Michael Bachtins Theorie des grotesken Leibes wäre, auf Falstaff angewandt, sicher von vertiefendem Nutzen gewesen. Auch in seinem

[15] Farnham, a. a. O., S. 19.

Kapitel über "Hamlet among the Fools" — mit klugen Seitenverweisen auf *Julius Caesar* und *As You Like It* — sieht Farnham "monstrosity" als das Leitthema Shakespearescher Grotesken. Hamlet wird als Narr und kontrastreiche, von inkongruenten Widersprüchen geprägte Groteskfigur interpretiert, was eine anspruchsvolle Herausforderung traditioneller Hamletinterpreten bedeutet und — Farnham sicher unbewußt — Hamlet zugleich in die Nähe moderner Dramenfiguren im Gefolge des absurden Theaters rückt. Hamlets monströse Imaginationskraft stützt Farnhams Thesen ebenso wirkungsvoll ab, wie seine Rückverweise auf die Entwicklungsgeschichte des Narren.

Das Schlußkapitel "Diabolical Grotesqueness" beschäftigt sich mit Thersites, Jago und Caliban. Verhielte sich Farnham theoretisch nicht so völlig abstinent, hätte er hier mit Hilfe des Grotesken als zentralem ästhetischen Katalysator aus seinen gelungenen interpretatorischen Mosaiksteinchen eine Shakespearesche Ästhetik des Bösen im Spannungsgefüge zwischen Teufel und Gott entwickeln können. Solches aber leistet sein Buch nicht. In vielem stellt er noch immer eher den Beginn einer Diskussion über das Groteske und seine Funktionen bei Shakespeare als eine abgeschlossene, gesicherte Forschungsernte dar. Viele gute Details, eine glänzende kunstgeschichtliche Einleitung und ein Zentralbegriff wie der der Monstrosität fügen sich noch zu keiner systematischen Gesamtschau, die allerdings, wenn überhaupt, auch nur schwer zu erreichen sein dürfte.

Die unterschiedlichen Ansätze von Knight, Lengeler und Farnham beweisen jedoch, daß das Groteske als Mittelpunkt einer Shakespeare-Interpretation zu wesentlichen Ergebnissen führt und vor allem noch immer seines Meisters harrt.

2. Studien zur englischen Literatur des 18. Jahrhunderts: Philip Stevick, Tony Tanner, Robert Hopkins, Patrick G. Gleeson, Arthur Clayborough, Christian W. Thomsen

Während bei der Mehrzahl der wenigen bisher vorhandenen Arbeiten zum Grotesken in der englischen Literatur des Mittelalters und der Renaissance das Werk Shakespeares im Zentrum steht, verlagert sich in der Literatur des 18. Jahrhunderts das Interesse der Groteskforschung vom Drama zur Satire und zum Roman. Erst für das 19. Jahrhundert fallen dann auch Arbeiten zur Lyrik ins Gewicht.

Hier sei zunächst auf eine Gruppe von Aufsätzen eingegangen, die im Gefolge der theoretischen Ansätze Kaysers und Jennings Einzelprobleme der Literatur des 18. Jahrhunderts behandeln.

Philip Stevicks geist- und kenntnisreicher Essay "The Augustan Nose" (1965)[1] stellt nur indirekt einen Beitrag zur Forschung über das Groteske dar und geht in witziger, treffender Form dem häufigen Motiv der literarischen Verwendung von "nose" bei den "Augustans" nach. Die Bezüge werden dabei von den sanitären Verhältnissen in London über die Komödie, das "mock heroic epic", zu Roman, Lockescher Philosophie und klassisch-satirischen Ursprüngen — Juvenal — gezogen. Stevick wählt seine Beispiele aus einer Fülle von Autoren wie Fielding, Gay, Pope, Swift, Smollett und Sterne, und es wird deutlich, daß vor allem Bachtins Theorie des grotesken Leibes im 18. Jahrhundert in England reiches Anschauungsmaterial finden könnte. Stevick geht der "noseology" auf verschiedenen Ebenen nach:

> ... the image of man smelling (in both the transitive and intransitive senses) is a polemical and satirical weapon, an image capable of carrying great descriptive intimacy, great ingenuity of wit and comic virtuosity, and capable, in others as in Shaftesbury, of suggesting man's very humanness.[2]

[1] Philip Stevick, "The Augustan Nose", *University of Toronto Quarterly*, XXXIV (1965), S. 110—117.

[2] Stevick, a. a. O., S. 110.

Soweit das Groteske betroffen ist, zeigt sich hier insbesondere die für das 18. Jahrhundert typische Benutzung karikaturistischer Techniken und weitgehende Synonymität von Groteske, Burleske und Karikatur.

Tony Tanners Aufsatz "Reason and the Grotesque: Pope's *Dunciad*" (1965)[3] schließt an manche Aspekte der Arbeit Stevicks an, z. B. dort, wo er zu zeigen bemüht ist, mit welcher Energie viele Autoren des "Age of Reason" befleißigt seien, die "unreasonableness of man" unter Beweis zu stellen. Tanner beleuchtet jene Dichotomie der Aufklärung, die bei immer größerem Bewußtwerden menschlicher Vernunftkräfte gleichzeitig die wachsende Fremdheit im Verhältnis Mensch und Welt hervorkehrt.

There is the vision of reason, unity and uniformity, which was the *ideal*, the faith of the Augustans. And there is the vision of irrational perversity, disorder and diversity which was the *actual* world, the cause of a growing pessimism among many of the Augustans.[4]

Tanners These lautet nun, daß im Spätwerk Popes sich Form und Gehalt seiner Schriften nicht mehr vereinbaren ließen, sondern sich einander entgegengesetzt verhielten. Somit greife er zum Grotesken als Darstellungsmittel einer spezifischen Weltsicht; "the vision of reason, in fact, must ultimately finish up by seeing this world as grotesque."[5]

Tanners Aufsatz enthält eine Reihe von sehr guten Beobachtungen zur Karikatur des 18. Jahrhunderts, besonders wenn er auf Pope hinlenkt und hier die literarische Karikatur psychologisch als Ausfluß alptraumhafter und phantastischer Umsetzung der Wirklichkeit deutet. Während für Swift die Menschen schon ohne Zutun der Kunst lebende Karikaturen seien, verwirkliche Pope im *Dunciad* eine tiefe Erfahrung der Entfrem-

[3] Tony Tanner, "Reason and the Grotesque: Pope's *Dunciad*", *Critical Quarterly*, VII (1965), S. 145—160.

[4] Tanner, a. a. O., S. 147.

[5] Tanner, a. a. O., S. 148.

dung. In enger Anlehnung an Kayser weist Tanner nach, wie im *Dunciad* in großer Zahl Metamorphosen integriert sind, in denen sich auf groteske Weise Menschen in Tiere verwandeln. Außerdem zeige Pope an zahlreichen Beispielen eine im Auflösungszustand begriffene Welt und die Reduktion des Menschen zu Marionette und Maschine, wobei sich die Teilnehmer dessen in phantastischer Weise unbewußt blieben.

This is rather what Pope felt about contemporary England—alien, and impossible to live in.[6]

Bei aller Komik würde im *Dunciad* eine der Selbstvernichtung zustrebende Welt dargestellt, in welcher sich der aufklärerische Traum von Vernunft, Ordnung und Klarheit schließlich selbst ad absurdum führe, indem zuletzt alle Lichter menschlicher Intelligenz verlöschen. Das Paradoxale nun sei, daß nicht die "Dunces" am Untergang schuld seien, sondern jene in der zeitgenössischen philosophischen und ästhetischen Diskussion meistbeschworene positive Kraft, nämlich "Nature".

Nature is no longer a synonym for light and order, but a ceaseless corrosive levelling mutability which indifferently destroys monstrous aberrations *and* all that makes life dignified.[7]

Mit dieser provozierend kulturkritischen Interpretation des *Dunciad* verbindet Tanner am Schluß nochmals autobiographische Bezüge zu Pope, der durch seine groteske Gestaltungsweise letztlich Selbstbefreiung anstrebe, womit er wie Stevick bei der Theorie Jennings' anknüpft.

Überwiegend auf Jennings' Theorie, jedoch unter stärkerer Akzentuierung der Rolle des Komischen, baut Robert Hopkins' Aufsatz "The Function of Grotesque in *Humphry Clinker*" (1969)[8] auf. Hopkins wählt Ausgangsthesen, welche bewußt

[6] Tanner, a. a. O., S. 153.

[7] Tanner, a. a. O., S. 158.

[8] Robert Hopkins, "The Function of Grotesque in *Humphry Clinker*", *Huntington Library Quarterly* (1969), S. 163—177.

einen Großteil der Forschung herausfordern, indem er postuliert, man müsse vom dramatischen Bezugsrahmen der Tragödie und Komödie abstrahieren, wenn man dem Grotesken gerecht werden wolle und überdies Smolletts Grotesken "in a broad, nondramatic context of humor" einordnen.[9] Hiergegen läßt sich einwenden, daß der Ausschluß dramatischer Bezüge bei Smollett sowohl die Tradition der "odd characters" als auch Smolletts eigene Versuche als Dramatiker unberücksichtigt läßt. Eine Subsumierung aller Formen von Komik unter dem Begriff "humor" führt zu einem Etikett, welches als Oberbegriff von zweifelhaftem Erkenntniswert ist.

In *Humphry Clinker* untersucht Hopkins groteske Charaktere, Objekte und Situationen, wobei sich erweist, daß mit Jennings' verhältnismäßig enger Definition vom Grotesken als "ludicrous demon" bereits wesentliche Ergebnisse zu erzielen sind. Es gelingt Hopkins, reiches Belegmaterial für "demon-imagery", "death-in-life figures" und "dehumanization" zu sammeln. Er verweist auf zahlreiche Querverbindungen zu Swift. Wie in Gullivers frühen Groteskvisionen überzeugt ihn Smolletts in der Figur Matthew Brambles vorgetragene sardonische Weltsicht, seine beißende Sozialsatire insbesondere auf die städtische Gesellschaft, die in Bath und London als schwer erkrankter Organismus vorgestellt wird. Für Hopkins ist das Ende des Romans ironisches "happy-ending". Ihn fasziniert dessen erste Hälfte, in welcher er den Zusammenbruch der "English Augustan world" gestaltet sieht. Gerade wegen der multifunktional verwendeten Grotesktechnik erblickt er in *Humphry Clinker* Smolletts besten Roman.

Viele der in diesem Aufsatz erarbeiteten Detailbeobachtungen sind glänzend gesehen, psychologisch unwiderlegbar und demonstrieren die Ergiebigkeit des Ansatzes von Jennings. Manchen Hauptschlußfolgerungen aber muß man mit Skepsis entgegentreten. Hierzu zählen die These von der Dominanz eines extremen Pessimismus, die These vom bewußt ironischen "happy-

[9] Hopkins, a. a. O., S. 168.

ending", die von der alles überlagernden grotesken Vision und Sehweise im ersten Teil des Romans und schließlich die These von Smolletts Selbstparodie.

Solche fragwürdigen Ergebnisse demonstrieren exemplarisch die Begrenztheit des Wertes einer Interpretation, die von modernen Groteskdefinitionen ausgeht ohne hinreichende Bemühung um die Hinzunahme historischer Sicht. Brambles Reise ist eine „Badekur des Herzens",[10] die zur Gesundung führt. Das Groteske nimmt in *Humphry Clinker* kathartische Funktion wahr; es wirkt entschlackend. Je gesünder Bramble wird, desto mehr läßt seine groteske Weltsicht nach. Am Schluß des Romans steht Optimismus, ein gesellschaftlich allerdings fragwürdiger und eskapistischer Optimismus.

Der zweiten Hälfte des Buches wird von Hopkins zu geringer Wert beigemessen. Smolletts übrige Romanschlüsse sind noch romanzenhafter und wesentlich trivialer. Zur Selbstparodie ist Smollett — wenn überhaupt — nur in geringem Maße fähig (vgl. seine dünnhäutigen Angriffe auf Fielding, Garrick, Akenside, die Melopoyn-Episode als Selbstrechtfertigung).

Patrick G. Gleeson, *Gulliver's Travels as a Version of Grotesque* (1964) [11]

Weissteins Übersetzung von Kaysers Standardwerk [12] trug dazu bei, daß auch in der amerikanischen Anglistik Kaysers Theorien des Grotesken schnell auf fruchtbaren Boden fielen und nun 1964 erstmals auf die Mikroanalyse eines literarischen Werkes der englischen Literatur angewendet werden. Dennoch vermag Gleesons leider nur als Mikrofilm erhältliche Dissertation

[10] Vgl. Kurt Otten, *Der englische Roman vom 16. zum 19. Jahrhundert* (Berlin, 1971), S. 83.

[11] Patrick G. Gleeson, *Gulliver's Travels as a Version of Grotesque* (unpubl. doctoral dissertation, Washington, 1964).

[12] Ulrich Weisstein, transl., Wolfgang Kayser, *The Grotesque in Art and Literature* (Bloomington, 1963).

den Anspruch zu erheben, als originelle und eigenständige Untersuchung zu gelten. In die schon lange anhaltende Kontroverse um die Gattungszugehörigkeit von *Gulliver's Travels* eingreifend, sucht Gleeson zu beweisen, daß es sich bei Swifts Hauptwerk weder um einen Roman, noch um eine Satire, sondern um ein Beispiel der unabhängigen literarischen Gattung 'Groteske' handele. Seine Studie diskutiert drei Hauptgebiete ausführlich:

1. "the nature of the grotesque hero";
2. "characteristics of grotesque setting";
3. "the narrative deadlock".

Vor allem letzterer Gesichtspunkt erweist sich als außerordentlich ergiebig und wird vor Gleeson in der Swift-Forschung noch nie derart schlüssig untersucht.

Gleeson streitet entschieden ab, daß Gulliver eine Roman- oder Dramencharakteren vergleichbare Identität besitze. Gullivers Charakter besteht für ihn in einer Reihe von "discontinuous stances", es gebe in diesem Werk keine "developed fictional psyche". Gleeson möchte derjenigen Richtung der älteren *Gulliver*-Kritik wieder zu Ehren verhelfen, die die Meinung vertritt, Swifts Buch enthalte lediglich "several satirical attacks in a heterogenous mixture under the auspices of a single narrator".[13] In Nachfolge Kaysers vertritt Gleeson die Ansicht, alle Charaktere seien "typically inhuman and estranged; they exist in a region where natural order has been destroyed".[14] Hier kann man nun durchaus unterschiedlicher Meinung sein und argumentieren, daß in *Gulliver's Travels* weniger eine natürliche Ordnung zerstört wird, als mit Hilfe einer spezifischen Inversionstechnik an die Stelle 'normaler' Ordnungssysteme neue und nach anderen Prinzipien funktionierende Systeme gesetzt werden.

Gleeson beobachtet in Held und Szenerie allmähliche Verfremdungsvorgänge und kommt schließlich zum Prinzip der "disorder" als "controlling idea". Realitätsdarstellung werde in mikroskopisch überzeichneten Details ins Absurde getrieben.

[13] Gleeson, a. a. O., S. 13.

[14] Gleeson, a. a. O., S. 25.

Gleesons stärkster Trumpf für seine These der Gattungszugehörigkeit von *Gulliver's Travels* zur Groteske liegt in der scharfsinnigen Interpretation seiner Konzeption des "narrative deadlock", worunter er jenes in Swifts Werk immer wieder anzutreffende Moment versteht, bei dem sich Glaubwürdigkeit, Realistik, Phantastik und Irrationalität gegenseitig aufheben und den Leser orientierungslos machen. Obwohl Swifts "grotesque settings" uns ins Phantastische führten, lösten sie sich doch nicht von der Realität. Zwei untereinander unvereinbare Welten würden sich beständig durchdringen: die Welt des Phantastischen und des "commonplace". "The formal structure of the work becomes selfcontradictory." [15]

Inkonsistenz sieht Gleeson auch in den Erzählperspektiven, von denen er vier unterscheidet: 1. "wise fool"; 2. "ignorant fool"; 3. "cynic" über "wise fool" berichtend; 4. "cynic" über "ignorant fool" berichtend. Die Bücher III und IV interpretiert er als Version grotesker Allegorie. Die Kombination von Phantastik und Realistik werde hier zum unlösbaren Extrem getrieben. Swifts didaktisches Ziel sei es dabei, den Leser allmählich zu der Erkenntnis zu führen, daß diese grotesken Welten im Grunde seine eigenen seien.

Am Schluß seiner Dissertation weitet Gleeson die textimmanente Interpretation aus und sucht seine Thesen von der Groteske als literarische Gattung durch zeitgenössische Belege zu legitimieren. Dieser Versuch kann nur eingeschränkt als gelungen bezeichnet werden. Gleeson, der wie Kayser einseitig die dunklen, graueneinflößenden, existentiell verunsichernden Komponenten des Grotesken überbetont, verkennt, in welch hohem Maße gerade das 18. Jahrhundert das Groteske mit farcenhafter Komik und Karikatur identifiziert.

Als eine der ersten Detailinterpretationen grotesker Literatur im Bereich der Anglistik kommt der Arbeit Gleesons dennoch wesentlicher Erkenntniswert zu.

[15] Gleeson, a. a. O., S. 43.

Arthur Clayborough, *The Grotesque in English Literature* (1965)

Die theoretischen Grundlagen, auf denen Clayboroughs Groteskttheorie basiert, wurden im Rahmen dieser Studie bereits eingehend erörtert.[16] Es sollen nunmehr kurz die mit Hilfe der Theorie gewonnenen Interpretationsergebnisse referiert werden.

Eine Herausarbeitung grotesker Ambiguitäten und der psychologische Rückbezug von Bilderwelten der von ihm untersuchten Autoren Swift, Coleridge und Dickens auf ihre individuelle mentale Struktur ist Hauptziel Clayboroughs. Bei Swift ist ihm dies noch am besten, bei Dickens am wenigsten gelungen.

Die Widerspiegelung von Swifts persönlicher Meinung, seine Maskenhaftigkeit, sein ironisch distanziertes, vielfältig gebrochenes Spiel mit dem eigenen fiktiven Geschöpf Gulliver und dem Leser, eine zwischen Vernunft, Phantasie und extremer, bis ins Absurde getriebener Logik oszillierende Bilderwelt, bestimmen Clayboroughs Swift-Interpretation. Er versteht Swift als Locke-Nachfolger, der seinem Leser rate, mit praktischer Vernunft das Leben zu meistern, ausgeklügelte Systeme, religiösen Fanatismus und wissenschaftliche Spekulation dagegen zu meiden. So bestünde eines der wesentlichen Anliegen Swifts in erhöhter Bewußtseinsbildung:

> Man must be aware of his limitations; he must be content with the obvious and avoid abstract speculations or at least avoid plaguing others with his speculations.

Clayborough sieht es durch seine psychologische Analyse als erwiesen an, daß Swift dem Leser klarmachen wollte, daß seine Bilderwelten bewußt absurd seien. Er unterscheidet in *Gulliver's Travels* drei Bedeutungsebenen, auf deren erster das Buch wie Lucians *Vera Historia* eine Burleske der Reiseerzählung sei. Auf der zweiten, der allegorischen oder symbolischen Ebene sei ein

[16] S. o. IV. A. 3., S. 171—176.
[17] Clayborough, a. a. O., S. 119.

gewisser Realitätsbezug notwendig. Die dritte, vor allem im letzten Buch ausgefaltete Ebene, sei die des Ideals. Zahlreiche Mehrdeutigkeiten in Stil und Gehalt von Swifts Meisterwerk werden von Clayborough präzise herausgearbeitet. Ambiguität wird als beherrschendes Charakteristikum eines Buches dargestellt, welches dem Kontrast von extremer Logik und absurder Phantasie als "enduring paradox of human nature" [18] demonstrieren wolle.

Clayborough liefert eine wechselseitige Erhellung von Autor und Werk unter psychologischen Vorzeichen, bei der das Groteske häufig nur ein auslösendes Moment unter anderen bildet. Während er bei Swift auf die "fantasy of extreme logic" abstellt, rückt er bei seiner Deutung Coleridges das Thema der "organization of a dream" in den Mittelpunkt und behandelt bei Dickens vordringlich Exzentrizität zahlreicher Charaktere und das dramatisch-theatralische Moment in vielen Romanen. "Archetypal imagery, unconscious wish-fulfilments, and the like" hängen für ihn im *Ancient Mariner*, in *Christabel* und *Kubla Khan* primär mit dem Grotesken zusammen,[19] aber es gelingt Clayborough nur unzureichend, Traumstrukturen, künstlerischen Schaffensprozeß und Werkästhetik in der Vermittlung über das Groteske einsichtig zu machen. Angesichts des hohen theoretischen Aufwandes, der auf den ersten hundert Seiten von Claytboroughs Buch bemüht wird, mutet sein Fazit bescheiden an und beschert der Forschung kaum überraschende Neuigkeiten:

Whilst Swift, then, employs the grotesque in the form of the absurd for purposes of ridicule, and Coleridge uses it to arouse a sense of wonder, to suggest the unfathomable and mysterious, in the grotesque world of Dickens and especially in his portrays of human eccentricities, there is something of both these aims and achievements.[20]

[18] Clayborough, a. a. O., S. 153.
[19] Clayborough, a. a. O., S. 160.
[20] Clayborough, a. a. O., S. 251.

Christian W. Thomsen, *Das Groteske im englischen Roman des 18. Jahrhunderts* (1974)

Jene vom Schreibenden geforderte und in ihren theoretischen Bezügen skizzierte 'Ästhetik des Grotesken', welche das Fundament seiner Untersuchung zum Grotesken im englischen Roman abgibt, ist bereits umrissen worden.[21] Da man naturgemäß in der Darstellung und Bewertung eigener Forschungsergebnisse als befangen zu gelten hat, sollten an dieser Stelle lediglich Richtungen und Inhalte der eigenen Arbeit zusammengefaßt werden.

Die Studie versucht, unter dem Gesichtspunkt des Grotesken, welches als Prisma und Katalysator ästhetischer Tendenzen benutzt wird, eine Geschichte weiter Bereiche des englischen Romans im 18. Jahrhundert zu liefern. In diachronischer Betrachtungsweise werden dabei die groteskbezogenen Akzente verschieden gesetzt und relevante Problemkreise an herausragenden Autoren exemplarisch abgehandelt: Groteske und Satire bei Swift; Burleske, Groteske und Karikatur bei Fielding; "odd characters" und pikareske Tradition bei Smollett; experimentelle Romanform, Ästhetik des Grotesken und die Rolle des Obszönen bei Sterne und überblickhaft die zunehmende Psychologisierung des Grotesken innerhalb eines allgemeinen Umbruchs der Ästhetik im gotischen Roman. Neben die deskriptive Werkanalyse tritt stets die zeit- und entstehungsgeschichtliche Reflexion, sowie ein Aufzeigen der jeweiligen historischen Veränderungen des Groteskbegriffs und der Bezüge zwischen theoretischer Diskussion und Romanpraxis. Exkurse zur Tradition des pikaresken Romans in Spanien, Frankreich und England, zur Theorie und Geschichte der Karikatur sowie deren Querverbindungen zur Literatur und zur Tradition der "odd characters" runden das Bild ab. Erst aus der Zusammenschau der Einzelbetrachtungen und Entwicklungslinien ergibt sich allerdings ein Überblick über die Vielfalt von Ausformungsmöglichkeiten und

[21] S. o. IV. A. 9., S. 198—202.

funktionalen Bestimmungen des Grotesken im englischen Roman des 18. und frühen 19. Jahrhunderts.

Einige der Hauptgesichtspunkte der Einzelanalysen seien kurz angedeutet: Im Streit um die Gattungszugehörigkeit von *Gulliver's Travels* wird Swifts Werk als satirisch-grotesker Roman eingestuft, dessen epochenüberdauernde Bedeutung wesentlich der stilistischen und inhaltlich-thematischen Gestaltung mit Hilfe des Grotesken zu verdanken ist. Die Swiftsche Groteskteknik wird insbesondere an der Erzählperspektive und an der außerordentlich vielseitigen "imagery" des Buches aufgewiesen. An Gulliver als grotesker Figur wird die Relativierung und Umkehrung europäischer Wertsysteme ebenso demonstriert, wie der zunehmende Identitätsverlust und der fortschreitende Verunsicherungsprozeß, dem der Mensch an der Schwelle eines von den modernen Wissenschaften bestimmten Zeitalters ausgesetzt ist. Am Ende dieses Prozesses steht totale Orientierungslosigkeit und zuletzt die Infragestellung des Menschen überhaupt. Die Schockwirkung des Grotesken macht den Verlust verbindlicher Realität für den Menschen im Umbruch zur Moderne evident. An den Themenkomplexen „politische Allegorie und Utopie" sowie „Wissenschaftsgroteske" wird dieser Befund weiter erhärtet und das Groteske in seinen komischen und grauenerregenden Komponenten ausgespiegelt.

Im Mittelpunkt der Diskussion um Fieldings Gesamtwerk steht *Joseph Andrews*, auf den hin das dramatische Werk und die frühen Romane zentriert werden, während der Behandlung von *Tom Jones* nur wenig Platz eingeräumt wird, da sich Fieldings Verhältnis zum Grotesken am besten in *Joseph Andrews* darstellen läßt. An der Romantheorie der Einleitung wird das zeitgenössische Wechselverhältnis von Burleske, Groteske und Karikatur abgeklärt, werden Hogarth und Fielding in Beziehung zueinander gesetzt. *Joseph Andrews* wird weder strukturell noch stilistisch von einer Ästhetik des Grotesken beherrscht wie *Gulliver's Travels* oder *Tristram Shandy*, aber es lassen sich groteske Momente in den Stilmitteln, der Charakter-, Situations- und Szenengestaltung ebenso nachweisen wie in der künstlerisch gestalteten Weltsicht und der thematischen Ausfaltung insbesondere sozialkritischer Probleme.

Smollett erhält als der neben Defoe bedeutendste Vertreter des pikaresken Romans in England breiten Untersuchungsraum zugewiesen, da er im Vergleich zu den anderen wichtigen Romanautoren des 18. Jahrhunderts bisher von der Forschung vernachlässigt wurde. Die gattungstypische Prädisposition zum Grotesken wird im erwähnten Exkurs analysiert. Das für Smollett spezifisch Groteske verletzter Humanität innerhalb einer pikarisch bösen Welt wird unter wechselnden Fragestellungen in *Roderick Random, Peregrine Pickle, Ferdinand Count Fathom* und *Humphry Clinker* herauspräpariert.

In *Ferdinand Count Fathom* spielt außerdem der Umbruch innerhalb der Ästhetik zu einer romantisch-psychologisierten Groteskauffassung eine Rolle, die zugleich auf den gotischen Roman vorausdeutet. *Humphry Clinker* schließlich, als eines der Paradebeispiele grotesker Romankunst innerhalb der englischen Literatur, stellt in Matthew Bramble, Lieutenant Lismahago und Tabitha Charaktere bereit, die weitgehend individualisiert zu einer Betrachtung des Grotesken in der Charaktergestaltung einladen. Smolletts Darstellung von Bath und London dagegen weist auf den modernen Großstadtroman voraus, wenn die Stadt als proteischer Groteskcharakter, als amorphes, vielfarbiges, gefühlloses Monstrum, als infizierter Organismus dargestellt wird, welcher Individualität zerstört und den Menschen zum Massenmenschen pervertiert.

Somit soll einer Neubewertung von Smolletts Rang für die Entwicklung des modernen Romans der Weg gewiesen werden, die sich für Sterne erübrigt. Dessen *Tristram Shandy*, der ebenso der Tradition Swifts und des Jahrhundertanfangs verhaftet ist, wie er Formexperimente des Romans vorwegnimmt, die erst im 20. Jahrhundert weiterverfolgt werden, ist wie kein anderes Buch seines Zeitalters durch eine Ästhetik des Grotesken strukturiert. In der bewußten Durchbrechung und Parodierung aller zeitgenössischen Erzählkonventionen, die in der Intimform des ständigen Gesprächs mit dem Leser auch den psychologischen

Roman in der Art Richardsons mit einbezieht, finden sich, ausgehend von der Ich-Form, in mannigfaltiger Regelverletzung, Normendurchbrechung und -umkehrung, Digressionstechnik und subjektiven Deformationsmechanismen, die meisten der vom Schreibenden postulierten Konstituenten einer Ästhetik des Grotesken. Neben der Analyse von Stil und Struktur erweist sich das Groteske in *Tristram Shandy* als geeignetes Bezugssystem, um das Panorama von Charakteren, einschließlich der Darstellung der Krise der frustrierten bürgerlichen Helden, in seinen positiven und negativen Aspekten kritisch zu würdigen. Den Zusammenhängen von Groteskem und Obszönem wird dabei besonderer Stellenwert zugemessen.

Die Arbeit schließt mit einem Überblick über den Wandel der Groteskauffassung im gotischen Roman, der sich von Walpole über Beckford, Lewis, Radcliffe zu Godwin, Mary Shelley und Maturin erstreckt. Die Hauptstoßrichtung zielt darauf, das Zurückdrängen früherer komischer Elemente einsichtig zu machen und gleichzeitig nachzuweisen, wie sich nun in einer Untergattung des Romans das Groteske vollends von einer Kategorie der äußeren Beschreibung zu einer Dimension seelischer Befindlichkeit verändert, in deren synästhetischem Repertoire die Elemente des Sublimen, Schaurigen und Satanischen überwiegen. Parallelen dieser literarischen Entwicklung können in der vorliegenden Studie bei den Theoretikern von der Romantik bis zu Hegel überprüft werden.

Insgesamt glaubt die Arbeit zum englischen Roman des 18. Jahrhunderts die wesentliche Rolle des Grotesken in Literatur und Ästhetik jener Zeit ebenso nachgewiesen zu haben, wie sie die Gültigkeit des Grotesken als Kategorie literaturwissenschaftlicher Interpretation bestätigt.

3. Studien zur englischen Literatur des 19. und 20. Jahrhunderts: Christian Enzensberger, Michael Steig, Christian W. Thomsen, William Van O'Connor, Martin Esslin, Robert Brustein, Adolf Barth, Elsa Nettels

Clayboroughs Versuch, an Coleridge mit Hilfe Jungs und des Grotesken heranzugehen, ist im Ansatz vielversprechend, nur leider in der Ausführung nicht so ertragreich ausgefallen, wie zu vermuten gewesen war. Dennoch wird bei einiger Überlegung offenbar, daß nicht nur der Roman des 18. Jahrhunderts, sondern auch Teile von Dichtung und Prosa der Romantik wie der nachromantischen Ära mittels psychologisch ausgerichteter Groteskheorie aufzuschließen wären. Gerade bei Coleridge, bei De Quincey oder bei Thomas Hood könnten der Forschung durch eine Untersuchung des Grotesken im Werk dieser Autoren neue Aspekte zufließen. Für letzteren wird dies an Christian Enzensbergers Aufsatz „Die Fortentwicklung der Romantik am englischen Beispiel: Thomas Hood" (1964) ersichtlich.[1] Enzensberger beschreibt Hood als den Dichter einer Übergangs- und Krisenzeit und nennt ihn „das reine Beispiel eines Typs, der sich als 'Nachfolgedichter' bezeichnen läßt".[2] Hood gewinnt für ihn über England hinausweisende typische Züge der europäischen Nachromantik, deren in eine „romantische" Vergangenheit gerichtete Grundeinstellung angesichts unromantisch-prosaischer Gegenwart unvermittelt mit Chaos und Nichts konfrontiert wird. Eine Prädisposition zu Alptraum und Groteske ist hier unübersehbar, und nach Enzensbergers Verständnis reagiert Hood auf das Gefühl eigenen Unvermögens mit ins Maßlose gesteigerter poetischer Reizhäufung. Enzensbergers Aufsatz ist nicht expressis verbis ein Beitrag zur Groteskforschung, aber er weist Wege, die eine biographische, literatur- und sozialgeschichtliche Züge einbeziehende Groteskheorie zu berücksichtigen hätte.

[1] Christian Enzensberger, „Die Fortentwicklung der Romantik am englischen Beispiel", *DVjS* (1964), S. 534—560.

[2] Enzensberger, a. a. O., S. 535.

So zeigt Enzensberger auf, wie Hood sich nach und nach zu einer Persönlichkeit entwickelt, der die grotesken Widersprüche in der Wirklichkeit immer mehr zu deren eigentlichen Kennzeichen werden. In den Übungen seiner apokalyptisch fruchtbaren Phantasie werden

> Zustände der panischen Angst, des Zweifels an allem Wirklichen, der allgegenwärtigen Bedrohung, der Anwesenheit eines unsichtbaren, ungreifbaren, sich in alle Formen verwandelnden Bösen

beschworen,[3] in denen eine dunkle Unterströmung jener Zeit hervorbricht, welche die offizielle Fortschrittsideologie des Viktorianismus in eine durchaus zwielichtige, düstere Beleuchtung taucht.

Hood ist ein Mann, der an sich selbst eine den Erfahrungen Gullivers ähnliche Orientierungslosigkeit erfährt, wenn er z. B. häufig Makabres, Anmutiges und Grausiges unvermittelt ineinander übergehen läßt. Enzensberger findet in Hood fast prototypisch Kaysersche Groteskkonstituenten bestätigt: den klaffenden Kontrast zwischen Stoff und Form, die auseinanderdrängende Mischung heterogener Elemente, die Explosivkraft des Paradoxen, das gleichzeitig angelegte Lächerliche vermischt mit Grauenerregendem.

> Später wird bei Hood die Komik geradezu gesetzmäßig dem Schrecken beigemischt, in einer sonderbaren, gewaltsamen Verkoppelung, die den makabren Witz mit allen Mitteln, alle Grenzen des Geschmacks sprengenden Beispielen herbeizwingt.[4]

Es regiere ein schwarzer Manierismus, der die Katastrophe oft nur noch als Dreingabe und phantastische Verbrämung bereithalte und wie in *Hood's Own: Laughter from Year to Year* (1839) in immer neuen Variationen romantische Todesthematik parodiert.

Enzensbergers Aufsatz ist keine systematische Abhandlung

[3] Enzensberger, a. a. O., S. 543.
[4] Enzensberger, a. a. O., S. 546.

zum Grotesken, aber ein ungemein anregender Essay, und er evoziert Namen der zeitgenössischen literarischen Szene, die es verdienten, in den Zusammenhängen einer viktorianischen Ästhetik des Grotesken miteinander in Beziehung gesetzt zu werden: Poe, De Quincey und Dickens auf der einen, Carroll und Lear auf der anderen Seite. Gerade die Verbindungen zwischen Nonsense und Groteske sind noch so gut wie völlig unerforscht, obwohl es auf der Hand liegt, hier einmal umfassend anzusetzen. Zwei neuere Dissertationen von Dieter Petzold und Klaus Reichert böten eine gute Ausgangsbasis für eine derartige Untersuchung.[5] Eine Dissertation zum Grotesken bei Poe ist zwar inzwischen vorhanden,[6] erfüllt aber nur teilweise in sie gesetzte Erwartungen. Für Poe wäre auch ein komparatistischer Ansatz gewinnbringend, der die germanistischen Studien über das Groteske bei E. T. A. Hoffmann einarbeitet.[7]

Insgesamt läßt sich über das Groteske in der englischen Literatur um die Mitte des 19. Jahrhunderts sagen, daß im Vergleich zum gotischen Roman und dem Jahrhundertanfang die komischen, kuriosen und skurrilen Komponenten des Grotesken wieder beträchtlich auf dem Vormarsch sind und häufig eine Symbiose mit unheimlichen und grauenvollen Seiten eingehen.

[5] Dieter Petzold, *Formen und Funktionen der englischen Nonsense-Dichtung im 19. Jahrhundert*, Erlanger Beiträge zur Sprach- und Kunstwissenschaft, Bd. 44 (Nürnberg, 1972);

Klaus Reichert, *Lewis Carroll. Studien zum literarischen Unsinn*, Reihe Hanser, Bd. 165 (München, 1974).

[6] Bernd Günther, *Das Groteske und seine Gestaltung in den Erzählungen E. A. Poes* (Diss. Freiburg, 1973).

[7] Hierzu gehören von neueren Arbeiten vor allem: Hans-Georg Werner, *E. T. A. Hoffmann. Darstellung und Deutung der Wirklichkeit im dichterischen Werk* (Weimar, 1962);

Thomas Cramer, *Das Groteske bei E. T. A. Hoffmann* (München, 1966);

Hannes Leopoldseder, *Groteske Welt.* Ein Beitrag zur Entwicklungsgeschichte des Nachtstücks in der Romantik (Bonn, 1973).

"External approach" in der Personen- und Situationsgestaltung und das Groteske als psychologische Dimension des Wirklichkeitserlebens ergänzen sich. Die ästhetische Wandlung, welche das Groteske im gotischen Roman erfahren hat, bleibt insofern erhalten, als die Aspekte des Sublimen und des Innerseelischen den Umfang der ästhetischen Kategorie erweitern, der aber auch die altbekannten, groteskkomischen Konnotationen zurückerobert und ihrerseits psychologisch vertieft werden.

Die skizzierte Entwicklung läßt sich trefflich an Dickens beobachten, wobei der Interessierte jedoch von Clayborough weitgehend im Stich gelassen wird. Einige wenige Gesichtspunkte, die für die Dickenssche Ästhetik des Grotesken in Zusammenhang mit einer Ästhetik des Bösen, Unheimlichen, Dämonischen von Belang sind, werden in Michael Steigs bereits referierten Aufsatz "The Grotesque and the Aesthetic Response in Shakespeare, Dickens and Günter Grass" angeschnitten.[8] Umfassender versucht der Schreibende in seinem Beitrag „Das Groteske in Charles Dickens' *Great Expectations*" (1974) dieses Untersuchungsfeld anzugehen.[9] Was dort an Funktionen und Stellenwert des Grotesken im Rahmen einer Gesamtinterpretation von *Great Expectations* eruiert worden ist, läßt sich mit spezifischen Abwandlungen auf zahlreiche andere Romane Dickens' übertragen.

Danach kann zur Bezeichnung des Grotesken bei Dickens nahezu die gesamte Variationsbreite des um die Jahrhundertmitte bekannten und von der Kunsttheorie verwendeten Wortgebrauchs veranschlagt werden, die bereits weitgehend dem heutigen umgangs- und wissenschaftssprachlichen Wortinhalt entspricht. Dickens bedient sich seiner zunächst karikaturistisch im "external approach" seiner Personencharakterisierung. Durch einen Zerrspiegel gesehene, übertriebene und deformierte Details, vorgetragen mit der Insistenz rhetorischen Wiederholungs-

[8] S. o. IV. A. 5., S. 184—185.

[9] Christian W. Thomsen, „Das Groteske in Charles Dickens' *Great Expectations*", *Anglia*, Bd. 92 (1974), S. 114—142.

stils, spielen bei der Charakterisierungskunst eine Hauptrolle und dominieren die typhaften Nebencharaktere. Dem Grotesken eignet per se ein hohes dramatisches Moment, und Dickens als geborener Dramatiker-Romancier[10] verwendet immer wieder in Sketches und Romanszenen quasi „die Groteske" als in sich abgeschlossene Kurzform einer episch-dramatischen Gattung.

Während die meisten Autoren das Groteske an einzelne Charaktere, kurze Momente oder Szenen binden, gehört Dickens zu denen, die es wie Sterne über weite Strecken auch als Mittel der Erzählperspektive einzusetzen wissen. Eine wichtige Sonderform kommt bei Dickens, der wie kein Erzähler zuvor die Welt des Kindes in seine Romane mit einbezieht, der Perspektive von Kindern zu (Pip in *Great Expectations*). Das Kind besitzt noch ein natürliches, ungebrochenes Verhältnis zum Wunderbaren, Phantastischen, scheinbar A-Logischen; es besitzt eine scharfe Beobachtungsgabe und Assoziationstechnik, die, eigenen, kindlichen Vorstellungswelten gehorchend, von den Erwachsenen höchstens als Logik des Absurden, als schlechthin inkompatibel mit ihrer Erfahrungswelt und somit als grotesk begriffen werden kann. Der Protest gegen den Logos, der Einbruch des Surrealistischen und Absurden in die Welt (vgl. hierzu Carroll und Lear!), bleibt bei Dickens jedoch nicht auf die Erfahrungswelt des Kindes beschränkt. In *Great Expectations* zeigt sich an vielen Figuren, besonders aber an der des Helden, daß das Groteske als Kategorie des Erlebens sich zu einer psychologischen, persönlichkeitsformenden Dimension ausweiten kann. Diese beruht überwiegend auf einer plastisch-bildhaften, assoziativ arbeitenden und sensiblen Phantasie. So wird das Groteske denn auch bevorzugt zur Darstellung psychologischer und existentieller Ausnahmesituationen eingesetzt. Oft werden bei der grotesken Gestaltung Strukturen von Träumen und Alpträumen mit einer schnellen Folge filmähnlicher Bildketten verwendet, die alle charakteristischen Distortionsprinzipien folgen.

[10] Zu diesem Thema gibt es umfangreiche Literatur, vgl. Robert Garis, *The Dickens Theatre* (Oxford, 1965).

Vielfach benutzt Dickens das Groteske zur sozialkritischen Darstellung gesellschaftlicher Phänomene; es hat dann meist moralisch-satirische Funktion und dient auch dem Sichtbarmachen heftiger Spannungen innerhalb der Gesellschaft. So wirkt es in *Great Expectations* entscheidend mit bei der Ausgestaltung von Anti-Idyllen. Es wird weiterhin zur Überbrükkung wie zur Verdeutlichung von Gegensätzen zwischen Realität und Fiktion eingesetzt. Es vermag stilistisches Bindemittel für die auseinanderstrebenden Tendenzen der Schichten des Märchenhaft-Wunderbaren und des Realistisch-Kriminalistischen zu sein.[11] Daneben kann es die Selbstentfremdung einer Person ausdrücken, die tragi-komische Komponente menschlicher Existenz unterstreichen, das Leiden eines Menschen an sich und der Welt in dissonanter Zwiespältigkeit zugleich lächerlich und schrecklich erscheinen lassen.

Gerade in *Great Expectations* wirkt das Groteske oft atmosphäreprägend, trägt insbesondere zur Darbietung erstarrter und obsolet gewordener individueller und gesellschaftlicher Zustände bei.

Eine ganz wesentliche Bedeutung des Grotesken bei Dickens schließlich liegt in der humoristisch-komischen Ausgestaltung einer Auffassung von Literatur als Spiel, als Spiel mit Einfällen, Symbolen, Ideen und Personen.

Alle diese Verwendungen und Funktionen des Grotesken, das nie monofunktional auftritt, stets komische *und* grausige Elemente in sich birgt, aber sammeln sich in einem Brennpunkt: die Wurzel des Grotesken bei Dickens ist seine individuelle, groteske Imaginationskraft.[12]

[11] Vgl. hierzu:
Walter Killy, *Romane des 19. Jahrhunderts. Wirklichkeit und Kunstcharakter* (Göttingen, 1967), Kap. V, „Der Roman als Märchen. Charles Dickens' *Great Expectations*", S. 104—125.

[12] Zum Typ des Künstlers, der mit Vorliebe das Groteske als Gestaltungsmittel verwendet, vgl. den bereits in der Einleitung zitierten Beitrag von Margret Dietrich, „Das Groteske als tragisches Weltgefühl im modernen Drama", *Theater im Gespräch. Ein Forum der*

Die Untersuchung weiterer Romane, die vom Schreibenden nur sporadisch herangezogen wurden, können diese Befunde differenzieren, aber nicht grundsätzlich verändern. An der Schwelle zum modernen Roman, dessen Stärke nicht zuletzt, wie Ruskin es für zukünftige Kunst prophezeite, in "a true unison of the grotesque with the realistic power" liegt,[13] kommt Dickens' Spätwerk somit entscheidender Stellenwert zu.

William Van O'Connor beansprucht in einem Aufsatz zu Anfang der sechziger Jahre das Groteske als "An American Genre" (1962).[14] Wie schon das Einleitungskapitel gezeigt hat, war ihm Thomas Mann mit dem gleichen Anspruch für die englische Literatur lange zuvorgekommen. Wenn O'Connor das Groteske "a new genre" nennt, "merging tragedy and comedy, and seeking, seemingly in perverse ways, the sublime",[15] dokumentiert er damit den erheblichen Phasenverzug amerikanischer gegenüber europäischer Groteskforschung und -theorie. Phänomene, die O'Connor für amerikanische Autoren zu entdecken glaubt, sind seit langem Gemeinplätze der sich mit dem Grotesken beschäftigenden Literaturwissenschaft. So gilt, was er für amerikanische Autoren feststellt, weit über die Grenzen der USA hinaus:

For the modern creator of the grotesque, man is an inextricable tangle of rationality, irrationality, love and hatred, self-improvement and self-destruction. He appears caught in his own biological nature.[16]

Sicher nicht ohne symptomatische Bedeutung dürfte es jedoch sein, daß, wie O'Connor ausführt, die Mehrzahl grotesk ge-

Dramaturgie, Friedrich Schultze, Hrsg. (München, Wien, 1963), S. 277—291. Auf Dickens trifft das dort Ausgeführte sicherlich zu.

[13] John Ruskin, *Modern Painters* (1860), vol. III (London, 1906), S. 106.

[14] William O'Connor, *The Grotesque: an American Genre and Other Essays* (Carbondale, 1962).

[15] O'Connor, a. a. O., S. 3.

[16] O'Connor, a. a. O., S. 18.

staltender amerikanischer Autoren aus dem Süden kommt. Hierzu zählen Erskine Caldwell, William Faulkner, Robert Penn Warren, Eudora Welty, Carson McCullers, Flannery O'Connor, Truman Capote und Tennessee Williams — eine beachtliche Namengalerie, der noch Schriftsteller wie Nathanael West und Sherwood Anderson, der sein Vorwort zu *Winesburg Ohio* "The Book of the Grotesque" betitelt, hinzuzuzählen sind.

Der amerikanistischen Forschung öffnet sich hier ein weites Betätigungsfeld, das theoretisch allerdings kaum Neues bringen dürfte, mit Sicherheit aber Spezifika amerikanischer Groteskauffassungen zutage fördern kann.

Bereits das Eingangskapitel war bemüht nachzuweisen, daß ungeachtet der Dominanz des Grotesken in weiten Bereichen der Literatur des 20. Jahrhunderts keine andere Epoche eine derartige 'terra incognita' für die Groteskforschung darstellt, wie gerade die Literatur unseres Zeitalters bis hin in die unmittelbare Gegenwart. Es mangelt zwar in Interpretationen, Geschichten des modernen Dramas oder Romans nicht an entsprechenden Hinweisen,[17] aber im Gegensatz zur hier wesentlich gegenwartsbezogeneren Germanistik[18] kennt die Anglistik

[17] Vgl. z. B.: Dietmut Schnetz, *Der moderne Einakter* (Berlin, 1967); zur Abgrenzung und den Gemeinsamkeiten von Groteskem und Absurdem besonders das Kapitel: „Die Folgerichtigkeit des Absurden", S. 111—119; vereinzelte Hinweise z. B. auch bei:

Paul Goetsch, „Das englische Drama seit Shaw", in: *Das englische Drama*, Josefa Nünning, Hrsg. (Darmstadt, 1973), S. 403—508;

John Russell Taylor, *The Second Wave. British Drama for the Seventies* (London, 1971);

Robert Fricker, *Das moderne englische Drama* (Göttingen, [2]1974).

[18] Vgl. z. B.: Gerhard Mensching, *Das Groteske im modernen Drama* (Diss. Bonn, 1961);

Margret Dietrich, „Das Groteske als tragisches Weltgefühl im modernen Drama", a. a. O.;

Erich Kühne, „Satire und groteske Dramatik. Über weltanschauliche und künstlerische Probleme bei Dürrenmatt", *Weimarer Beiträge* (1966), H. 4, S. 539—565;

kaum die Detailbeschäftigung mit dem Grotesken in der zeitgenössischen Literatur.

Wie häufig hat Martin Esslin mit seinem Aufsatz „Der Common Sense des Nonsense. Das Groteske im modernen angelsächsischen Drama“ (1962) einen Vorstoß gewagt.[19] Esslin nimmt seinen Leser mit auf eine Parforce-Tour durch die englische Theatertradition seit dem Mittelalter und öffnet dabei eine Fülle von Perspektiven auf Kontinuität und Wandel des Grotesken. Nach Shakespeare, den "Jacobeans", der "Restoration Comedy" passieren Harlekinade, „Pantomime“, Vaudeville, "Burlesque" und Music Hall Revue vor dem atemlosen Leser, und im Vorübergehen werden Verbindungslinien zu Varieté, Film, Rundfunk und "comedy shows" gezogen, werden Stumm- und frühe Tonfilmgrotesken kurz angeleuchtet, kommt das Geschlecht der Buster Keatons, Charlie Chaplins und Marx Brothers ins Blickfeld. So unbestreitbar in allem, was Esslin erwähnt, Aspekte des Grotesken geortet werden können, so pauschalisierend bleibt aber dieser Überblick. Der Leser ahnt jedoch, welche Stoffülle derjenige aufarbeiten müßte, der eines Tages das Groteske im modernen englischen Theater in den Griff bekommen möchte.

Esslins These lautet nun, daß erst unter dem Einfluß der großen Erfolge Becketts und Ionescos in der angelsächsischen Welt jene klar erkennbare Bewegung zum grotesken und absurden Theater einsetzt, welches für ihn die englischen Bühnen in den frühen sechziger Jahren beherrscht. Der zu referierende Aufsatz gehört noch ganz in den Bannkreis von Esslins *Theatre of the Absurd* (1961),[20] und ähnlich wie dort tut Esslin sich mit den

Arnold Heidsieck, *Das Groteske und das Absurde im modernen Drama* (Stuttgart, 1969).

[19] Martin Esslin, „Der Common Sense des Nonsense“, in: *Sinn oder Unsinn? Das Groteske im modernen Drama,* Martin Esslin; Reinhold Grimm; H. B. Herder; Klaus Völker, *Theater unserer Zeit,* Bd. 3 (Basel, Stuttgart, 1962), S. 123—146.

[20] Vgl. Martin Esslin, *The Theatre of the Absurd* (London, 1961), *passim.*

begrifflichen Unterscheidungen zwischen 'absurd' und 'grotesk' schwer. So nimmt er denn der Einfachheit halber das Grotesk-Absurde zusammen, ohne es wie Karl S. Guthke gegen das Tragikomische abzugrenzen.[21]

Auf der englischen Szene diskutiert Esslin Stücke von Norman Frederick Simpson und Harold Pinter. Hervorzuheben sind seine Bemerkungen zur Sprachgroteske bei Simpson und deren Verbindungen zur klassischen Nonsense-Lyrik, die vor allem in der Koppelung von perverser Logik, Grausamkeit und makabrer Komik bestehen. Wie kein anderer hat sich Esslin als Promoter Pinters erwiesen und diesem zu seiner Anerkennung als einem der größten zeitgenössischen Dramatiker verholfen. An *The Room, Birthday Party* und *Caretaker* entwickelt Esslin einige seiner Zentralthesen zu Pinter: Transzendenzverlust führe zur Zerstörung des menschlichen Seinskerns, der Mensch ohne feste Identität zerfalle in eine Serie von Reflexen, in dem Maße, in dem Identität problematisch wird, Sicherheiten und Orientierungsmarken dahinschwinden, können die Menschen sich auch der Sprache nicht mehr richtig bedienen, und es komme zur Kommunikationsgroteske, dem gegenseitigen Versagen, sich via Sprache noch Wesentliches mitteilen zu können.

Ein Theater, das diesen Tatsachen Rechnung trägt, mag es grotesk, phantastisch, irrational sein — ist aber dennoch wahrer, und damit der nie einzufangenden Realität näher als der sogenannte Realismus. Die Welt *ist* ohne Sinn. Wenn dem aber so ist, ist Nonsense der Realität näher als Sinngebung, die naturgemäß auf Illusion, Selbsttäuschung, naiver Hybris des Menschen beruht... In einer sinnlos gewordenen Welt ist aber die Anerkennung der grotesken Sinnlosigkeit, des *nonsense* der Situation des Menschen gleichbedeutend mit praktischem Realismus, mit *common sense.* So erscheint Pinters Theater der Groteske als eine Funktion der praktischen Erkenntnis der wahren Situation des Menschen in unserer Zeit.[22]

[21] Karl S. Guthke, *Modern Tragicomedy* (New York, 1966).
[22] Esslin, „Der Common Sense des Nonsense", a. a. O., S. 140.

Man mag darüber streiten, ob Esslins Pinter-Interpretation an scholastische Kasuistik grenzt [23] oder nicht. Unbestreitbar ist, daß mit Pinter eine Dramatiker-Generation in England herangewachsen ist — Namen wie Nichols, Orton, Saunders, Stoppard mögen hier stellvertretend stehen —, in deren Stücken das Groteske zum Kern ihrer dramatischen Aussage und mimisch-szenischen Gestaltung gehört.

Mit Verweisen auf Albee, Gelber, Kopit und einige andere amerikanische Dramatiker sucht Esslin abschließend Parallelen und Unterschiede in der amerikanischen Rezeption des Absurden und Grotesken aufzuzeigen.

Im Vergleich zu Martin Esslins ehrfurchtsvoller Demutsgebärde gegenüber Pinters Genius wirkt Robert Brusteins beißende Kritik als erfrischendes Korrektiv. Im Stil aggressiven amerikanischen Journalismus' attackiert er Pinters *Caretaker* unter der Überschrift "A Naturalism of the Grotesque" (1961),[24] bis von Pinter wenig mehr als "redoubtable theatrical gifts" [25] übrigbleiben. Dem Stück wird gerade das abgesprochen, was Esslin daran lobt: Signifikanz, Kohärenz, tieferer Sinn, essentielle Aussagen über menschliche Existenz. Brustein meint, "the play is a slice of life, sliced so arbitrarily that it has lost all resemblance to life".[26] Von oberflächlichem Naturalismus schreite es zu lebloser totaler Abstraktion fort.

What Pinter has created, in short, is a naturalism of the grotesque wrapped around a core of abstraction—something less like Beckett than like Sherwood Anderson, though lacking the compassion of either.[27]

[23] Als scharfer Gegner Esslins von seiten der marxistischen Literaturwissenschaft wäre hier vor allem zu nennen Günter Klotz, *Englisches Drama der Gegenwart* (Berlin, 1973).

[24] Robert Brustein, "A Naturalism of the Grotesque: *The Caretaker*", in: *Seasons of Discontent. Dramatic Opinions 1959—1965* (New York, 1967), S. 180—183.

[25] Brustein, a. a. O., S. 183.

[26] Brustein, a. a. O., S. 181.

[27] Brustein, a. a. O., S. 182—183.

Ausgerechnet Beckett tiefes Mitleid mit der Menschheit zuzuschreiben, macht allerdings auch gegen Brusteins Pinter-Bewertung argwöhnisch. Wer gehaltvollere und theoretisch fundiertere Aussagen über das Groteske in der englischen Dramatik seit Ende der fünfziger Jahre machen möchte, wird bis zu einem gewissen Grade eher bei den Gedankengängen anknüpfen können, die von Klaus Völker und Margret Dietrich vorgetragen worden sind[28] als bei denen Esslins und Brusteins. Er wird aber auch merken, daß bei aller Internationalität modernen literarischen Gedankengutes, von Motiven, Methoden und Strukturen, das Groteske in der englischen Dramatik spezifisch englische Qualitäten bewahrt hat, die abermals nur aus der eigenen literarischen und historischen Tradition zu erklären sind.

Letzteres wird von Adolf Barth in seinem Aufsatz über „Absurde und groteske Spielformen in der Dramatik John Ardens"[29] insofern teilweise berücksichtigt, als er Arden nicht etwa als bloßen Brecht-Nachfolger einstuft, sondern die Eigenständigkeit von Ardens dramatischem Stil betont und gerade darauf die uneinheitliche Einschätzung des Dramatikers in der Kritik zurückführt. Barth hat sich ein Thema ausgesucht, dessen Fragestellungen auf der Grundlage des theoretischen Ansatzes von Heidsieck angegangen werden. Die theoretische Position Barths ist jedoch verhältnismäßig wenig differenziert, und so bringen seine Ergebnisse der Forschung kaum neue Erkenntnisse zu Arden. Als gemeinsames Kriterium des Grotesken und des Absurden hebt er lediglich Inkongruenz oder die Widersprüchlichkeit hervor, „die bei beiden Kategorien im Verhältnis zu einer vorausgesetzten Ordnungsvorstellung wahrgenommen wird".[30]

[28] Vgl. Klaus Völker, „Das Phänomen des Grotesken im neueren deutschen Drama", in: *Theater unserer Zeit,* a. a. O., S. 9—46; Margret Dietrich, „Das Groteske als tragisches Weltgefühl im modernen Drama", a. a. O., *passim.*

[29] Adolf Barth, „Absurde und groteske Spielformen in der Dramatik John Ardens", *LWU,* VIII, H. 4 (1975), S. 242—256.

[30] Barth, a. a. O., S. 244.

Barth konzentriert sich auf die Stücke *Happy Haven* und *Left Handed Liberty*, in denen er jeweils verschiedene Mittel der Verfremdung aufweist, die den „Spielcharakter“ dramaturgisch kennzeichnen. Es gelingt ihm zu zeigen, daß Arden keine programmatischen Lösungen im Sinne von Brecht anstrebt, auch wenn seine Erscheinungsformen grotesker Entstellung menschlicher Personen gesellschaftskritisch zu verstehen sind. Barth ist zuzustimmen, wenn er konstatiert, daß Arden das Groteske und Absurde zwar zur Sichtbarmachung ernsthafter Gesellschaftskritik einsetze, den bestehenden Verhältnissen aber keine wirkliche Alternative entgegenzusetzen habe, also auch nicht von einer ideologisch fixierten Position her argumentiere. Deshalb kämen vorhandene Merkmale des Grotesken „auch nicht voll als das Schreckliche 'planmäßiger Entstellung' durch die Gesellschaft zum Tragen“.[31] Ein wirklich absurdes Weltbild prinzipieller Undeutbarkeit von Menschen und Ereignissen offeriere Arden nicht.

In seinem Vorwort zur deutschen Ausgabe von Joseph Conrads *Secret Agent* hatte Thomas Mann schon 1926 Conrad als modernes Musterbeispiel alter englischer Tradition des Grotesken in der Literatur gewürdigt.[32] Es dauerte ein halbes Jahrhundert, bis die Anregungen Manns aufgegriffen wurden und eine Spezialstudie zum Grotesken bei Conrad erschien.[33] Ein weiteres Mal erprobt die amerikanische Anglistik in Nettels Aufsatz die Tragfähigkeit von Kaysers Theorien. Sie erweisen sich nicht zuletzt deshalb als fruchtbar für eine Untersuchung Conrads, weil die Verfasserin zu demonstrieren vermag, wie sehr Conrad noch der Erzähltradition jenes 19. Jahrhunderts verhaftet ist, dem Kayser die Hauptanstöße zur Formulierung seiner Groteskdefinitionen verdankt. Nettels geht davon aus, daß:

[31] Barth, a. a. O., S. 254.

[32] Vgl. „Einleitung“, S. 1.

[33] Elsa Nettels, “The Grotesque in Conrad's Fiction”, *NCF*, vol. 29 (1974—1975), S. 144—163.

The grotesque is of essential importance in Conrad's treatment of his central subject: the experience of the protagonist who suffers the destruction of those illusions of self and the world in which he once found security.[34]

Sie widmet ihre Untersuchung zwei Gesichtspunkten: dem Aussehen und den Handlungen grotesker Charaktere und dem Bewußtsein einer grotesken Welt in den Augen desillusionierter Conradscher Protagonisten. Vor dem Hintergrund von Conrads Gesamtwerk konzentriert sie sich dabei vornehmlich auf die Romane *The Secret Agent* und *Under Western Eyes*. Die Verfasserin kann an einer Fülle von Beispielen mit Hilfe des Grotesken Conrads Charakterkunst vorführen, die den Techniken von Dickens' "external approach" noch eng verwandt ist und antithetischen Prinzipien folgt, wie Hugo und Ruskin sie formulieren. Als groteske Figuren werden dabei jeweils Gegenspieler der Helden konzipiert, was darauf verweist, wie sehr Conrad das Groteske als Ausfluß einer Ästhetik des Häßlichen, Bösen und Dämonischen versteht.

Nettels kommt zu folgender Zusammenfassung der Charakteristika und Funktionen Conradscher Groteskfiguren:

Presented from the outside, they are set apart by their physical abnormality, usually the outward sign of spiritual deformity and often of madness. In their resemblance to nonhuman forms—animals or mechanisms—they seem both fearful and comic. In their relation to the protagonists, they have two important functions: they body forth in distorted form the dark irrational side of the protagonist's nature; and they also create the situations by which the integrity and strength of will of the protagonist are tested.[35]

Im zweiten Teil ihrer Studie stellt die Verfasserin die Analyse der psychologischen Reaktionen solcher Conradscher Helden in das Zentrum, denen auf Grund des Eindringens grotesker Antipoden ihre zuvor vertraute und harmonische Welt plötzlich

[34] Nettels, a. a. O., S. 144 f.

[35] Nettels, a. a. O., S. 151.

"into a place of disorder and terror" verfremdet wird. Groteske Weltsicht von Charakteren kommt also als Folge der Konfrontation von Held und Welt zustande. Eine Kombination Kayserscher Groteskkonstituenten mit Ansätzen wie Heidsieck oder auch Pietzcker sie vertreten,[36] hätte hier dazu beitragen können, die gesellschaftlichen Funktionszusammenhänge des Grotesken wesentlich schärfer herauszumodellieren. Wenn die Protagonisten z. B. sich selbst als Opfer dämonischer Mechanismen und Machenschaften empfinden, könnte eine weiterentwickelte Groteskttheorie dazu beitragen, die Vermittlungsprozesse derartigen Selbstverständnisses der Charaktere und u. U. auch ihres Autors zu erklären.

Fortschreitende Psychologisierung bei wachsender künstlerischer Reife Conrads fällt insbesondere an der Interpretation von *Under Western Eyes* auf.

> In *Under Western Eyes* the picture of an estranged world is created not primarily by physically grotesque characters and situations nor by mock-heroic style but by the protagonist's consciousness of distortion and incongruity.[37]

Nettels sieht von Roman zu Roman Unterschiede in der Verwendung des Grotesken bei Conrad, die sowohl stilistischer als auch funktionaler Art sind. Ihren Brennpunkt aber fänden sie in der Weltsicht Conradscher Erzähler, in welcher sich Elemente des Lächerlichen, Pathetischen und Tragischen mischen und in der die Existenz des Menschen letztlich als tragikomisch begriffen wird.

In ähnlicher Weise hatte Margret Dietrich zu Beginn der sechziger Jahre das Groteske im modernen Drama als Ausdruck tragischen Weltgefühls gedeutet.[38] Die Akzentverschiebung zum Komischen hin ist symptomatisch für die englische Literatur, innerhalb derer das Werk Conrads hier in Traditionszusam-

[36] Vgl. die Abschnitte über Heidsieck und Pietzcker.

[37] Nettels, a. a. O., S. 157.

[38] Margret Dietrich, a. a. O., *passim*.

menhängen erscheint, die von der Romantik bis in die Gegenwart reichen und in denen die Sicht von Mensch und Welt immer erneut fragwürdig, problematisch, erschüttert, ja inkompatibel erscheint.

SUMMARY

Half a century ago Thomas Mann wrote in his introduction to the German edition of Joseph Conrad's *Secret Agent* (1926):

It seems to me that both the general and the essential achievement of the modern artistic spirit is its refusal to recognize any longer the categories "tragic" and "comic" and accordingly the dramatic forms and genres of the tragedy and the comedy as well, viewing life as a tragi-comedy instead.

That is sufficient to render the Grotesque the most appropriate style of the modern spirit and to such an extent that even the sublime rarely appears in any other form than that of the Grotesque.

Surely it is legitimate to look upon the Grotesque as being an essentially anti-bourgeois style, and leaving aside the question of how bourgeois the Anglo-Saxon culture may possibly be, we should keep in mind that the Grotesque-Comic has always been their artistic strong point. [transl. C. W. Thomsen]

Mann's estimation of the grotesque proved to be almost prophetic. In several respects the Anglo-American as well as the international scene in literature and the arts has since been dominated by manifestations of the grotesque. Across borderlines, ideologies and literary genres its characteristics seem to be one of the world-wide acknowledged ensembles of artistic modes of expression in a growingly complex world.

In the Age of Reason and in the romantic period the grotesque belonged to those aesthetic categories that led to a disintegration of classical aesthetic norms and values thereby constituting modern aesthetics which accorded to the ugly and the evil the same rights as to the sublime and the beautiful.

As English literature has—at least since Chaucer's time—been exeedingly rich in forms of the grotesque, it serves as the focal point of this study that mirrors and integrates the lines of development in theory and research of the grotesque from the early eighteenth century onward. Three main objectives are aimed at: first, a general introduction into the area of the grotesque, second, a historical survey over the entire theory and research concerned with the grotesque in respect to English literature in England, Germany and France, and thirdly the exposition of problems and questions for further research.

In the eighteenth and nineteenth century especially a study of the grotesque allows the presentation of exemplary interrelationships between England, France and Germany in the fields of art, literature and philosophy. Starting with Möser, Wieland and Flögel and their attitudes of enlightened classicism we come into the centre of aesthetic discussions fought by the romantics and their followers when we encounter the contributions of Schlegel, Jean Paul, Coleridge, Sir Walter Scott, Hugo and others and from the philosophical side of Burke, Kant and Hegel.

In the later nineteenth century the study concentrates upon contributions of Ruskin, Rosenkranz and Wright. In Rosenkranz's *Ästhetik des Häßlichen* there is an early peak of modern aesthetic understanding as far as the ugly and its connections to the grotesque are concerned.

The history of theory and research concerning the grotesque in the late nineteenth and early twentieth century parallels the general development of modern sciences. There is a development from speculative and philosophical to more exact and scientific theories within a general change in aesthetics. With institutionalized university studies in departments of literature and languages art critics, philosophers, and essayists lose their dominating influence upon the discussion around the grotesque. There is less general theory of the arts that includes aspects of the grotesque, but new methods and questions have been evolved. Now facts and single works of literature are analyzed for their grotesque contents and their function within a literary and philosophical interpretation. Compared with the nineteenth century, studies of the grotesque in the first half of the twentieth century still show a lack of originality and spontaneity.

Wolfgang Kayser may justly be called 'father' of contemporary research in the grotesque. His study *The Grotesque in Art and Literature* (1957, translated into English 1963 by Ulrich Weisstein) revolutionized the theory of the grotesque and gave many fresh stimuli to the international discussion which in the 1960s and 70s grew into an intensity and variety previously unknown. European and American scholars from a number of changing ideological as well as critical positions used the grotesque as a major means to interpret modern literature and art. Consequently this study lays special emphasis on Kayser; and besides a descriptive analysis the positions of all those critics who attack Kayser from different standpoints are put forth and explained. The last section deals with developments in recent years. New theories from Western and Eastern countries and studies in the history of meaning of the grotesque are discussed and the working of these theories in interpretations of English novels, of dramatic and poetic literature is inquired into.

In unfolding the history of theory and research of the grotesque and its embodiments in English literature the present study reflects time and again the central question why certain writers in certain situations since medieval times have used the grotesque to represent man and the world.

They invented artistic forms and aesthetic categories that in themselves show a tendency to destroy and dissolve all form, aesthetic norms and values, thereby simultaneously displaying the artist's bewilderment and delight, his fright and comic relief, his phantastic imagination and his ability to create even in and around the borderland between 'normality' and chaos. Above all, the extreme of the grotesque enables them to show the multilevelled inconsistencies which constitute a complex understanding of the human condition in literary genres that react seismographically on social and political change and challenge.

LITERATURVERZEICHNIS

(Verwendete Abkürzungen nach PMLA)

a) *Primärliteratur zum Grotesken*
(im Text zitiert)

Beckett, Samuel, *Endgame* (London, 1958).
Carroll, Lewis, *The Works of Lewis Carroll,* edited and introduced by Roger Lancelyn Green (London, 1965).
Joyce, James, *Ulysses,* The Bodley Head Edition (London, 1960).
Lear, Edward, *The Complete Nonsense of Edward Lear,* H. Jackson, ed. (London, [8]1955).
Paul, Jean, *Werke,* Norbert Miller, Hrsg. (München, 1963).
Rabelais, François, *Gargantua und Pantagruel,* übers. von Gottlob Regis, Ludwig Schrader, Hrsg. (München, 1964).
Radcliffe, Ann, *The Romance of the Forest* (London, 1824).
Sterne, Laurence, *The Life and Opinions of Tristram Shandy, Gent.,* EL No. 617 (London, 1912, repr. 1961).

b) *Sekundärliteratur zum Grotesken*

Bachtin, Michail, „Die groteske Gestalt des Leibes" in:
Literatur und Karneval. Zur Romantheorie und Lachkultur (München, 1969), S. 15—23, aus:
Tworschestwo Franşua Rabele i narodnaja kultura sredneswekowja i renessansa (Das Schaffen von Rabelais und die Volkskultur des Mittelalters und der Renaissance) (Moskau, 1965).
—, „Wolfgang Kaysers Theorie des Grotesken", in: *Literatur und Karneval,* a. a. O., S. 24—31.
—, *Problemi poetiki Dostojewskowo (Probleme der Poetik Dostojewskis)* (Moskau, [2]1963).
Bagehot, Walter, "Wordsworth, Tennyson, and Browning; or Pure Ornate, and Grotesque Art in English Poetry" (1864), in: *The Col-*

lected Works of Walter Bagehot, Norman St. John-Stevas, ed., *The Literary Essay,* vol. II (London, 1965), S. 318–367.

Barasch, Frances K., "Introduction: The Meaning of the Grotesque", in: Thomas Wright, *A History of Caricature and Grotesque in Literature and Art* (1865) (repr. New York, 1968).

–, *The Grotesque. A Study in Meanings* (The Hague, Paris, 1971).

Barth, Adolf, „Absurde und groteske Spielformen in der Dramatik John Ardens" *LWU,* VIII, H. 4 (1975), S. 242–256.

Baumgarten, Alexander Gottlieb, *Ästhetika,* 2 Bde. (Halle, 1750 bis 1758).

Bosanquet, Bernard, "The Aesthetic Theory of Ugliness", in: *Proceedings of the Aristotelian Society, 1888—1891,* vol. I, No. 3, Part I (London, 1891).

Brustein, Robert, "A Naturalism of the Grotesque: *The Caretaker*", in: *Seasons of Discontent. Dramatic Opinions 1959—1965* (New York, 1967), S. 180–183.

Burke, Edmund, *A Philosophical Enquiry into the Origin of Our Ideas of the Sublime and the Beautiful,* ed. with an Introduction and Notes by J. T. Boulton (London, 1958).

Campbell, Lily Bess, *The Grotesque in the Poetry of Robert Browning,* Bulletin of the Univ. of Texas, No. 92, Humanistic Series, No. 5 (Austin, 1907).

Chesterton, Gilbert Keith, *Robert Browning* (London, 1903).

Clayborough, Arthur, *The Grotesque in English Literature* (Oxford, 1965, ²1967).

Coleridge, Samuel Taylor, "Lectures of 1818, Lecture IX, Wit and Humour", in: *Coleridge's Miscellaneous Criticism,* Thomas Middleton Raysor, ed. (London, 1936), S. 111—130.

–, "On the Distinction of the Witty, the Droll, the Odd, and the Humourous. The Nature and Constituents of Humour" (1818), in: *Miscellanies, Aesthetic and Literary,* T. Ashe, ed. (London, 1911), S. 121–136.

Cramer, Thomas, *Das Groteske bei E. T. A. Hoffmann* (München, 1966, ²1970).

Desalm, Elli, *E. T. A. Hoffmann und das Groteske* (Diss., Remscheid, 1930).

Dietrich, Margret, „Das Groteske als tragisches Weltgefühl im modernen Drama", in: *Theater im Gespräch. Ein Forum der Dramaturgie,* Friedrich Schultze, Hrsg. (München, Wien, 1963), S. 277—291.

Eberhard, Johann August, *Handbuch der Ästhetik für gebildete Leser aus allen Ständen*, Bd. 1—3 (1807—1820) (Faksimile Druck, Frankfurt, 1972).

Enzensberger, Christian, „Die Fortentwicklung der Romantik am englischen Beispiel", *DVjS* (1964), S. 534—560.

Esslin, Martin, „Der Common Sense des Nonsense", in: *Sinn oder Unsinn? Das Groteske im modernen Drama*, Martin Esslin, Reinhold Grimm, H. B. Harder, Klaus Völker, Hrsg., *Theater unserer Zeit*, Bd. 3 (Basel, Stuttgart, 1962), S. 123—146.

—, *The Theatre of the Absurd* (London, 1961).

Farnham, Willard, *The Shakespearean Grotesque*. Its Genesis and Transformations (Oxford, 1971).

Flögel, Karl Friedrich, *Geschichte der komischen Litteratur*, 4 Bde. (Liegnitz und Leipzig, 1784—87).

—, *Geschichte des Groteskekomischen*. Ein Beitrag zur Geschichte der Menschheit (Liegnitz und Leipzig, 1789), neu bearbeitet und herausgegeben von Max Bauer, 2 Bde. (München, 1914).

—, *Geschichte der Hofnarren* (Liegnitz und Leipzig, 1789).

—, Geschichte des Burlesken, Friedrich Schmit, Hrsg. (Leipzig, 1794).

Gleeson, Patrick G., *Gulliver's Travels as a Version of Grotesque* (unpubl. doctoral dissertation, Washington, 1964).

Günther, Bernd, *Das Groteske und seine Gestaltung in den Erzählungen E. A. Poes* (Diss., Freiburg, 1973).

Hackenbracht, Rolf, *Die Groteske in Jean Pauls Dichtungen* (Diss., Bonn, 1970).

Hartmann, Ed. v., *Philosophie des Schönen* (Leipzig, 1888).

Hartmann, Herbert, *Friedrich Dürrenmatt: Dramaturgie der Realität oder der Phantastik, der Provokation oder der Resignation?* (Diss., Marburg, 1974).

Hegel, Georg Wilhelm Friedrich, „Die symbolische Kunstform", in: *Vorlesungen über die Ästhetik*, Zweiter Teil, „Entwicklung des Ideals zu den besonderen Formen des Kunstschönen", Erster Abschnitt, in: *Ästhetik*, Bd. I (Weimar, Berlin, 1955), S. 289 bis 410.

Heidsieck, Arnold, *Das Groteske und das Absurde im modernen Drama* (Stuttgart, 1969).

Hocke, Gustav René, *Die Welt als Labyrinth. Manier und Manie in der europäischen Kunst*, rde., Bd. 50/51 (Hamburg, 1957).

Hocke, Gustav René, *Manierismus in der Literatur.* Sprach-Alchimie und esoterische Kombinationskunst. Beiträge zur vergleichenden Literaturgeschichte, rde., Bd. 82/83 (Hamburg, 1959).
Hopkins, Robert, "The Functions of Grotesque in *Humphry Clinker*", *The Huntington Library Quarterly* (1969), S. 163—177.
Horn, Wilhelm, „Über das Komische im Schauerroman: E. T. A. Hoffmanns *Elixiere des Teufels* und ihre Beziehungen zur englischen Literatur", in: *Archiv,* 146. Band (1923), S. 153—163.
Hugo, Victor, "Préface de Cromwell", in: *Cromwell,* Edition Nationale, *Drame I* (Paris, 1887).
Jennings, Lee Byron, "Gottfried Keller and the Grotesque", in: *Monatshefte,* LL (1958), S. 9—20.
—, "Klein-Zaches and his Kin: the Grotesque Revisited", in: *DVjS,* Bd. 44 (1970), S. 687—703.
—, "Mörike's Grotesquery: A Post Romantic Phenomenon", in: *JEGP,* LIX (1960), S. 600—616.
—, "'Shadows from the Void' in Theodor Storm's Novellen", in: *GR,* XXXVII (1962), S. 174—189.
—, *The Grotesque Element in Post Romantic German Prose, 1832 to 1882* (Unpubl. diss., Univ. of Illinois, 1955).
—, *The Ludicrous Demon.* Aspects of the Grotesque in German Post Romantic Prose, University of California Publications in Modern Philology, vol. 71 (Berkeley and Los Angeles, 1963).
Kayser, Wolfgang, *Das Groteske.* Seine Gestaltung in Malerei und Dichtung (Oldenburg, 1957, ²1961), transl. Ulrich Weisstein, *The Grotesque in Art and Literature* (Bloomington, Ind., 1963).
Knaak, Paul, *Ueber den Gebrauch des Wortes „grotesque"* (Diss., Greifswald, 1913).
Knight, Wilson G., "King Lear and the Comedy of Grotesque", in: *The Wheel of Fire* (London, 1931), S. 160—176.
Krudewig, Beate, *Das Groteske in der Ästhetik seit Kant* (Diss., Bonn, 1934).
Kühne, Erich, „Satire und groteske Dramatik. Über weltanschauliche und künstlerische Probleme bei Dürrenmatt", in: *Weimarer Beiträge* (1966), H. 4, S. 539—565.
Kuczynski, Jürgen, „Victor Hugos *Cromwell* und das Problem des Grotesken", in: *Gestalten und Werke. Soziologische Studien zur englischsprachigen und französischen Literatur* (Berlin, 1971), S. 327—363.

Lawson, Lewis, A., "The Grotesque-Comic in the Snopes-Trilogy", *Literature and Psychology*, vol. XV (1965), S. 107—119.

Lengeler, Rainer, *Tragische Wirklichkeit als groteske Verfremdung bei Shakespeare* (Köln, Graz, 1964).

Leopoldseder, Hannes, *Groteske Welt. Ein Beitrag zur Entstehungsgeschichte des Nachtstücks in der Romantik* (Bonn, 1973).

Mensching, Gerhard, *Das Groteske im modernen Drama. Dargestellt an ausgewählten Beispielen* (Diss., Bonn, 1961).

Möser Justus, *Harlekin oder Vertheidigung des Grotesk-Komischen* (Hamburg, 1761); Neu herausgegeben von Henning Boetius, *Harlekin.* Texte und Materialien mit einem Nachwort, *Ars Poetica,* Texte, Bd. 4 (Bad Homburg, Berlin, Zürich, 1968); *Harlequin: or a Defence of Grotesque Comic Performances,* translated from the German by J. A. F. Warneke (London, 1766).

Nettels, Elsa, "The Grotesque in Conrad's Fiction", *NCF,* vol. 29 (1974—1975), S. 144—163.

O'Connor, William Van, *The Grotesque: an American Genre and Other Essays* (Carbondale, 1962).

Paul, Jean, *Vorschule der Ästhetik,* in: Jean Paul, *Werke,* Bd. V, Norbert Miller, Hrsg. (München, 1963), S. 7—457.

Pernusch, Rudolf, *Das Groteske. Studien zur grotesken Lyrik des 20. Jahrhunderts* (mschr. Diss., Wien, 1954).

Petsch, Robert, „Das Groteske", in: *Blätter für Deutsche Philosophie,* Bd. 7 (Berlin, 1933/34), S. 214—238.

Petzold, Dieter, *Formen und Funktionen der englischen Nonsense-Dichtung im 19. Jahrhundert,* Erlanger Beiträge zur Sprach- und Kunstwissenschaft, Bd. 44 (Nürnberg, 1972).

Pietzcker, Carl, „Das Groteske", *DVjS* (1971), H. 2., S. 197—211.

Poenicke, Klaus, „Schönheit im Schoße des Schreckens. Raumgefüge und Menschenbild im Schauerroman", *Archiv,* Bd. 207, 122. Jg., H. 1 (Juni, 1970).

Price, Uvedale, *Essays on the Picturesque, as Compared with the Sublime and the Beautiful* (London, [2]1810).

Promies, Wolfgang, *Die Bürger und der Narr oder das Risiko der Phantasie.* Sechs Kapitel über das Irrationale in der Literatur des Rationalismus (München, 1966).

Reichert, Klaus, *Lewis Carroll. Studien zum literarischen Unsinn.* Reihe Hanser, Bd. 165 (München, 1974).

Robertson, D. W. Jr., *A Preface to Chaucer: Studies in Medieval Perspectives* (Princeton, 1962).

Rosenkranz, Karl, *Ästhetik des Häßlichen* (Königsberg, 1853; reprograph. Nachdruck, Darmstadt, 1973).

Ruskin, John, "Grotesque Renaissance", in: *The Stones of Venice* (1851—53), vol. III, The Fall, Ch. iii, S. 112—165 (Merril and Zatzer, New York, o. J.).

—, "Modern Grotesque", in: *Modern Painters,* vol. IV, Appendix I, S. 385—391 (Merril and Zatzer, New York, o. J.).

—, "Of the True Ideal: — Thirdly, Grotesque", in: *Modern Painters* (1843—60), vol. III (1860), Ch. iii, S. 92—107 (Merril and Zatzer, New York, o. J.).

Sachs, Arieh, *The English Grotesque.* An Anthology from Langland to Joyce (Jerusalem, 1969).

Santayana, George, *The Sense of Beauty* (London, 1896).

Schelling, Felix E., "Robert Browning and the Arabesque in Art", in: *Two Essays on Robert Browning* (Philadelphia, 1890).

Schlegel, Friedrich, *Kritische Friedrich Schlegel Ausgabe,* Ernst Behler, Hrsg. (München, Paderborn, Wien, 1967).

Schlüter, Kurt, *Kuriose Welt im modernen englischen Roman* (Berlin, 1969).

Schneegans, Heinrich, *Geschichte der grotesken Satire* (Straßburg, 1894); neu bearbeitet und hrsg. von Max Bauer (München, 1914).

Schöpker, Heinz Friedrich, *Heinrich Mann als Darsteller des Hysterischen und Grotesken* (Diss., Bonn, 1960).

Scott, Sir Walter, "On the Supernatural in Fictitious Composition, and Particularly on the Work of Ernest Theodore William Hoffmann", in: Sir William Scott, *On Novelists and Fiction,* Joan Williams, ed. (London, 1968).

Spitzer, Leo, „Rezension von Wolfgang Kayser, *Das Groteske*", in: *GGA* (1958), S. 95—111.

Steig, Michael, "The Grotesque and the Aesthetic Response in Shakespeare, Dickens and Günter Grass", *Comparative Literature Studies,* vol. 6, No. 2 (June 1969), S. 167—181.

—, "Defining the Grotesque: An Attempt at Synthesis", in: *Journal of Aesthetics and Art Criticism* (Summer 1970), S. 223—260.

Stevick, Philip, "The Augustan Nose", in: *The University of Toronto Quarterly* (1965), S. 110—117.

Symonds, John Addington, "Caricature, the Fantastic, the Grotesque", in: *Essays Speculative and Suggestive* (1890) (London, ³1907).

Tanner, Tony, "Reason and Grotesque: Pope's *Dunciad*", in: *Critical Quarterly*, VII (1965), S. 145—160.

Thompson, Sir Edward Maunde, *The Grotesque and the Humourous Illuminations of the Middle Ages* (London, 1896).

Thomsen, Christian W., „Aspekte des Grotesken im *Lazarillo de Tormes*", in: *NSpr.*, Bd. 71, H. 10 (Okt., 1972), S. 584—595.

—, *Das Groteske im englischen Roman des 18. Jahrhunderts.* Erscheinungsformen und Funktionen (Darmstadt, 1974).

—, „Das Groteske in Charles Dickens' *Great Expectations*", in: *Anglia*, Bd. 92 (1974), S. 114—142.

Thomson, Philip, *The Grotesque.* The Critical Idiom No. 24 (London, 1972).

—, *The Grotesque in German Poetry 1880—1933* (Melbourne, 1975).

Vieth, Ludger, *Betrachtungen zur Wortgroteske* (Diss., Bonn, 1931).

Vischer, Fr. T., *Ästhetik I* (Leipzig, 1846).

Völker, Klaus, „Das Phänomen des Grotesken im neueren deutschen Drama", in: *Theater unserer Zeit*, Bd. 3 (Basel, Stutgart, 1962), S. 9—46.

Werner, Georg, *E. T. A. Hoffmann. Darstellung und Deutung der Wirklichkeit im dichterischen Werk* (Weimar, 1962).

Wieland, Christoph Martin, „Unterredungen zwischen W** und dem Pfarrer zu ***" (1775), aus: Christoph Martin Wieland, *Werke*, Bd. 3, Fritz Martini und Hans Werner Seiffert, Hrsg. (München, 1967).

Wildridge, T. T., *The Grotesque in Church Art* (London, 1899).

Wright, Thomas, *A History of Caricature and Grotesque in Literature and Art* (London, 1865; repr. New York, 1968).

c) *Allgemeine Sekundärliteratur*

Antal, Frederik, *Hogarth and his Place in European Art* (London, 1962).

Bagehot, Walter, *The Collected Works of Walter Bagehot*, Norman St. John-Stevas, ed., The Literary Essay, vol. II (London, 1965).

Bosanquet, Bernard, *History of Aesthetics* (London, New York, 1892).

Brandl, Alois, *Samuel Taylor Coleridge und die englische Romantik* (Straßburg, 1886).

Brustein, Robert, *Seasons of Discontent. Dramatic Opinions 1959 to 1965* (New York, 1967).
Clairvaux Bernard v., *Patrologica Latina,* J. P. Migne, ed. (Paris, 1844—55).
Clark, Kenneth, *The Gothic Revival* (London, 1974).
Esslin, Martin, *Reflections. Essays on Modern Theatre* (New York, 1971).
Ford, Boris, ed., *The Pelican Guide to English Literature* (Harmondsworth, 1966).
Fordham, Frieda, *An Introduction to Jung's Psychology,* Pelican bk. No. 273 (rev. ed. 1959).
Fricker, Robert, *Das moderne englische Drama* (Göttingen, ²1974).
Fuchs, Eduard, *Die Karikatur der europäischen Völker* (Berlin, 1901 bis 1903).
—, *Geschichte der erotischen Kunst* (München, 1908).
—, *Die großen Meister der Erotik* (München, 1930).
Garis, Robert, *The Dickens Theatre* (Oxford, 1965).
Gilbert, W. Stephen, "theatre and television", in: *plays and players* (March 1975), S. 11—16.
Göller, Karl Heinz, *Romance und Novel* (Regensburg, 1972).
Goetsch, Paul, „Das englische Drama seit Shaw", in: *Das englische Drama,* Josefa Nünning, Hrsg. (Darmstadt, 1973), S. 403—508.
Gombrich, E. H., und Kris, Ernst, *Caricature* (London, 1940).
Gorsen, Peter, *Das Prinzip Obszön. Kunst, Pornographie und Gesellschaft* (Reinbeck, 1969).
—, *Sexualästhetik. Zur bürgerlichen Rezeption von Obszönität und Pornographie* (Reinbeck, 1972).
Guthke, Karl S., *Modern Tragicomedy* (New York, 1966).
Hegel, Georg Wilhelm Friedrich, *Ästhetik.* Mit einer Einführung von Georg Lucács (Weimar, Berlin, 1955).
Hönninghausen, Lothar, *Präraphaeliten und Fin de Siècle. Symbolistische Tendenzen in der englischen Spätromantik* (München, 1971).
Hofmann, Werner, *Die Karikatur von Leonardo bis Picasso* (Wien, 1956).
Hugo, Victor, William Shakespeare, Edition Nationale, *Philosophie II* (Paris, 1894).
Hume, David, *Of the Standard of Taste* (London, 1757).
Jacobi, Jolande, *Complex / Archetype / Symbol in the Psychology of C. G. Jung,* transl. Ralph Mannheim (New York, 1959).
Jung, C. G., *Contributions to Analytical Psychology,* transl. H. G. and C. F. Baynes (London, 1928).

—, *The Archetypes and the Collective Unconscious,* transl. R. F. C. Hull (New York, 1959).
—, *The Psychology of the Unconscious,* transl. B. M. Hinkle (London, 1933).
Kant, Immanuel, *Kritik der Urteilskraft,* K. Vorländer, Hrsg. (Leipzig, [5]1922).
Killy, Walter, *Romane des 19. Jahrhunderts. Wirklichkeit und Kunstcharakter* (Göttingen, 1967).
Klein, Jürgen, *Der Gotische Roman und die Ästhetik des Bösen* (Darmstadt, 1975).
Klingender, Francis Donald, *Hogarth and English Caricature* (London, 1944).
Klotz, Günther, *Englisches Drama der Gegenwart* (Berlin, 1973).
Lichtenberg, Georg Christoph, *Schriften und Briefe,* W. Promies, Hrsg. (Darmstadt, 1968).
Lucács, Georg, *Wider den mißverstandenen Realismus* (Hamburg, 1958).
Marowitz, Charles, *a macbeth.* Freely adapted from Shakespeares Tragedy, Playscript 45 (London, 1971).
Oppel, Horst, *Englisch-deutsche Literaturbeziehungen,* Bd. I/II (Berlin 1971).
Otten, Kurt, *Der englische Roman vom 16. zum 19. Jahrhundert* (Berlin, 1971).
Paulson, Ronald, *Hogarth; His Life, Art, and Times* (New Haven and London, 1971).
Quennell, Peter, *John Ruskin,* Writers and their Work No. 76 (London, 1956).
Sheldon, W. F., *The Intellectual Development of Justus Möser* (London, 1969).
Schnetz, Dietmut, *Der moderne Einakter* (Berlin, 1967).
Taylor, John Russell, *The Second Wave. British Drama for the Seventies* (London, 1971).
Thackeray, William Makepeace, *The English Humorists of the Eighteenth Century* (London, 1853).
Thomsen, Christian W., „Von den Interludien bis zu Marlowes Tod", in: *Das englische Drama,* Josefa Nünning, Hrsg. (Darmstadt, 1973), S. 67—140.
Trilling, Lionel and Bloom, Harold, *The Oxford Anthology of English Literature* (OUP, 1973).

AUTOREN- UND NAMENREGISTER

Zu diesem Buch:

In Aufklärung und Romantik gehört das Groteske zu den wesentlichen ästhetischen Kategorien, die zu einer Auflösung klassizistischen Kunstgeschmacks und zur Herausbildung der modernen Ästhetik führen. Über Grenzen, Systeme und Gattungen hinweg erweisen sich in der Kunst des 20. Jahrhunderts Phänomene des Grotesken als bestimmende Grundzüge künstlerischer Gestaltung und Gegenwartbewältigung. Die englische Literatur ist von jeher besonders reich an Erscheinungsformen des Grotesken gewesen und bildet daher den Brennpunkt dieses Bandes, zu dem hin stets die Entwicklungsstränge von Grotesktheorie und Groteskforschung seit dem frühen 18. Jahrhundert geführt werden. Dabei bemüht sich der Band, einerseits eine Einführung in das Forschungsthema überhaupt und andererseits einen keineswegs auf England beschränkten historischen Überblick über den gesamten Forschungsgegenstand zu liefern. Über den deskriptiven Forschungsbericht hinaus wird Urteil und Wertung nicht gescheut und die Offenlegung ästhetischer und historischer Zusammenhänge angestrebt. Auf untersuchenswerte Fragestellungen wird dabei vielfach hingewiesen.

Zur Person des Autors:

Christian Werner Thomsen

geb. 1. 8. 1940 in Dresden. Studium in Tübingen, London und Marburg; Promotion 1967 in Marburg. Ab 1967 wissenschaftlicher Assistent, ab 1972 Professor in Marburg, 1973 Habilitation, Berufung in den Gründungssenat und auf den Lehrstuhl für englische Literaturwissenschaft an der Gesamthochschule Siegen. Publikationen über spätmittelalterliches und elisabethanisches Drama und Theater, über den pikaresken Roman, über den englischen Roman des 18. und 19. Jahrhunderts, über moderne englische und amerikanische Dramatik, Mitarbeit am Funkkolleg Literatur. Habilitationsschrift über das Groteske im englischen Roman des 18. Jahrhunderts (WB 6860).